中华君子文化

（第四辑）

何善蒙　主　编
钱念孙　执行主编

九州出版社｜全国百佳图书出版单位
JIUZHOUPRESS

图书在版编目（CIP）数据

中华君子文化. 第四辑 / 何善蒙主编；钱念孙执行
主编. -- 北京：九州出版社，2021.9
ISBN 978-7-5225-0404-9

Ⅰ. ①中… Ⅱ. ①何… ②钱… Ⅲ. ①中华文化－文
集 Ⅳ. ①K203-53

中国版本图书馆CIP数据核字(2021)第161961号

中华君子文化（第四辑）

作　　者	何善蒙　主编　钱念孙　执行主编
责任编辑	黄瑞丽
出版发行	九州出版社
地　　址	北京市西城区阜外大街甲 35 号 （100037）
发行电话	（010）68992190/3/5/6
网　　址	www.jiuzhoupress.com
印　　刷	北京捷迅佳彩印刷有限公司
开　　本	710 毫米 ×1000 毫米　16 开
印　　张	16
字　　数	248 千字
版　　次	2022 年 3 月第 1 版
印　　次	2022 年 3 月第 1 次印刷
书　　号	ISBN 978-7-5225-0404-9
定　　价	98.00 元

编辑委员会

目　录

君子文化与立德树人

君子文化的历史内涵

君子文化的当代实践

君子文化与立德树人

君子人格：历史内涵与现代意义[*]

杨国荣[**]

作为传统的人格形态，君子的具体规定，首先通过与小人的比较而得到展示，这种对比主要突出了君子这类人格所具有的道德内涵。具体而言，君子是在道德上应当加以肯定的、具有正面意义的人格。与之相对的小人则表现为在道德上应该加以否定的、带有消极意义的人格形态。在此意义上说，君子与小人的分别侧重于道德上的划界。从道德人格的角度来看，君子与圣人虽然都属道德人格，但具体内涵有所不同。圣人主要表现为范导性的目标，君子则更多地肯定了人格的现实性品格。圣人与君子有两个方面的不同：其一，过程性与既成性。圣人的设定主要突出了人格的过程性，君子则确认了人格的既成性；其二，理想性和现实性。以上两个方面的统一，使道德人格既不同于静态的人格模式，也有别于抽象的、思辨的构造。君子与小人、君子与圣人之间的比较和区分，从不同方面突出了传统视野中君子人格的具体内涵及其特点。从现时代看，社会结构已不同于传统社会，其人格形态则常常涉及公民，君子人格形态则常常涉及公民；考察君子这一传统人格在现代的意义，需要联系公民等现代社会的人格形态。现代社会的人格追求，应趋向于具有现代形态的君子与广义公民的统一，其具体的内涵则体现为合格的现代社会成员与理想的道德人格之间的交融。

"君子"概念可以追溯到先秦。从广义看，它既关乎"德"，也涉及"位"，具有道德、政治等不同涵义。孔子及其学生曾子已将"君子"与"位"联系起来，主

---

[*] 本文系作者在 2019 年 12 月举行的"学以致道：君子的产生与养成"会议上的演讲记录。

[**] 杨国荣，华东师范大学中国现代思想文化研究所暨哲学系"资深教授"，西北师范大学哲学学院"讲座教授"，主要研究方向为中国哲学、伦理学。

张"君子思不出其位"。(《论语·宪问》)荀子从另一角度考察了两者的关系："庶人骇政，则君子不安位。"(《荀子·王制》)以上视域中的"君子"，均与政治领域的"位"相涉。孔子在评价子产时指出："子产有君子之道四焉：其行己也恭，其事上也敬，其养民也惠，其使民也义。"(《论语·公冶长》)这里的"行己也恭"，主要呈现道德的意味，"事上也敬""养民也惠""使民也义"则更多地表现为政治领域的行为方式，君子之道则兼涉以上几个方面。在狭义上，君子主要以"德"为内涵，并表现为传统的人格形象。从中国思想史看，对君子人格比较系统的讨论，大致始于孔子及其门人，"君子"的原始内涵，也通过孔子及其门人的界说而得到了比较具体的展现。

一

作为传统的人格形态，君子的具体规定，首先通过与小人的比较而得到展示。事实上，在孔子那里已可以一再看到君子与小人的比较和对照，通过这种比照，孔子着重突出了君子这类人格所具有的道德内涵。对孔子而言，君子是在道德上应当加以肯定的、具有正面意义的人格，与之相对的小人则表现为在道德上应该加以否定的、带有消极意义的人格形态。这样一来，君子与小人的分别，主要侧重于道德上的划界：道德和非道德、道德上的正面人格与反面人格彼此对峙。

作为道德人格，君子的特点体现于形式和实质两个方面。从形式层面来看，君子的特点在于合乎礼仪规范，其行为已经达到"由野而文"。"野"表明言行举止尚没有合乎文明规范，与之相关的人格属于前文明的存在形态。"文"则已达到了文明的行为方式，"文"同时体现于人与人之间的交往过程。在谈到君子时，孔子及其学生十分关注其形式的规定："君子所贵乎道者三：动容貌，斯远暴慢矣；正颜色，斯近信矣；出辞气，斯远鄙倍矣。"(《论语·泰伯》)这里的"容貌""颜色"等，主要涉及外在的形象，它们虽呈现于外，但又构成君子整体品格中不可或缺的一个方面。与之相联系的是"色思温，貌思恭"。(《论语·季氏》)君子的社会影响，也常常通过庄重的外在形态得到展现，《论语·学而》中的"君子不重则不威"，便表明了这一点。

儒家比较注重礼之"节文"。在儒家看来，"礼"对人的行为以及人格的引导，具体体现在"节"和"文"两个方面。"节"主要是调节、规范，它规定人应当做什么，不应当做什么；"文"则表现为文饰，包括文明的举止、文明的交往方式，等等。从形式的层面来看，君子作为已经"由野而文"、达到文明化的人格形态，其行为往往既得体又合宜。所谓"得体"，就是合乎一定社会规范的要求，"合宜"则是在不同场合、不同情景之中，其行为方式比较适合相关的情景，整个行为看上去没有任何违和之处。

从实质层面来说，君子的特点更具体地通过与小人的比较而得到展现。首先，按照孔子的理解，君子的突出特点就在于"喻于义"："君子喻于义，小人喻于利。"（《论语·里仁》）"义"者，"宜"也，引申为"当然"。这一意义上的"义"往往表现为"当然之则"。从其内涵来看，"当然"规定了人的一定责任和义务。所谓应当做或不应当做，总是基于一个人应当承担的责任或义务而作出的规定。在这一意义上，君子的内在品格在于自觉把握人"应当"承担的责任、义务，并且能够自觉履行这种责任、义务。相反，小人只是关心个人的私利，未能真正了解普遍的、人应当承担的社会责任。所谓"小人喻于利"，便强调了这一点。

君子"喻于义"，同时也从一个方面体现了君子之"务本"："君子务本，本立而道生。"（《论语·学而》）"本"可以从不同方面加以理解，从何为人这一角度来看，它主要与"人之为人"以及"君子之为君子"的根本规定相涉。对"义"所突显的道德责任的自觉承担，可以看作君子作为道德意义上的人格最根本的品格。

君子作为具有道德意识和责任意识的个体，同时又表现为道德行为的主体。正是基于这一看法，孔子肯定："君子求诸己，小人求诸人。"（《论语·卫灵公》）"求诸己"主要是依据自身力量自我决定，其行为及其结果非由外在的力量所左右。从君子与具体行为的关系来看，这里至少涉及两个方面：当君子获得成功时，他认识到成功主要是依靠自己的力量，而非凭借外在的其他力量；当君子不成功或不顺利时，他主要从自身寻找根源，而不是怨天尤人。借用佛教的话来说，这里体现的是"依自而不依他"。"小人求诸人"则意味着："小人"处处依赖于自我之外的外在力量，如果他在某些方面取得成功，便将其视为自我之外的其他力量作用的结果；如果失利，则归咎于他人。不难看到，君子作为具有道德品德的人，具有道德意义上的自主性和更广意义上的主体意识或主体的担当。小人则相反。

与之相关的是，如何对待自我的问题。孔子区分了为己之学与为人之学，为己指向的是个体自身的完善，为人则是对他人的外在迎合。上述意义的"为己"与"为人"，分别体现了君子与小人的不同价值取向。君子以自我的充实、完成为目标，主要关切自身的提升，并不在意是否为他人所知。"君子病无能焉，不病人之不己知也"。（《论语·卫灵公》）"人不知而不愠，不亦君子乎"？（《论语·学而》）反之，小人注重的是为人之学，并不关切自身的完善，仅仅追求人格形象的炫之于外。

就个体生存而言，君子虽然常常处于不如人意的境况，但君子能够始终以"道"为指向，而非计较物质境遇："君子谋道不谋食""君子忧道不忧贫"。（《论语·卫灵公》）"谋道"是指对于社会文化理想及政治道德理想的追求，"忧道"则是对所追求的社会文化理想及政治道德理想能否实现的关切。与之相对，"谋食"与"忧贫"更多地表现为对物质境遇的关切。在孔子看来，君子一旦志于道，就会始终保持人格的尊严，任何情况下都不会自暴自弃。反观小人，则是另一种形态，"小人穷斯滥矣"（《论语·卫灵公》）。这里的"滥"，可理解为无视人格尊严，自甘堕落。小人所关注的，仅仅是个体生存的顺逆，得志时或道貌岸然，或专横跋扈，失意时则常常流于卑污（亦即所谓的"滥"）。

君子同时具有比较全面的品格。所谓"君子不器"（《论语·为政》），便主要是从"君子"和"器"的比较中凸显君子的全面性品格。相对于人而言，"器"首先表现为"物"，在此意义上，"君子不器"表明人不是"物"，而是具有自身内在价值的主体。同时，"器"总是偏于一端，每一具体器物都有特定的功能或规定与之相联系，"君子不器"便意味着君子作为人格，并非偏向一端，或仅限定在某一功能或某一规定之上，而是具有多方面的品格、全面性的特点。与君子相比，小人在某些方面或许优长，但往往偏于一端，缺乏全面性的人格特点。

作为道德主体的君子，同时又具有内在的精神世界。从内在精神世界的角度来看，君子具有光明磊落、乐观向上的品格特点。所谓"君子坦荡荡"（《论语·述而》），俗话所说的"量小非君子"，既表明君子具有宽宏的气度，不斤斤计较于个人私利。此外，"君子坦荡荡"还表现为真诚的品格。君子光明磊落，总是以坦荡、真诚的心态与人交往。小人的品格特点是"长戚戚"（《论语·述而》）。从内在精神世界的角度来看，"长戚戚"表现为消沉、阴暗的心理特征。这种品格与"君子坦荡荡"所展现出来的光明磊落的精神世界正好形成对照。

君子作为社会的成员，并非以孤立的形态存在，总是与他人共存的。"共在"是人的基本存在处境。从人与人之间的"共在"或人际交往的角度来看，君子的特点在于注重交往的开放性。所谓"君子和而不同"，便是明证。"和"与"同"的区别在于："和"包含差异性，表现为不同规定之间的统一；"同"则是绝对或单纯的同一。"君子"可以容纳具有不同观点的人，甚至能与意见相左者和谐相处。小人恰好相反，"小人同而不和"（《论语·子路》）。与以上特点相联系，"君子周而不比，小人比而不周"。（《论语·为政》）君子善于团结大多数人，不搞结帮营私。小人则热衷于搞帮派，并以此谋取私利。

与交往的开放性相应的是与人为善。"君子成人之美，不成人之恶。小人反是。"（《论语·颜渊》）"成人之美"，就是成就他人。众所周知，儒家有成己成人之说：一方面，儒家注重为己，亦即以自我成就为指向；另一方面，儒家又要求"己欲立而立人，己欲达而达人"（《论语·颜渊》），亦即成己而成物、成己而成人。而后者构成了儒家对君子理解的一个重要方面。在这一意义上，君子不呈现为孤立的、自我中心的形态。小人正好相反，不成人之美，而往往成人之恶。

君子作为正面的人格，具有信守诺言、讲究信用的特点。"人而无信，不知其可也"（《论语·为政》）、"与朋友交，言而有信"（《论语·学而》）、人们常说的"君子一言，驷马难追"，均表明了这一点。君子守信，但又不限定或执着于某一原则，而是具有注重变通的特点。孔子说："言必信，行必果，硁硁然小人哉。"（《论语·子路》）这里所说的"言必信，行必果"，就是拘泥或执着于某种僵化的教条和原则，不知适时变通。"君子之于天下也，无适也，无莫也，义之与比也"。（《论语·里仁》）"无适"，即非绝对地肯定某种行为方式；"无莫"，则是非绝对地排斥某种行为方式；"义之与比"所侧重的便是灵活变通。因此，在儒家看来，注重变通是君子的重要品格。孟子指出："男女授受不亲，礼也；嫂溺援之以手者，权也。"（《孟子·离娄上》）按照礼的规定，男女之间不能直接授受，但在某些情景之下（如嫂不慎落水），可不受此礼的限制。在这里，对所处情景的具体分析便构成了"权"的前提。如果仅执着于某种僵硬的教条，置人的生命于不顾，便与禽兽无异。因此，孟子说："嫂溺不援，是豺狼也。"（《孟子·离娄上》）

从日常行为来看，君子的特点是"泰而不骄"，小人的特点是"骄而不泰"。（《论语·子路》）作为君子的处事方式，"泰而不骄"既是平和安详的心态，又表现为宽宏大度、平易谦和的气概。"骄而不泰"则表现为目空一切，盛气凌人。"泰而不骄"看似很平常，但很难真正做到。君子和小人的不同处事方式，体现了不同的人格境界：君子不会愤世嫉俗，具有平和而宁静的特点。此外，在日常生活中，君子自觉践行基本的伦理规范。

要而言之，作为正面的道德人格的君子，既有形式层面的尊重礼义规范（"由野而文"），又具有比较全面的品格（"不器""和而不同""成人之美""义之与比""骄而不泰"等），后者通过与小人的对比而得到具体彰显。

二

君子与小人的比较，突显了君子人格所具有的道德内涵。从道德人格的角度来看，君子和圣人虽然都属于道德人格，但具体内涵又有分别。质言之，君子与小人之分体现的是道德非道德之间的差异，圣人与君子之分体现的是不同道德人格之间的分野。对孔子来说，在道德之域，人格呈现为两重典范，其一是君子，其二则是圣人。孔子曾说："圣人，吾不得而见之矣，得见君子者，斯可矣。"（《论语·子路》）

作为道德人格的圣人和君子，在具体内涵上既有相互交错的一面，又有不同的侧重。从道德人格的角度来看，作为道德人格的完美化身的圣人突显了人格的完满性，被视为道德人格的最高境界。从逻辑上来说，儒家肯定"人皆可以成圣"，但在现实性中，圣人是很难达到的人格境界。孔子从来不以圣人自许，"若圣与仁，则吾岂敢"（《论语·述而》），便表明了这一点。对尧舜等传说中的明君，孔子也不轻易以"圣"相称。子贡曾问孔子："如有博施于民而能济众，何如？可谓仁乎？"孔子的回答是："何事于仁，必也圣乎！尧舜其犹病诸！"（《论语·述而》）即使尧舜这样的明君，都尚未达到圣人的境界，圣人的难以企及性可见一斑。

孔子在君子之外另设一个圣人的境界，意在表明道德层面上的人格培养以及人格追求是一个永无止境的过程。"至矣尽矣，不可以加矣"的人格境界，在现实生活中很难达到。在这里，圣人成为一个范导性的目标，尽管在现实生活中难以真正达到，但为人们提供了一个努力的方向，引导着人们不断向其趋近。可见，圣人作为虚悬一格的人格境界，主要彰显了人格养成和人格追求的过程性、无止境性。

与圣人相比，君子可以视为人格理想的现实体现，它虽然不如圣人那样尽善尽美，但也不像圣人那样难以企及。孔子对君子人格的描述，总是和日用常行息息相关。"笃于亲""不忧不惧""泰而不骄""和而不同"等，都是人们在日常生活中可以做到的。可见，孔子对君子人格的描述，突出了君子作为道德人格所具有的现实性品格。在这一意义上，君子与小人的比较，突显了君子人格所具有的道德内涵；

君子和圣人的对照，则突出了理想人格形态和现实人格形态之间的分野。

要而言之，圣人这一人格形态的设定，强调的是人不能在有限的生命中仅仅停留或限定在某一阶段；君子人格则通过肯定人格的现实性品格，来避免人格追求趋于思辨化、虚悬化。圣人与君子主要有两个方面的不同：其一，过程性与既成性。圣人的设定主要突出了人格的过程性这一面，君子则确认了人格的既成性或已然形态；其二，理想性和现实性。圣人作为一个范导性的目标，引导人不断趋向于理想的道德之境，君子则呈现为现实生活中可以达到的具体人格形态。以上两个方面的统一，使道德人格既不同于静态的人格模式，也有别于抽象的、思辨的构造，其中隐含着某种理论上的深意。

三

君子与小人、君子与圣人之间的比较和区分，从不同方面突出了传统视野中君子人格的具体内涵及其特点。从现时代看，其社会结构不同于传统社会，其人格形态则常常涉及公民，考察君子这一传统人格在现代的意义，需要联系公民等现代社会的人格形态。

从严格意义上来说，"公民"是一个法律概念。在法律上，"公民"主要指获得一定的国籍，享有该国的宪法和法律所赋予的权利并需要履行该国的宪法和法律所规定的义务的国民。宽泛而言，"公民"就是指遵纪守法、行为合乎一般社会规范或文明规范的社会成员。就遵纪守法而言，不乱闯红灯、拒绝酒驾等，便是法律意义上的公民应该做到的；就合乎社会规范而言，不随地吐痰、不乱扔垃圾等，便是文明的现代公民应该具有的品格和行为习惯。前者从比较严格的意义上体现了公民作为法律意义上的人格所具有的规定，后者则从宽泛的意义上展现了公民作为遵循社会文明规范的社会成员的特点。

公民和君子具有不同的特点。公民更多地表现为法律上的主体，君子则首先呈现为道德上的主体；尽管从法律意义上看，公民既享有权利，也需履行相关的义务，但较之君子，公民更加侧重于对权利的关切和执着。一谈到公民，人们首先想到的是公民的财产权神圣不可侵犯、公民拥有选举与被选举的政治权利等；作为道德主体的君子，主要以履行道德义务为内在特点。

作为遵循基本法律和文明规范的主体，公民可视为一个社会的合格成员；作为理想道德人格的主体，君子则表现为道德上的楷模。两者的侧重点有所不同：只要是合乎社会的文明规范，做到遵纪守法这一基本底线，便是达到了公民的基本要求。君子作为道德上的典范，是应通过自身努力而达到的人格目标。公民的行为以合乎最基本的底线规范为原则，一个人若是偏离了这些底线规范，就会失去做一个合格社会成员的资格。概而言之，公民的人格具有可接受性，君子的人格具有崇高性。

下面，对"值得赞赏的""对的""不错的"等行为作一区分。如果一个人的所言所行不违背一定的社会规范（包括道德规范），那么，这种行为便可被称为"不错"。这里的"不错"，同时表现为所言所行为社会所允许。不过，在"不错"的情况下，行为常常具有自发的性质：因为行为正好合乎一般的规范，所以才被接受。与"不错"相关但又有所不同的行为，是"对的"或"正确的"行为。行为之"对"，意味着这种行为是基于对一定的社会规范、道德准则的自觉理解。更进一步的行为，则包含"值得赞赏"的性质。"值得赞赏"的行为不仅表现为底线意义上的"不错"或"对"，而且具有较高的道德境界，而这种道德境界需要通过不懈的努力才能达到。

从"君子"和"圣人"的内涵来看，二者主要从不同层面体现了"值得赞赏"的道德境界。从人格追求的角度看，君子和圣人的统一，体现的主要是传统社会的人格目标。就现代社会而言，需要关注的可能是君子与公民之间的统一。随着时代的变化和发展，社会所追求的人格形态也要与时俱进。作为现代人格的一个方面，君子人格本身也需要取得现代的形态。现代形态下的君子人格形态，可从不同的角度加以理解。从人格的实质来说，现代形态下的君子更接近于今天所说的英雄模范。现在之所以一再倡导学习英雄模范、争做英雄模范，主要是因为这种人格典范体现了高尚的道德情操。从形式层面来看，君子本来就有注重"文"（"由野而文"）的传统，而现代形态下的君子的行为举止更要合乎现代意义上的礼仪规范。所谓的绅士风度，就与近代西方的绅士人格相涉。绅士的起源或可追溯到早先的贵族，但其作为一种人格的形式象征，则与近代社会的变迁相联系。绅士化风度的特点可概括为：行为得体雅致，举止彬彬有礼，为人谦和有节、富有教养。在一定意义上，它可视为现代文明化行为方式的某种符号。在更广的意义上，人格的现代形态也体现为今天所讲的"讲文明、树新风"。如果说英雄模范等道德楷模所体现的人格特点，主要从实质层面赋予君子人格以新的内涵，那么，合乎现代意义上的礼仪规范则更多地从形式层面赋予君子人格以现代的形态。基于以上两个方面，传统意义上的君子将实现由传统向现代的转化。

进而言之，现代形态下的"君子"和广义上的"公民"，应走向内在的结合。作为两者统一的现代人格形态，既表现为君子化的公民（具有道德意识的公民），也呈现为公民化的君子（具有法理意识的君子）。这二重品格同时赋予现代的人格形态以具体的规定：一方面，上述视域中的人格体现了社会的底线要求，表现为合格的社会成员；另一方面，它又有崇高的道德追求，呈现为理想的道德人格。 这两方面的统一体现了现代社会应当追求的人格形态：既合乎社会的基本文明规范，又坚持理想的道德追求。君子作为道德人格具有两重性：相对于传统意义上作为范导目标的圣人，君子更多地展现了现实性的品格；较之公民，现代形态的君子呈现出理想化的人格形态，构成了人们在现实生活中通过不懈追求而不断达到的目标和境界。要而言之，现代社会的人格目标，应趋向于具有现代形态的君子与广义公民的统一，其具体内涵则体现为合格的现代社会成员与理想的道德人格之间的交融。

从中国传统树人体系看君子人格的普遍价值*

钱念孙**

摘 要： 中华民族在数千年历史演进过程中，历来重视立德树人，构建形成了自己等差有序的理想人格体系。中国古代传统理想人格的塑造，凸显出取法乎上、追求至高至善的理想色彩，同时给出效行相宜的可行性方案。君子人格经孔子悉心改造和重塑后广受认同与推崇，成为历代中华儿女立身行事师表效法的人格标杆。君子人格的内涵可以简括为"修己"与"安人"两个方面，前者侧重"内圣"之学，后者偏向"外王"之道。中国近百年来的社会发展，始终高扬救亡图存、民族复兴的时代主旋律，中国人的现代人格建构也增强了以爱国主义为核心的民族精神和忧患意识，增强了以改革创新为核心的时代特色和拼搏意志。君子人格及君子文化是我们践行社会主义核心价值观，培育时代新人能够活态嫁接的老树新枝，必将在新时代犁铧翻垦的神州大地上郁郁葱葱，呈现蔚为壮观的繁茂景象。

关键词： 立德树人；君子人格；普遍价值

中国传统哲学以至整个传统文化的重点，是探讨人生观和价值观问题。[①] 人生观和价值观的核心是如何立德树人，即理想人格的培育和塑造。中华民族在数千年历史演进过程中，历来重视立德树人，构建形成了自己的理想人格体系，其中尤以君子人格受到普遍推崇，成为历代中华儿女立身行事师表效法的人格标杆。中国传

---

* 原文刊于《学术界》2020 年第 12 期，内容有改动。

** 钱念孙，安徽芜湖人，安徽省社会科学院研究员、安徽省文史研究馆馆员。主要研究方向为文艺理论、美学、比较文学、中国思想史、安徽文化史等。

① 参见方立天：《中华文化的核心与国民素质的提高》，载钱穆等：《中国高层讲座（第一辑）》，新世界出版社，2006，第 43—45 页。

统的树人体系，特别是君子人格的形成与发展，不仅是一种积淀丰厚、影响深广的历史文化现象，更凸显了中华优秀传统文化的价值取向和精神追求，对我们今天培育时代新人、塑造完善人格具有可贵的启示意义。

一、取法乎上：中国传统树人体系的建构

中国传统"树人"思想，早在先秦诸子著述中已屡见不鲜，其中，管子的论述尤为简洁鲜明。《管子·权修》云："一年之计，莫如树谷；十年之计，莫如树木；终身之计，莫如树人。一树一获者，谷也；一树十获者，木也；一树百获者，人也。我苟种之，如神用之，举事如神，唯王之门。"管子提出的"树人"理念，充分说明人才的重要性，表明"为天下致利除害"必须任用贤才，"争天下者，必先争人"（《管子·霸言》）；同时也提醒我们，培养人才十分不易，应为计长远，久久为功。中国古代早期的树人实践，或者说中国传统最初的理想人格塑造，一直可追溯到上古的尧舜时代。《尚书·尧典》开篇就对尧帝这位"道德圣王"作了近乎完美的描绘："曰若稽古，帝尧，曰放勋。钦明文思安安，允恭克让，光被四表，格于上下。克明俊德。以亲九族。九族既睦，平章百姓。百姓昭明，协和万邦。"① 这是说尧帝处事谨慎，明察是非，温文尔雅，思虑通达，对人谦和恭谨，能够选贤任能，其善行光照天地，闻名四方。他德才兼备，敦睦九族，安顺百姓，能够协和万邦，使万民安居乐业，和睦相处。如此赞誉是否言过其实，是否带有一定程度理想化的夸饰成分，当然可以存疑，但在先秦历史文献中，对尧舜等上古帝王的褒扬之词可谓不胜枚举。

《国语·郑语》载史伯的话说：

> 夫成天地之大功者，其子孙未尝不章，虞、夏、商、周是也。虞幕能听协风，以成物乐生者也。夏禹能单平水土，以品处庶类者也。商契能和合五教，以保于百姓者也。周弃能播殖百谷蔬，以衣食民人者也。

从这段话可以明显看出，虞、夏、商、周的朝代兴替，实际上与主政者的德行功业密切相关，对圣贤之人的推崇之意溢于言表。孔子也多次称赞周公，说他

---

① 方孝岳：《尚书今语》，上海古籍出版社，1958，第1—3页。

"为政以德，譬如北辰，居其所而众星共之"（《论语·为政》），强调"吾从周"（《论语·八佾》）、"梦见周公"（《论语·述而》）等，都是其推重周公之道的明证。至春秋末期，先秦史官及诸子对上古帝王多半予以不同程度的理想化，常常称其为"大人""圣人"，形成尧、舜、禹、汤、文、武、周公等系列形象。

孔子的弟子对老师非常敬仰，说孔子也是难以超越的圣人。宰予曰："以予观于夫子，贤于尧舜远矣。"（《孟子·公孙丑上》）子贡更是将孔子比喻为无法企及的日月："他人之贤者，丘陵也，犹可逾也；仲尼日月也，无得而逾焉。"（《论语·子张》）孟子也将孔子与尧、舜、禹、商汤、周文王相提并论说："由尧舜至于汤，五百有余岁；若禹、皋陶，则见而知之；若汤，则闻而知之。由汤至于文王，五百有余岁，若伊尹、莱朱，则见而知之；若文王，则闻而知之。由文王至于孔子，五百有余岁，若太公望、散宜生，则见而知之；若孔子，则闻而知之。由孔子而来至于今，百有余岁，去圣人之世若此其未远也，近圣人之居若此其甚也。"（《孟子·尽心下》）孟子不仅把孔子与上古帝王等量齐观，称之为"圣人"，还将他与伯夷、伊尹、柳下惠等隐逸贤达比较说："伯夷，圣之清者也；伊尹，圣之任者也；柳下惠，圣之和者也；孔子，圣之时者也。孔子之谓集大成。集大成也者，金声而玉振之也。"（《孟子·万章下》）这里，既肯定孔子是圣人中能够顺应时变的俊杰（"圣之时者也"），又标举他是汇聚诸多圣贤美好品格于一身的"集大成者"，[①]对中国传统人格的构建产生了深广影响。由此，古代圣贤形象序列于尧、舜、禹、汤、文、武、周公之后，孔子接踵跻身其中。随着汉代赵岐把孟子奉为"亚圣"，以及唐代韩愈认定孟轲才是孔学衣钵的正宗嫡传，并将他与孔子并称为"孔孟"，[②]古代圣贤形象的队伍也在时代延伸中逐步扩充延长。

中国古代对传统理想人格的塑造，凸显出取法乎上、追求至高至善的理想色彩。为什么如此？原因乃在于中国人的人生修为和精神追求，不像西方人依赖基督教"耶稣"的启示，而是更多以"出乎其类，拔乎其萃"的理想人格代表为引领和榜样。[③]从西周时代起，中国人就呈现出宗教意识淡薄、"重人轻神"的特

---

① 孟子还引用孔子弟子的话论证自己"集大成"的观点。《孟子·公孙丑上》载："子贡曰：'见其礼而知其政，闻其乐而知其德，由百世之后，等百世之王，莫之能违也。自生民以来，未有夫子也。'有若曰：'岂惟民哉？麒麟之于走兽，凤凰之于飞鸟，泰山之于丘垤，河海之于行潦，类也。圣人之于民，亦类也。出于其类，拔乎其萃。自生民以来，未有盛于孔子也。'"

② ［唐］韩愈：《原道》，载氏著：《韩昌黎全集》卷十一，中国书店，1991。

③ 孔子说："君子有三畏：畏天命、畏大人、畏圣人之言。"（《论语·季氏》）

点。孔子对殷周时期的天命鬼神观念虽然没有直接否定，却将其束之高阁，不予探究。如：

> 子不语怪、力、乱、神。（《论语·述而》）
>
> 樊迟问知。子曰："务民之义，敬鬼神而远之，可谓知矣。"（《论语·雍也》）
>
> 季路问事鬼神。子曰："未能事人，焉能事鬼？"曰："敢问死。"曰："未知生，焉知死？"（《论语·先进》）

孔子对鬼神是否存在以及人死后的冥冥世界，皆无意关注和深究。如庄子所言："六合之外，圣人存而不论。"（《庄子·齐物论》）孔子所关心和谈论的主要是现实人世间事务。《论语·述而》曰："子所雅言，诗、书、执礼，皆雅言也。"朱熹注曰："雅，常也。执，守也。诗以理性情，书以道政事，礼以谨节文，皆切于日用之实，故常言之。"中国文化这种不脱离伦常日用来探寻社会治理方案的本质特征和逻辑理路，自然且必然地走向树立至高至善的理想人格，以使"为政者"或"为民者"皆前有目标，学有榜样。这既是社会发展"顺人伦、明教化"的需要，也是中国历史上不乏"捧圣""造神"现象的原因所在。

春秋战国时期兴起的百家争鸣，诞生了奠定中华文化根基和框架的先秦诸子学术。诸子之学，虽有司马谈"六家"之说（《史记·太史公自序》），亦有刘歆、班固的"九家十流"之议（《汉书·艺文志》），实则较有影响者不过儒、道、墨三家。西汉末东汉初，印度佛教传入中国并逐步融入中华文化传统，我们于儒家、道家、墨家之外又有了释家（佛教）。从高标高举、取法乎上的人生境界看，儒者崇"圣"，道者求"仙"，释者敬"佛"，墨者尚"侠"。不过，这些理想人格是儒、道、释、墨各自追求的最高人生目标和人生境界，虽可以高山仰止，却难以景行行止，不免让人感慨仰之弥高、可望而不可即。

从古代先贤的传统人格建构，可以清晰地看到这一点。如孔子就曾发出"圣人，吾不得而见之矣"（《论语·述而》）的喟叹。中华文化向来具有重人伦、重实用的特点，其传统人格构建也非常注重从现实人格到理想人格的梯度层次关系。在中国古代社会里，具有一定数量的"士"阶层，是现实正面人格中最可能向理想人格攀升的群体。只是，儒家心目中的"士"，是学以立志、知耻有为的"贤士"；道家心目中的"士"，是返璞归真、逍遥自在的"隐士"；墨家心目中的"士"，是义无反顾、舍生取义的"义士"；魏晋以后逐步形成和壮大的释家，其心目中的"士"，是心存善念、一心向佛的"居士"。从社会大体流向分野看，儒者入世，走向中心，成为积极有为的士大夫；道者出世，走向山林，成为潇洒无羁的方外隐逸之人；墨者向下，走向民间，成为"路见不平一声吼"的仗义侠士；释家作为融入中国文化的外来宗教，潜入人间世，其成员化身为慈悲为怀、普度众生的佛陀、菩萨。

当然，这只是十分粗略的倾向性描述，不同类型的人格形态并非孤立绝缘，其间互有借鉴和交叉，即便是同一类型的人格形态，也是各色人等异彩纷呈。那么，诸家人格形态在中国社会历史发展过程中各有什么境遇？各自命运如何呢？

二、效行相宜：君子人格的广受推崇

诸家人格形态的消长沉浮及演化嬗变，既与各自相对独立的人格内涵和追求愿景相关，更与中国特定的历史发展过程和社会需求紧密相连。春秋战国勃兴的诸子百家之学，经过秦王朝大一统帝国崛起奉行极端化的法家学说，以及汉代初期为之纠偏而盛行的因循自然无为的道家黄老之学，到雄才大略的汉武帝刘彻登上皇位后，开始重视和倡导董仲舒提出的积极济世、维护等级秩序、德治与法治并重的儒家学说。这一治国理政指导思想的调整和重建，导致中国社会思想和文化演替发生了删繁就简、摈弃异说、推陈出新、以一揽总的重大变革，即罢黜百家，独尊儒术。

由此，儒家学说成为绵延数千年的中国封建社会的"官学"，成为博大精深的中华传统文化的主干和"显学"。伴随儒学成为历代统治者推行的社会主导思想，成为中华民族的集体文化心理结构，儒家所塑造的人格形象也受到越来越广泛的认同和肯定。儒家对传统人格的构建，明显看到理想人格的培育和塑造要具有现实可行性这一至关重要的问题，设计安排了一个等差有序的传统人格系列：最高境界是尽善尽美、至高无上的"圣人"，次为执着行善、德高望重的"贤人"，又次为德才兼备、修己安人的"君子"，再次为学以立志、知耻有为的"士"，等而下之者为"小人"。在《论语》里，"圣人"及"圣"字出现8次，"贤人"及"贤"字出现20次，"君子"出现107次，"士"出现15次，"小人"出现24次。① 从用词的频

---

① 参见杨伯峻：《论语译注》"论语词典"，中华书局，1980，第213—316页。

率看，《论语》所谈论的重点人格形态显然是"君子"。

值得注意的是，"贤人"与"君子"相近而略高于"君子"。在《论语》中，"贤人"虽然多指富有道德和才能的人，但有时也专指乱世中避世的隐士。孔子弟子冉有问"伯夷、叔齐何人也"？孔子明确回答是"古之贤人也"（《论语·述而》）。他还夸赞伯夷、叔齐这些避世逸民"不降其志，不辱其身"（《论语·微子》），说"贤者辟（避）世，其次辟地，其次辟色，其次辟言"（《论语·宪问》）。这种以"贤人"指称避世隐士，与其"邦有道则仕，邦无道则可卷而怀之"（《论语·卫灵公》）的思想是一致的。作为热心济世的孔子，虽然理解和认可隐者"天下有道则见，无道则隐"（《论语·泰伯》）的避世态度，却并不赞成他们消极逃世的做法。他曾在听罢长沮、桀溺的避世高论后慨叹："天下有道，丘不与易也。"（《论语·微子》）表明其不愿像隐者那样逍遥于山林，而要为治理天下尽心竭力。由于孔子的基本旨趣是反对逃世的，因而他所推重的效行相宜的人格形象主要不是"贤人"，而是"君子"。那么，在儒家等差有别的人格序列中，孔子如何确定和把握君子人格的特质呢？

"君子"概念早在西周时期已经频繁使用。孔子突破殷周典籍中的"君子"多指君王、执政者或贵族的旧义，在"有位者"内涵的基础上，赋予君子更多"有德者"的新义。在《论语》里，孔子及其弟子对王公贵族所具有和应有的道德优点择善而从，汲取便于师法和遵循的内容推而广之，扩大为社会应普遍倡导和推广的伦理规范与要求，以解决如何做人，即如何培育和塑造崇德守礼之人的根本问题。为了使君子形象更加清晰地呈现于世人面前，孔子睿智地在《论语》里采取比较排除法，主要从两个方面对君子人格作了辨析和界定。一方面，他反复说"君子喻于义，小人喻于利"（《论语·里仁》）、"君子坦荡荡，小人长戚戚"（《论语·述而》）、"君子求诸己，小人求诸人"（《论语·卫灵公》）、"君子成人之美，不成人之恶，小人反是"（《论语·颜渊》）、"君子和而不同，小人同而不和"（《论语·子路》）、"君子泰而不骄，小人骄而不泰"（《论语·子路》）。在多视角多层次的对照比较中，孔子不仅为我们划定了君子与小人的楚河汉界，确立了君子人格的内在情操和外在形貌，同时也不言自明地申述了君子人格的意义和价值，以及培育君子人格的必要性和重要性。

另一方面，孔子又在君子与圣人之间划清界限并拉开距离。他对弟子称自己为"圣人"颇为不满，表示"若圣与仁，则吾岂敢"？他还强调说："圣人，吾不得而见之矣；得见君子者，斯可矣。"（《论语·述而》）在孔子心目中，圣人是难以寻觅、难以企及、高不可攀的至善典范，而君子则是可望可即、经过努力可以实现和达到的人格境界，是理想又现实、尊贵又亲切、高尚又平凡的人格形象。①

孔子精心塑造的君子人格，伴随《论语》的问世而流布四方，大有登高一呼，八方响应的效应。儒家学派的后继者如孟子、荀子等，对君子人格的竭力张扬申说自不待言，与儒家学派颇多歧见的墨家学派和法家学派，虽然在某些方面不满儒家学说，但对君子人格却津津乐道。如墨子说，"君子之道也，贫则见廉，富则见义，生则见爱，死则见哀。四行者，不可虚假，反之身者也"（《墨子·修身》）；"君子不镜于水，而镜于人。镜于水，见面之容；镜于人，则知吉与凶"（《墨子·非攻》）。韩非子说，"君子不蔽人之美，不言人之恶"（《韩非子·内储说上》）；"礼为情貌者也，文为质饰者也。夫君子取情而去貌，好质而恶饰"（《韩非子·解老》）。如此等等，无不表明他们对君子人格的高度肯定。

道家学派对宇宙演化、社会更迭、人伦秩序及其相互关系等，均有自己独到的理解和认识，诸多思想观念与儒家学派彼此矛盾甚至截然对立，但在认同和赞赏君子人格这一点上，两者却颇为一致。老子说：

> 重为轻根，静为躁君。是以君子终日行不离辎重；虽有荣观，燕处超然。奈何以万乘之主，而以身轻天下？轻则失本，躁则失君。②

在老子看来，重是轻的根基，静是动的主宰，所以君子四处行走也不离装载日常用品物资的车辆，即便有荣华富贵享受，也能看穿诱惑，超然处之。君子的境界不仅超越庸碌、轻浮的小人，而且比那些以躁动、率意方式治国的"万乘之主"也远胜一筹。庄子对君子人格也赞赏有加。他说，"君子之交淡若水，小人之交甘若醴；君子淡以亲，小人甘以绝"（《庄子·山木》）；"天下尽殉也，彼其所殉仁义也，

---

① 对此，笔者曾撰写多篇文章进行探讨。参见《君子文化与社会主义核心价值观》，《光明日报》2014 年 6 月 13 日，《新华文摘》2014 年第 19 期；《君子：中华民族千锤百炼的人格基因》，《群言》2016 年第 2 期，《博览群书》2016 年第 5 期；《开垦君子文化沃土 收获精神文明硕果》，《光明日报》2016 年 4 月 11 日；《君子文化在传统文化中的地位和影响》，《学术界》2017 年第 1 期；《君子文化的传统魅力与当代张力》，《光明日报》2018 年 4 月 3 日；《君子文化浸润中国人的日常生活》，《光明日报》2018 年 11 月 20 日，《学习活页文选》2018 年第 53 期；《家国情怀的萌生与君子人格的确立》，《江淮论坛》2020 年第 2 期。

② 《道德经·二十六章》。王弼本"君子"作"圣人"，此处依帛书本。

则俗谓之君子；其所殉货财也，则俗谓之小人"(《庄子·骈拇》)。凡此种种，无不表明道家学派对君子人格同样颇为认同和称许。

当然，若细加分辨，儒家与道家虽然共同推崇君子人格，但两者所推崇的君子人格内涵却有不同的意蕴和旨趣。儒家树立的君子形象，是现实社会伦常关系中的有德之人，是内在德性与外在事功统一的人格样板；而道家标榜的君子形象，则多半是超越世俗生活、顺应自然之道的得道行道者，是奉行"无为而无不为"原则的"无为之治"的高手。儒、道的这种分别，并非否定或降低了君子人格的价值和意义，而是丰富和提升了君子人格的内涵及普遍适应性。如果说在原典儒学里，"自强不息、厚德载物"是君子人格的核心内容，那么，经过道家思想的渗透和补充，君子人格于刚健有为、热心济世的意脉外，又增添了道家顺其自然、清净自守的要素。这种以儒为主，儒道互补，甚至兼容墨家、法家、佛家积极因素的衍化嬗变，使君子人格在传承、接受、流布、扩散的过程中，显现出更大的包容性和吸引力，成为中华民族广泛认同和推崇的可学、可做并应学、应做的人格榜样。

君子人格在中华文化的传统里、在中国民众的心目中，具有极高的共识度和影响力。这一点，民间流传的有关君子的大量民谚俗语，足可明证。譬如，在义利气节方面，人们常常张口就说，"君子爱财，取之有道""君子盼得天下富，小人发得一人财""君子不怕明算账，小人贪恋不义财""君子争礼，小人争利""义动君子，利动小人""君子务本，小人逐末""君子重名节，小人重名号""知足称君子，贪婪是小人"，等等。在诚实守信方面，人们经常爱说，"君子一言，驷马难追""君子一言，快马一鞭""君子说话，如笔泼墨""君子坦荡荡，有话当面讲""明人不做暗事，君子不说假话""君子当面骂人，小人背地说话""有事但逢君子说，是非休听小人言""直率坦白真君子，笑里藏刀是歹人""君子不欺暗室""君子无戏言""君子耻其言而过其行"，等等。有关君子的俗语民谚几乎遍及社会生活的各个方面，除了上述义利气节、诚实守信的内容外，起码在仁义济世、处世交友、砺学修身、怡情养性、慎独操守等层面，相关俗语民谚同样繁花似锦，让人目不暇接。①

短小精练、意蕴深厚的民谚俗语，是中国人世代积累的人生经验和价值追求的

---

① 笔者搜集此类民谚俗语多达近百句，涉及做人做事的方方面面。参见钱念孙等选著：《君子格言选释》附录"君子俗语"部分，黄山书社，2016。钱念孙：《君子文化浸润中国人的日常生活》，《光明日报》2018年11月20日。

结晶，是中华文化传统在民间沉淀和淘洗出的处世良言，常常被民众看作不证自明的"道理"，发挥着警策自己、说服他人、指导日常生活的独特作用。有关君子的民谚俗语在社会生活中俯拾即是，充分说明君子人格家喻户晓、深入人心，广受推崇。

三、修己安人：君子人格的基本内涵

君子人格究竟需要具备哪些要素？ 或者说君子人格的具体内涵是什么？ 不同学者有不同的概括和解答。余秋雨从君子怀德、君子之德风、君子成人之美、君子周而不比、君子坦荡荡、君子中庸、君子有礼、君子不器、君子知耻九个方面，勾画了君子的内在素质和外在形貌。[①] 牟钟鉴从仁义、涵养、操守、容量、坦诚、担当六个方面，对君子人格的定义及由来作出了自己的阐释。[②] 还有学者从忠恕、宽厚、仁德、情义、谦逊、诚信、中和、亲民八个方面，描绘了君子人格的特质和气象。[③] 其实，中国古代典籍里关于君子的论述汗牛充栋，历代仁人志士崇尚和践行君子人格的佳话趣闻也车载斗量，我们很容易从某些方面攫取某些要点，形成对君子人格内涵的归纳和总结。这类提要性的梳理和概述，对于了解和掌握君子人格的丰富蕴涵，无疑十分有意义和价值，但有时难免会有巨细难究、举不胜举的遗珠之憾，以及因观察视角和层面的不同，存在所见内涵远非一致的参差之异。这里，我们尝试在总体把握上对君子人格的整体形貌作一个轮廓性速写，作为上述学者对君子人格要点概括和重点刻画的背景与衬托，以供参照互补，深化认识。

从总体把握来看，君子人格的内涵可以简单概括为"修己安人"四字。"修己安人"源自孔子与子路的一段对话：

> 子路问君子。子曰："修己以敬。"曰："如斯而已乎？"曰："修己以安人。"曰："如斯而已乎？"曰："修己以安百姓。修己以安百姓，尧、舜其犹病诸！"（《论语·宪问》）

---

① 参见余秋雨：《君子之道》，北京联合出版公司，2014，第14—45页。
② 参见牟钟鉴：《君子人格六讲》，中华书局，2019。
③ 参见涂可国：《儒家君子理想人格的八大社会气象解读》，《学术界》2020年第12期。

子路求教怎样成为君子，孔子给出的回答是"修己以敬""修己以安人""修己以安百姓"。这层层递进的答案实际就两个关键词：一是"修己"，一是"安人"。此处的"安百姓"，其实也是"安人"，不过扩大了"安人"的范围罢了。这就告诫我们，要想成为君子，绝非只是提高自身修养，以严肃恭敬的态度独善其身，即可大功告成，而是要通过自己的努力和作为，不仅使家族及周边的人安居乐业，还要给天下百姓带来安宁和快乐。儒家学术乃至整个中国传统文化，主要包括人的内在伦理修养论和外在治世政治论两个紧密联系的组成部分，前者强调不断地"反求诸己"，严于修身，即人们常说的"内圣"之学；后者则突出"推己及人"，匡救天下，即后世所说的"外王"之学。正如余英时《儒家"君子"的理想》所言："儒学有此'内转'和'外推'两重过程，这也是后世所说的'内圣外王'之道。简单地说，这是以自我为中心而展开的一往一复的循环圈。一部中国儒学史大体即是在此循环圈中活动。"①

这种通过不断内省来提升自我修养，使自身具有圣人之德，从而对外实施王者之政，使天下百姓安居乐业的人生导向和价值追求，孔学后人在《大学》里作了更为具体、明晰的阐述。《大学》曰：

> 古之欲明明德于天下者，先治其国；欲治其国者，先齐其家；欲齐其家者，先修其身；欲修其身者，先正其心；欲正其心者，先诚其意；欲诚其意者，先致其知。致知在格物。物格而后知至，知至而后意诚，意诚而后心正，心正而后身修，身修而后家齐，家齐而后国治，国治而后天下平。自天子以至于庶人，壹是皆以修身为本。

这里提出的格物、致知、诚意、正心、修身、齐家、治国、平天下"八条目"，如果说前五项侧重以"修己"为核心的内圣之学，那么，后三项则偏向以"治平"为重点的外王之学。在主要反映孔子思想的儒学原典《论语》里，"修己"与"治平"两个方面尚浑然统一并融合于一个体系之内，但在后续发展过程中，这两个方面则有所割裂和分离。孔子之后儒家学术的分化，主要是孟轲、荀况两派。相对而

---

① 余英时：《儒家"君子"的理想》，载氏著：《中国思想传统的现代诠释》，江苏人民出版社，1989，第167页。

言，孟子更多发展儒学原典中以"修己"为核心的内圣之学，而荀子则多半发展儒学原典中以"治平"为重点的外王之学。

孟子胸怀豪情，颇有治世雄心，曾高调宣称："如欲平治天下，当今之世，舍我其谁也！"（《孟子·公孙丑下》）他"平治天下"的方策，主要通过"正人心""施仁政"的办法来实现。他指出："仁义礼智，非由外铄我也，我固有之也，弗思耳矣。故曰'求则得之，舍则失之'。"（《孟子·告子上》）他认为，实施"仁政"的关键，就是要把人内心固有的仁义礼智"四端"激发出来，由此便"足以保四海"（《孟子·公孙丑上》）。孟子这种以个人修养为出发点而达到治国平天下目标的治世方略，自然得出"人有恒言，皆曰'天下国家'。天下之本在国，国之本在家，家之本在身"（《孟子·离娄上》）的结论。孟子这种由内而外、由己而天下、"自天子以至于庶人，壹是皆以修身为本"的治世方略，既针对普通大众，更针对君王国主。他认为，实施仁政的要点，在于有仁人充任国君，因为"君仁，莫不仁；君义，莫不义；君正，莫不正。一正君而国定矣"（《孟子·离娄上》）。正因如此，孟子谈论"君子"时特别强调："君子所以异于人者，以其存心也。君子以仁存心，以礼存心。仁者爱人，有礼者敬人。爱人者，人恒爱之；敬人者，人恒敬之。"（《孟子·离娄下》）

与孟子侧重以"仁"为核心的内圣之学勾勒君子人格的形象不同，荀子则显然偏向以"礼"为重点的外王之学，即注重外在道德规范对君子人格的陶冶和塑造作用。这当然与他"人之性恶，其善者伪也"（《荀子·性恶》）的基本观点有关。荀子站在"性恶论"的立足点上，提出"人之生固小人，无师无法则唯利之见耳"（《荀子·荣辱》）。荀子曰："材性知能，君子小人一也。好荣恶辱，好利恶害，是君子小人之所同也；若其所以求之之道，则异也。……尧禹者，非生而具者也，夫起于变故，成乎修为，待尽而后备者也。"（《荀子·荣辱》）在荀子看来，"人之生固小人"，因而"君子之与小人，其性一也"，之所以后来产生高下优劣的分野和变化，主要是缘于学习和修为。《荀子·劝学》云：

学恶乎始？恶乎终？曰：其数则始乎诵经，终乎读礼；其义则始乎为士，终乎为圣人。真积力久则入，学至乎没而后止也。故学数有终，若其义则不可须臾舍也。为之，人也；舍之，禽兽也。故《书》者，政事之纪也；《诗》者，中声之所止也；《礼》者，法之大分，类之纲纪也。故学至乎《礼》而止矣。

夫是之谓道德之极。

余英时认为："此段所言，即是荀子的'君子之学'。"①因为"始乎为士，终乎为圣人"者，中间全是成为"君子"的阶段。王先谦《荀子集解》注"终乎为圣人"曰："荀书以士、君子、圣人为三等，《修身》《非相》《儒效》《哀公》篇可证。故云：始士终圣人。"由于"圣人"是难以企及的最高境界，荀子所谓"始乎为士，终乎为圣人"，实际上是指出如何成为"君子"的路径，所以荀子紧随下文说："君子之学也，入乎耳，著乎心，布乎四体，形乎动静。端而言，蠕而动，一可以为法则。"荀子给出的成为君子的通道是"始乎诵经，终乎读礼"，并指出"学至乎《礼》而止矣。夫是之谓道德之极"，其突出礼、强调礼的重要性一目了然。当然，荀子虽有看重隆礼重法的一面，但并不排斥修身养性的作用，其《劝学》篇申述"君子博学而日参省乎己，则知明而行无过矣"，即是明证。

如果说，孟子和荀子的君子论分别从不同侧面发掘"修己"与"安人"、"内圣"与"外王"的义理，那么，《中庸》则综合两人的思想对君子人格作了诸多精彩的描述。《中庸》作为《礼记》中的一篇，成书甚晚，大抵为汉儒辑佚修订而成，可明显看出其中兼有孟、荀的影响。"故君子尊德性而道问学，致广大而尽精微，极高明而道中庸。温故而知新，敦厚以崇礼。是故居上不骄，为下不倍。国有道，其言足以兴；国无道，其默足以容。《诗》曰：'既明且哲，以保其身。'其此之谓与！"这是《中庸》在探讨君子人格方面最具代表性的一段话，也是吸收孔、孟、荀诸家思想后，对君子人格作出的极富魅力的描述。在一定意义上，不妨看作前期儒家对君子人格勾画的一个总体性轮廓。至于君子人格需要具备仁、义、礼、智、信及忠、孝、廉、悌等不可或缺的要素，自是不言自明之理，且学界多有阐述，此不复赘。

四、历久弥新：君子人格的时代价值

君子人格是中华民族千锤百炼的人格基因，是历代中华儿女"立己达人"②共

①　余英时：《儒家"君子"的理想》，载氏著：《中国思想传统的现代诠释》，江苏人民出版社，1989，第172页。

②　此语源自孔子名句："夫仁者，己欲立而立人，己欲达而达人。"（《论语·雍也》）

同的价值追求，是中华民族文化特点和精神标识的集中体现。与西方人执着企求"绝对理性""上帝天堂"等外在的精神超越方式不同，中国人主要立足于现实世界，在处理人间事务中追求人生的圆满和价值的实现，走的是一条人生内在自我超越之路。中国传统理想人格，即便是先秦诸子所追捧乃至有些神化的尧、舜、禹等"圣人"，也与古代神话中的女娲、后羿等人格神有着本质的区别，更不同于西方基督教所敬奉的耶稣等，而是堪称"人伦之至""万世师表"的圣贤。信奉谋事在人、注重经世致用，是中华文化的一种基本倾向。以这种"入世文化"为主导精神而熔炼出的中国传统人生哲学，无意也不屑于构筑彼岸世界的"伊甸园"和"极乐净土"，而是讲究和重视在此岸世界"立德、立功、立言"，以达到人生"三不朽"的境界。① 这种人生哲学和社会风尚的弘扬与普及，使中国得以避免全民族的宗教迷狂，以及极端化民族性格的产生，造就出一种非宗教的、以人伦纲常为中心的伟大文化传统。为什么儒学作为先秦诸子学说的一种，能够在历史的大浪淘沙中出类拔萃，成为中华传统文化的支柱和主流？ 为什么君子人格能够在道家隐士人格、墨家侠士人格、佛家悲悯人格等诸多人格模式中脱颖而出，成为中国人普遍崇尚和追求的人格形态？ 其深层奥秘即掩藏在中华文化积极入世的主导倾向里。

一个民族的人格形态或者说集体人格，既是民族文化精神的凝聚和绽放，又是体现时代变迁的文化符号。秦汉大一统帝国的建立，特别是汉武帝"罢黜百家，独尊儒术"后纲常名教的盛行，使儒家的君子人格被统治者奉为人格典范并加以倡导，成为社会主流人格形态。魏晋以降，经历崇尚虚无、轻蔑礼法、淡泊宦途、雅逸率性的士族文化的涤荡，君子人格中儒家纲常名教伦理的成分，在"魏晋风度"的冲击和掺杂下有所暗淡与衰落。至隋唐，新的大一统局面形成，尤其是中唐以后儒家道统的重振和复兴，包括宋明理学对儒学的阐扬发挥，王阳明心学对人生哲学的独到贡献，以及佛学对中华文化的有效渗透，君子人格在漫长历史征途中栉风沐雨，历练提升，内蕴变得更加精微丰富。其突出表现就是，伴随中国文化儒、道、释走向合流，君子人格作为中国人对标看齐的主导性人格，在以儒家思想观念为本的前提下，也在某种程度上认同并形成了"以儒治世、以道修身、以佛养心"的复合型人格形态。

新文化运动爆发，中国传统文化的厚土围垒和深宅大院，面对"打倒旧文化、

---

① 《左传·襄公二十四年》载："太上有立德，其次有立功，其次有立言，虽久不废，此之谓三不朽。"

提倡新文化"的狂涛巨澜，很快溃坝决堤，汪洋一片。陈独秀等在《新青年》上呼唤青年锻造现代人格，即"自主的而非奴隶的、进步的而非保守的、进取的而非退隐的、世界的而非锁国的、实利的而非虚文的、科学的而非想象的"①新型人格，以及鲁迅对"国民性"的批判和改造，唤醒中国人在革故鼎新中，打破一个旧世界，建设一个新世界。这一追求给古老的中国带来翻天覆地的变化，中国共产党引导人民不仅建设了一个自立于世界民族之林并逐步走向繁荣富强的新中国，而且在革命、建设、改革的历程中，创造了生机勃勃的革命文化和社会主义先进文化，中华儿女的人生理想追求也踏上培育和塑造现代人格之路。由于中国近百年来的社会发展，始终高扬救亡图存、民族复兴的时代主旋律，中国人的现代人格建构也增强了以爱国主义为核心的民族精神和忧患意识，增强了以改革创新为核心的时代特色和拼搏意志。

与此同时，经历新中国成立的历史巨变、拨乱反正后的改革开放以及全面建成小康社会等沧桑巨变，五四时期汹涌澎湃的反传统潮流，早已在岁月河道的疏浚和校正中悄然隐退。传统文化的庙宇殿堂虽经历史潮汐的冲击、淹没和浸泡，并没有坍塌、破败和荒芜，而是以坚实的基础和巍峨的雄姿岿然屹立，在新时代阳光的照射下更显气象庄严，熠熠生辉。传扬传统文化浑厚而悠扬的晨钟暮鼓，如琅琅弦歌，高山流水，滋润万众心田。正如习近平总书记所说："中华文化源远流长，积淀着中华民族最深层的精神追求，代表着中华民族独特的精神标识，为中华民族生生不息、发展壮大提供了丰厚滋养。"他还指出："培育和弘扬社会主义核心价值观必须立足中华优秀传统文化。牢固的核心价值观，都有其固有的根本。抛弃传统、丢掉根本，就等于割断了自己的精神命脉。博大精深的中华优秀传统文化是我们在世界文化激荡中站稳脚跟的根基。"②这也提醒我们，君子人格作为中华民族数千年推崇和践行的人格范式，在新时代立德树人的宏大工程中具有重要的参照价值。党的十九大报告提出培育"时代新人"的要求，这是新时代中国特色社会主义立德树人的新目标。如何培育"时代新人"？主要涉及五个方面的要求，即有理想、明大德、强本领、勇担当、重实干。其实，这些内容古代先哲在谈论君子人格时早已响鼓重槌，反复申论。"君子谋道不谋食"（《论语·卫灵公》）、"君子学以致

---

① 陈独秀：《新青年》创刊词《敬告青年》。

② 习近平：《把培育和弘扬社会主义核心价值观作为凝魂聚气强基固本的基础工程》，《人民日报》2014 年 2 月 25 日。

其道"（《论语·子张》），这不是强调君子要有理想有抱负吗？"君子以厚德载物"（《周易·坤卦》）、"君子以见善则迁，有过则改"（《周易·益·象辞》），这不是把明大德作为成就君子的必备条件吗？"君子博学于文"（《论语·雍也》）、"君子病无能焉，不病人之不己知也"（《论语·卫灵公》），这不是将本领和能力看作君子的基本素质吗？"君子忧道不忧贫"（《论语·卫灵公》）、"君子之守，修其身而天下平"（《孟子·尽心下》），这不是肯定君子要有担当精神和忧患意识吗？"君子以自强不息"（《周易·乾卦》）、"君子欲讷于言而敏于行"（《论语·里仁》），这不是说君子要有奋发有为的实干精神吗？如此等等，无不表明传统君子人格的基本内涵与当代如何做人做事的观念要求，在许多方面是并行不悖、高度重合的，完全可以一脉相承，融会贯通。

为什么在时代发展疾速前行、社会生活日新月异的当下，传统君子人格能够"苟日新，日日新，又日新"（《礼记·大学》载汤之《盘铭》），彰显出生机勃勃的持久活力呢？其原因就在于，现代由古代延续而来，现代只是历史长河中的一瞬，而漫长的古代不仅在时间上是千百个既往现代的累积，并且在知识文化上拥有无数既往经验和智慧的积淀。人们之所以经常说鉴往知来、借古开今，就在于历史和传统中蕴藏着大量处理今天繁难事务的睿智和启迪。当然，今天新人与传统君子所处时空不同，各自面对着不同的生存条件和发展问题，需要以不同思路、不同方法回应和解答不同的时代课题，这是显而易见、无须赘述的。但两者在面对和处理不同的时代矛盾乃至云泥之别的时代课题时，具有大致相同的内在精神气质，即孔子所说的"吾道一以贯之"的伟大民族精神，这也是昭明彰著、毋庸置疑的。赤胆忠诚的爱国情怀、坚毅顽强的奋斗意志、精益求精的钻研品格、敢闯敢试的革新追求、爱岗敬业的挚诚奉献、助人为乐的古道热肠等，这些既是我们时代披荆斩棘、开拓前行的价值导向和精神动力，也是对以"天行健，君子以自强不息""地势坤，君子以厚德载物"为标志的君子人格内蕴的时代诠释和生动实践。

君子人格是中华传统文化大熔炉数千年熔炼和锻造的人格典范，不仅汇聚和饱蕴着许多中国人立身处世"千古不易"的基本理念及原则，而且具有与时俱进、开拓创新的精神和品格。此即宋代理学家程颐所说的："君子之学必日新，日新者日进也。"（《二程集·河南程氏遗书·卷第二十五》）作为中华民族坚韧性格和美好品德的象征，君子人格从遥远的古代健步走来，一路跋山涉水，不畏困难，饱经磨砺而不断开拓新境，展现了历久弥新的时空超越性和古为今用的时代价值。君子人格及君子文化是我们践行社会主义核心价值观，培育时代新人能够活态嫁接的老树新枝，必将在新时代犁铧翻垦的神州大地上郁郁葱葱，呈现蔚为壮观的繁茂景象。

新君子文化是实现"中国梦"立德树人的智库

李利君*

习近平总书记说:"中华优秀传统文化已经成为中华民族的基因,植根在中国人内心,潜移默化影响着中国人的思想方式和行为方式。"[①] 自古以来,以立德树人为核心的君子文化,就一直流淌在中国人的血脉之中,成为中华民族独特的理想人格和精神标识,成为民族伦理的基本要素和民族精神的集中体现,更成为推动中华文明生生不息的智库瑰宝。新君子文化将传统君子文化中的精华与社会主义先进文化对于立德树人的要求紧密融合,是培养和造就实现"中国梦"所需的亿万新君子的智库。

一、"中国梦"呼唤亿万新君子

(一)"中国梦"的实现需要亿万新君子的参与和推动

实现中华民族伟大复兴的中国梦,既饱含着对近代以来中国历史的深刻洞悉,又彰显了全国各族人民的共同愿望和宏伟愿景。实现中国梦,不仅要建设高度发达的物质文明,更要把精神文明建设提升到新高度;不仅要完成十八大提出的"建成富裕、民主、文明、和谐的社会主义现代化国家"的目标,而且要发动广大公民共同参与实现中国梦的伟大征程之中。

* 李利君,湖南省君子文化研究会会长,生命伦理学博士,法学副教授。主要研究方向为伦理学、法学。

① 习近平:《在第十二届全国人民代表大会第一次会议上的讲话》,载中共中央文献研究室编:《十八大以来重要文献选编》上册,中央文献出版社,2014。

这就要求把广大公民的思想和行动统一到实现"中国梦"的伟大征程上来，弘扬民族精神和时代精神，强化爱国主义、集体主义、社会主义教育，倡导富强、民主、文明、和谐、自由、平等、公正、法治、爱国、敬业、诚信、友善的社会主义核心价值观，提升广大公民的政治素养、道德情操和担当精神。只有汇聚全民族的智慧和力量，实现"两个一百年"奋斗目标；只有思想道德建设与社会发展并行、物质文明和精神文明协调发展，才能实现中华民族伟大复兴的中国梦。

（二）培育和造就亿万新君子是实现中国梦的必要条件

大力弘扬民族精神和时代精神，是实现中华民族伟大复兴的中国梦的重要依据。什么是民族精神呢？习近平总书记指出："实现中国梦必须弘扬中国精神。这就是以爱国主义为核心的民族精神，以改革创新为核心的时代精神。这种精神是凝心聚力的兴国之魂、强国之魂。"[1] 张岱年在《关于民族精神》一文中提出："所谓民族精神，就是民族文化的最高的主导原则，为大多数人民所尊奉，能够激励人心，在民族的文化发展中起着主导作用的精神。"[2]《易经》中所表述的君子"自强不息""厚德载物"，就是中国文化的基本精神，或称"中华精神"。君子是中国传统文化和民族精神的载体，君子人格是中华民族的理想人格和精神标识，代表着中国人民的特质、禀赋。时至今日，君子仍被绝大多数中国人奉为做人的圭臬，君子文化仍深刻影响着当代中国人的精神世界。

再美好的理想和蓝图，都要靠人去实现。要实现中华民族伟大复兴的中国梦，必须有一大批能够担当这一重任的新君子。也就是说，必须培育和造就亿万具有崇高的理想抱负、道德情操以及具有担当精神和民族精神的新君子。其原因如下：

第一，中国梦的实现需要振兴民族文化。习近平总书记指出："文明特别是思想文化是一个国家、一个民族的灵魂。无论哪一个国家、哪一个民族，如果不珍惜自己的思想文化，丢掉了思想文化这个灵魂，这个国家、这个民族是立不起来的。"[3] 文化复兴是中华民族伟大复兴的根基，文化自信根植于厚重的文化底蕴。因此，习近平总书记强调："没有高度的文化自信，没有文化的繁荣兴盛，就没有

---

① 习近平：《在第十二届全国人民代表大会第一次会议上的讲话》，载中共中央文献研究室编：《十八大以来重要文献选编》上册，中央文献出版社，2014。

② 张岱年：《通往爱智之门》，北京大学出版社，2011，第244页。

③ 习近平：《在纪念孔子诞辰2565周年国际学术研讨会暨国际儒学联合会第五届会员大会开幕会上的讲话》（2014年9月24日），人民出版社，2014，第9页。

中华民族伟大复兴。"而有着深厚家国情怀和民族精神血脉的新君子，因为深悟民族利益与民族文化的关系，深谙中国特色社会主义制度对中华民族伟大复兴的意义，所以是中华传统文化的忠实传承者和弘扬者，是坚决抵制资本主义腐朽思想文化的主力军。

第二，中国梦的实现需要中国精神的有力支撑。习近平总书记在谈及中华民族精神时指出，中国人民富有创造精神、奋斗精神、团结精神和梦想精神，"这种伟大精神是一代一代中华儿女创造和积淀出来的，也需要一代一代传承下去"。[①] 没有中国精神作为支撑，中国梦就是空中楼阁。当代社会，受个人主义、新自由主义、消费主义等西方意识形态的影响，一些缺乏理想信念的人盲目崇拜西方文化，丧失了对中国文化的自信。而具有民族精神血脉的新君子，既是中国精神的重要载体，更是中国文化的践行者、弘扬者。

第三，中国梦的实现需要社会主义核心价值观的引领。优秀传统文化是涵养社会主义核心价值观的重要源泉，社会主义核心价值观是当代中国精神的集中体现，凝结着全体人民共同的价值追求，是实现中华民族伟大复兴的中国梦的强大精神力量。君子文化是培育和践行社会主义核心价值观能够直接嫁接并开花结果的老树新枝，激活和倡行君子文化，有助于对社会各阶层人士进行思想文化上的因势利导，从而将社会主义核心价值观厚植于广大群众心中。

第四，中国梦的实现需要亿万新君子的齐心协力。"两个一百年"奋斗目标和中国梦的实现是一项系统工程，需要亿万中华儿女的齐心协力、同心共筑。由于市场经济的快速发展与道德建设的相对滞后，当代社会出现了信念缺失、道德滑坡等现象。新君子集仁义礼智、诚信友善、敬业勤勉、开拓创新等美好品德于一身，是新时期的道德典范，是社会风气持续向善向好的引领者。新君子不仅是道德建设的引领者，也是其他建设领域的主力军。因此，"两个一百年"奋斗目标和中国梦的实现，需要亿万"志存高远、德才并重、情理兼修、勇于开拓"的新君子的积极参与和协力推进。

---

① 习近平：《在第十三届全国人民代表大会第一次会议上的讲话》（2018 年 3 月 20 日），新华网。

二、新君子文化是培育新君子的智库

（一）君子文化汇聚立德树人思想的精华

君子是中国传统文化和民族精神的载体，君子文化是中华民族数千年积聚的有关立德树人的结晶，囊括了数千年来，儒道释等对君子内涵、君子标准、君子之道、君子人格及其养成路径等的不同论点，是中华民族的深层精神追求和独特精神标识，体现了中华文化的优秀基因。其中，君子标准及君子人格养成路径，是君子文化的精华部分。关于君子的标准，有"仁、知、勇"说、"六德"说、"七德"说、"八德"说、"十德"说，等等。"君子十德"及其伦理思想，至今仍具有重要的借鉴价值。

其一，天下为公，兼善天下。在道德价值观层面，提出"道者，所以明德也；德者，所以尊道也""大道之行也，天下为公""达则兼善天下""天道有常，不为尧存，不为桀亡"，等等。"天"即自然，"天道"即自然规律，天、地、人是构成天道的三种元素。人只有懂得道，才能明辨做人的准则，尊道才能明德。因此，君子要树立用道来约束和要求自己的道德观，行天下为公的"大道"，以天下为己任。君子将内心的道德修养与外在的政治追求融为一体，构建形成了中华民族独特的理想人格体系。

其二，仁德为先，义以为质。在道德原则层面，主张仁义道德。《孟子·离娄上》云："仁，人之安宅也；义，人之正路也。""仁"是君子之所以为君子的德性总纲，包括孝、悌、忠、恕、勇、信等，以"孝悌为本"。《后汉书》云："夫孝，百行之冠，众善之始也。"君子以义作为根本，"君子喻于义""见得思义"。可见，仁义道德是君子应遵循的最高道德原则。

其三，博学明智，慎思笃行。在道德实施主体和方式层面，强调博学、慎思、明辨是非的智慧以及笃行。儒家认为，智慧是一种理性的品格，"智者不惑""是非之心，智也"，等等。只有富有智慧的人才能明德尊道，才能达到仁德的境界。而只有通过"博学、审问、慎思、明辨、笃行"，才能达到"智"。概言之，君子通过博学、慎思、明辨、笃行，达到智德统一，并自觉地施行仁德。

其四，勇敢弘毅，自强不息。在道德操守层面，主张"君子夬夬""天行健，君子以自强不息""勇者不惧""士不可以不弘毅"，等等。君子应勇敢果断，一往无前，不畏艰险，不惧强暴。君子的品格应像天的刚毅奋进一般，奋发图强、阳光健康，自我求新、永不止步。

其五，忠诚守信，以信取人。在人际交往层面，强调君子"言必忠信而心不怨""忠恕违道不远""人而无信，不知其可也""言思忠，事思敬""君子义以为质……信以成之"，等等。一言以蔽之，君子应以忠恕立身，以诚信为本，以"言过其实"为耻。

其六，与人为善，宽恕待人。在对待他人的态度层面，主张"与人为善""出入相友，守望相助""老吾老以及人之老，幼吾幼以及人之幼""己所不欲，勿施于人""躬自厚而薄责于人"，等等。君子应成人之美，宽明仁恕。

其七，和群团结，求同存异。在交友之道层面，主张"矜而不争，群而不党""和而不同""周而不比"，等等。君子一方面不随意附和，不拉帮结派；另一方面求大同存小异，争取最大的团结。

其八，坦荡磊落，舒泰洒脱。在内心素养层面，提出"君子坦荡荡，小人长戚戚"。究其原因，在于"君子循理，故常舒泰；小人役于物，故多忧戚"。君子用天地自然规律来端正人性的方向，不役于物，严以修身，故内心积极向上，做人光明磊落，淡泊处世，洒脱为人。

其九，礼貌恭敬，谦虚谨慎。在行为规范层面，强调"不学礼，无以立""礼以行之，孙以出之，信以成之""君子戒慎乎其所不睹，恐惧乎其所不闻""温良恭俭让""恭敬撙节，退让以明礼"，等等。君子自尊自重，待人恭敬有礼，以温良恭俭让作为待人接物的准则。

其十，修身为本，律己从严。在个体修身层面，推崇"克己复礼为仁""行有不得，反求诸己""一日三省""克己慎独""见贤思齐焉，见不贤而内自省也"，等等。君子严以修身律己，高度重视自省与改过。

孔子是君子文化的集大成者，一生致力于培养具有完美道德品格的君子。《论语》中"君子"一词共出现 107 次，从《述而》篇的"人不知而不愠，不亦君子乎"，到《尧曰》篇的"不知命，无以为君子也"，构成了一套完整的、具有内在有机联系的、不断深化的君子修养体系。君子人格体系是儒道释等反复锤炼萃取、一致推崇的学术思想与道德价值追求，是一代又一代志士仁人践行经验的高度概括。

(二)君子文化培育君子立德树人思想的民族特色

君子文化是中华民族独特的理想人格和精神标识，是民族伦理的基本要素和民族精神的集中体现，建立在"天人合一""道法自然"等华夏农耕文明朴素的哲学思辨基础之上。即天地（自然界和社会）是和谐统一的有机整体，人生于天地之间，应遵从整体（自然）的运行之道，实现人、社会、自然之间的合一（和谐共生共存）。《易经》云："天行健，君子以自强不息；地势坤，君子以厚德载物。"即君子应像天一样，发奋图强，精进不止；应像大地一样，增厚美德，容载万物。《道德经》曰："人法地，地法天，天法道，道法自然。"庄子《齐物论》曰："天地一指也，万物一马也。"

概括而言，君子文化的立德树人思想具有如下特征：

其一，集体优先。在公私关系层面，奉行个人服从整体（集体）的道德价值观。所谓"天人合一"，就是指人类和自然是一个命运共同体。儒家主张"推己及人"，即通过人际互动实现个人品德的完善，最终促进整个社会的和谐发展，由此形成了以"先公后私""先人后己""以天下为己任"等为核心的道德价值观和理想追求。

其二，家国至上。在个人与家国的关系层面，主张"身修而后家齐，家齐而后国治，国治而后天下平""先天下之忧而忧"，等等。君子将"修身"视为其整个道德修养体系的价值目标和根本目的，视为其治国平天下的逻辑起点，从而赋予个体道德修养以政治意义与社会意义。正是这种"家国至上"的家国情怀和"天下兴亡，匹夫有责"的担当意识，激励着一代又一代的志士仁人为了国家和民族的利益，不惜牺牲自己的一切。

其三，严己宽人。在立德修身层面，主张"见贤思齐""一日克己复礼，天下归仁焉""一日三省""己所不欲，勿施于人""躬自厚而薄责于人"，等等。需要指出的是，克己自律不是压抑个性，而是个性完善的基础与路径。君子"修己以敬，修己以安人，修己以安百姓"，就是说先由"修己以敬"做起，进而"修己以安人"，最终促进社会的和谐发展。

其四，贵尚和合。在人际关系层面，主张"礼之用，和为贵""知和而和，不以礼节之，亦不可行也""天时不如地利，地利不如人和""矜而不争，群而不党"，等等。古人认为，"和"是宇宙万物的相处之道，是天地万物生存的基础，是世间万物兴盛的法则。经过数千年的文化积淀，中庸、和而不同、和为贵等逐渐成为中华民族的道德价值观和理想追求。

其五，崇德向善。在道德品质层面，以积善成德为做人的基本准则。"人无德不立，业无德不兴，国无德不威""大学之道，在明明德，在新民，在止于至善""勿以恶小而为之，勿以善小而不为。惟贤惟德，能服于人""积善成德，而神明自得，圣心备焉"，等等。除崇德向善外，君子还要培育和践行仁义礼智信忠孝悌节恕勇让等美德。数千年来，崇德向善的道德价值观，一直潜移默化地影响着中国人的思想方式和行为方式，至今仍发挥着重要的道德导引作用。

（三）新君子文化对传统君子文化的创新发展

1. 新君子文化的产生

君子文化的魅力就在于守正出新、与时俱进。因此，要想实现君子文化的创造性转化与创新性发展，就要培育新时代的君子文化。习近平总书记指出："儒家思想和中国历史上存在的其他学说都是与时迁移、应物变化的，都是顺应中国社会发展和时代前进的要求而不断发展更新的，因而具有长久的生命力。"① 这一精辟论述深刻揭示了包括君子文化在内的中华传统文化的发展规律。君子文化是中华民族数千年积聚的有关立德树人的结晶，它滋生于中华沃土，滋养着中华民族的精神家园，具有强大的生命力和感化力。在新时代新征程中，更要以君子文化作为立德树人的切入点和突破口，在吸收其精华的基础上，结合时代要求继承创新，为培养德智体美劳全面发展的社会主义建设者和接班人打下坚实的基础。

近年来，全国各地通过成立专门研究机构、召开专题研讨会、开展推广试点等方式，宣传、弘扬、践行君子文化，开展了形式多样、内容丰富的"新君子文化运动"。目前，新君子文化已具雏形，取得一系列丰硕的成果，产生了积极的社会影响。如安徽、浙江、江苏、湖南、上海等地诸多高校、科研院所纷纷成立君子文化学术研究机构，君子文化论坛已成功举办六届，湖南、安徽等地开展了形式多样的君子文化进校园活动。

2. 新君子文化的概念

所谓"新君子文化"，是指在吸收传统君子文化精华的基础上，紧紧围绕培养

---

① 习近平：《在纪念孔子诞辰 2565 周年国际学术研讨会暨国际儒学联合会第五届会员大会开幕会上的讲话》（2014 年 9 月 24 日），人民出版社，2014，第 9 页。

德智体美劳全面发展的社会主义建设者和接班人这一根本任务，研究新君子文化的内涵、特征、新君子人格及其养成路径、当代价值等。

3. 新君子文化的特征

新君子文化是传统君子文化与新时代立德树人文化的有机融合，在扬弃传统君子文化的基础上，赋予其新的时代内涵和现代表达形式，推动以君子文化为代表的中华优秀传统文化的创造性转化、创新性发展。整体而言，新君子文化具有永恒性和变动性、继承性和变革性相统一的特征。

其一，创新理论指导。君子是中华民族追求的集体人格，君子文化是培育和弘扬社会主义核心价值观能够直接嫁接并开花结果的老树新枝。新君子文化将马克思主义同弘扬中华优秀传统文化有机结合起来，既具有先进理论指导，也带有中华优秀传统文化的显著特征。习近平总书记在党的十九大报告中指出，加强思想道德建设，要加强爱国主义、集体主义、社会主义教育。新君子文化将"先公后私"作为处理个人利益和整体利益关系的根本准则，就是当代马克思主义的集体主义伦理观与新君子文化的集体主义价值观的有机统一。

其二，以解决时代问题为使命。新君子文化结合新时代立德树人的要求，针对当前我国存在的违约失信、利己享乐、信仰缺失、价值迷失、道德失范等问题，在社会生活各方面大兴君子文化、大倡君子之风、大行君子之道，让君子文化这剂传统良方在培育和践行社会主义核心价值观这项构筑我们精神家园的宏大工程中，发挥补气固本的独特作用。（钱念孙语）因此，新君子文化具有鲜明的时代性。

其三，创新研究主体。传统君子文化研究的对象是士阶层，新君子文化研究的主体是当代中国公民。新君子文化以新君子公民为研究对象，围绕新君子公民的内涵、产生条件、特征、标准、养成路径、作用使命等展开研究。它聚焦于提升公民道德素质和文明素养，培养德智体美劳全面发展的社会主义建设者和接班人。因此，新君子文化具有很强的现实指向性。

其四，结合时代的特点和要求，继承创新传统君子文化中有借鉴价值的伦理思想。传统君子文化中有借鉴价值的伦理思想有：天下为公，先公后私，先人后己，仁爱正义，勇敢弘毅，忠诚守信，友善助人，和群团结，求同存异，坦荡磊落，礼貌恭敬，谦虚谨慎，严以律己，等等。这些伦理思想都是我们培育和弘扬社会主义核心价值观的宝贵资源。因此，新君子文化具有承前启后性。

其五，融合社会主义先进文化对公民素质提出的综合要求。在当代中国，发展先进文化，就是发展面向现代化、面向世界、面向未来的，民族的科学的大众的社会主义文化。以爱国主义为核心的民族精神和以改革创新为核心的时代精神，是中国精神的基本内容。新君子文化以培育"四有"公民为出发点，要求新君子有正确的理想信念（有理想），具备爱国、诚信、友善、敬业等道德品质（有道德），严格遵守法纪和社会公德（有纪律），努力学习科学文化和业务知识（有文化）。因此，新君子文化具有与时俱进性。

其六，吸收和借鉴红色文化中的立德树人思想。红色文化是在革命战争年代，由中国共产党人、先进分子和人民群众共同创造的极具中国特色的先进文化。它蕴含着丰富的革命精神和厚重的历史文化内涵。新君子文化需要吸取的立德树人思想有：对革命的无限忠诚和对党的坚定信念；坚持党的领导；自力更生，艰苦奋斗；不怕任何艰难险阻；为了祖国和人民利益不惜付出一切牺牲；顾全大局，严守纪律，紧密团结；等等。因此，新君子文化具有包容性和变革性。

三、新君子及其培育造就

（一）新君子的概念、标准与特征

1. 新君子的概念

何谓"新君子"？就是新时代涌现的具有中国特色社会主义制度自信与文化自信，热爱祖国，忠于人民，拥护中国共产党的领导，坚定新时代中国特色社会主义的理想信念，勇敢承担"中国梦"所赋予的时代使命，具备先公后私、仁爱友善、诚信守法、敬业勤勉、开拓创新、恭谦礼貌等高尚品德和情操的当代优秀中国公民。

2. 新君子的标准

概括而言，新君子具有十二大标准或美德。分别是：一、爱国爱民，情怀家国。即热爱祖国，忠于人民，具有助力中华民族伟大复兴中国梦的家国情怀与责任担当；二、信念坚定，拥护党的领导和社会主义制度；三、崇德向善，扶弱济困；四、先公后私，先人后己；五、严守纪律，遵规守法；六、好学笃行，开拓创新；七、勇敢弘毅，艰苦奋斗；八、诚信守约，言而有信；九、敬业勤勉，忠于职守；十、团结互助，求同存异；十一、恭敬礼貌，谦虚谨慎；十二、严于律己，宽以待人。

3. 新君子的特征

当代新君子公民既要具备传统君子人格风范，又要符合社会主义先进文化对公民素质提出的综合要求。概括而言，新君子具有如下特征：

其一，新君子是"公民性"与"君子性"的结合。当今社会，传统君子赖以存在的社会环境和人文环境都发生了巨大变化，公民成为新君子的主体。因此，培养新时代君子人格，要以"公民性"为主体基础，再辅之以"君子性"的道德完善。换句话说，就是既要着力培育现代公民素质（如科学精神、法治思维、主体意识等），又要大力弘扬传统君子的优秀基因（如家国情怀、仁爱孝悌、团结友善等）。[①]既要做一个当代优秀中国公民，又要不断提升个人的道德修养，达到君子人格的理想境界。

其二，新君子具有独立品格与自由精神。当代社会，追求人格独立已然成为社会共识。有日本学者提出，孔子教的最大祸根是自始至终不懂得精神的自由、不承认人格的尊严。[②]《易经·系辞》曰："形而上者谓之道，形而下者谓之器。"孔子曰："君子不器。"（《论语·为政》）这四个字体现了儒家对人的主体性地位的追求。时至今日，独立性已成为新君子人格的典范。新君子具有役物的意识与能力，是自己命运的主宰，并高扬"独立之精神，自由之思想"。新君子的自由人格包蕴着对必然性的认识以及独立思考能力的形成等。需要指出的是，新君子的自由是有限度和制约的，必须在规则所允许的范围内"活动"；新君子的自由是一种自我的觉悟，是为了实现自我价值而不懈奋斗。

其三，新君子具有远大抱负和坚定信念。新君子具有"家国至上"的家国情怀和"天下兴亡，匹夫有责"的担当意识，将个人的理想和国家的前途、民族的命运紧密结合起来，以实现中华民族伟大复兴为己任。新君子人格是实现中国梦的重要人格基因和精神力量。

其四，新君子具有创新性人格。当今世界正处于百年未有之大变局，中华民族伟大复兴正处于关键时期，新君子公民既面临着难得的建功立业的人生际遇，也面临着"天将降大任于斯人"的时代使命。这就要求新君子公民争做敢于担当、与时

---

① 王苍龙：《公民式君子抑或君子式公民——重新思考君子与公民》，《天府新论》2018 年第 1 期。

② 参见 [日] 住谷天来：《孔子及孔子教·内村鉴三序》，警醒社书店，1911。

俱进、开拓创新的表率。也就是要立足本职工作，有所作为，有所创新，有所贡献，勇做新时代行业创新的排头兵。

其五，新君子主体具有广泛性。中国梦的实现是一项宏大的系统工程，需要亿万新君子公民齐心协力、同心共筑。儒家提出，君子人格是每个人都可以通过修德获取的人格，君子境界也是每个人都能达到的境界。新时代呼唤新君子，学做新君子既是延续民族文化血脉、传承民族文化基因的需要，也是成为当代优秀公民的内在要求。

其六，新君子人格的养成具有长期性。埃里克森的人格发展理论认为，人格的发展是一个逐渐形成的过程。君子人格作为中华传统文化大熔炉数千年熔炼和锻造的人格典范，其养成更是一个长期、渐进的过程。牟钟鉴认为："君子如怠学不勤、意志不坚，就会下落为小人；小人如能见贤思齐，内省改过，便可上升为君子。君子的标准是确定的，但现实的人是杂多变的，一人之身而善恶兼俱，有的七分君子、三分小人，也有的七分小人、三分君子；或者彼时为君子、此时为小人，只能就事而论，因时而定。"① 由此可见，做君子是一种毕生的追求，需要持之以恒地去完成它。

其七，新君子人格呈现出层次化、多样化的特征。君子人格虽然是每个人都可以通过修德获取的人格，但其养成则是一个长期、渐进的过程。因此，君子人格具有层次性，大致分为学做君子者、部分具备君子德行标准者、完全具备君子德行标准者三个层次。当今社会，"君子"泛指一切道德高尚者，既可指德才兼备的精英人士，又可指普通民众中的道德模范。整体来看，新君子人格的养成，大致要经历立志做新君子—部分具备君子德行标准—完全具备君子德行标准的过程；对各阶层而言，其对新君子的道德标准要求并不一致，这就使得新君子人格呈现出层次化、多样化的特征。

（二）新君子的培育造就

1. 培育造就新君子的总体思路

怎样培育造就新时代的君子人格？近年来，随着"新君子文化运动"在全国各地蓬勃发展，如何培育和践行新时代的君子人格变得至关重要。按照《关于实施中华优秀传统文化传承发展工程的意见》的要求，可从"强化教育引导、实践养成、

---

① 参见牟钟鉴：《中国文化的当下精神》，中华书局，2016。

制度保障，发挥社会主义核心价值观对国民教育、精神文明创建、精神文化产品创作生产传播的引领作用"等方面着手；把"中华优秀传统文化全方位融入思想道德教育、文化知识教育等各环节，贯穿于启蒙教育、基础教育、职业教育等各领域"。

2. 培育造就新君子的路径探索

结合君子文化研究的理论成果、各地践行新君子文化的实践经验来看，可从个体自修、广泛开展宣传教育活动、夯实君子文化育人根基等方面着手，培育造就新君子公民。

首先，个体自修造就新君子公民。儒家历来重视自我教育，如《荀子·劝学》曰："木受绳则直，金就砺则利，君子博学而日参省乎己，则知明而行无过矣。"所谓"自省"，就是通过内省而自律、自砺，最终养成健全人格。当代社会，新君子的自修之道主要有：

一是研修与新君子立德修身有关的文化经典。如通过诵读《大学》《论语》等儒家经典，了解君子的道德内涵、人格特征、养成路径等；通过学习革命文化和社会主义先进文化，掌握新君子文化的当代阐释、时代创新、当代价值。

二是向优秀君子学习。包括向为中华民族做出重要贡献的杰出历史人物学习，向"全国道德模范""中国好人"等当代优秀公民学习。

三是加强自省。一是反思。从思想境界、行为举止等方面，反思自己是否符合新君子标准。二是克己。时刻以新君子标准严格要求自己，自觉践行新君子之道，不随物流，不为境转。三是慎独。即对个人内心深处比较隐蔽的意识、情绪进行管理和自律，防止错误思想及私欲，邪念不生，时时保持正念。

四是躬身力行。孔子曰："君子食无求饱，居无求安，敏于事而慎于言，就有道而正焉，可谓好学也已。"君子文化是理论与实践并重的文化，躬身力行是君子人格养成的必要途径。新君子公民的日常行为规范可概括为：孝敬父母、爱岗敬业、奉献担当、开拓创新等。

综上所述，要以培养担当民族复兴大任的时代新人为着眼点，通过研君子文化经典、学优秀君子人物、内省慎独、躬身力行等，培育造就担当民族复兴大任的新君子公民。

其次，广泛开展宣传教育活动，在全社会大力弘扬"君子之德风"，让君子的德行成为社会风尚的源头活水。2017年1月，中共中央办公厅、国务院办公厅印发了《关于实施中华优秀传统文化传承发展工程的意见》。文件指出，"实施中华优秀传统文化传承发展工程，是建设社会主义文化强国的重大战略任务"；要求各级党委和政府"切实把中华优秀传统文化传承发展工作摆上重要日程"。为传承发展中华优秀传统文化，各级党委和政府陆续实施了中华文化新媒体传播工程、中华优秀传统文化进校园、文明礼仪教育工程、文明家庭创建活动等，为新君子文化的宣传和推广奠定了坚实基础。

从各地践行新君子文化的实践经验来看，有一定借鉴意义的宣传教育途径有：

一是君子文化走进机关，对接党员干部素质教育和党风廉政建设。领导干部的角色定位和职责使命，决定了其言行举止是最有说服力的宣传与教育。因此，领导干部弘扬"君子之德"、践行"君子之道"，对新君子文化的宣传推广具有重要作用。具体而言，可通过在党校开设君子文化与社会主义核心价值观的讲座、在党政机关开展儒家"君子之道"与领导干部道德修养的宣讲、将君子文化与廉政教育紧密结合等多种途径，涵养党员干部的"君子之德"。

二是君子文化走进社区，与社风家风建设深度融合。结合社区工作与居民需求，通过君子文化宣传墙、道德模范事迹宣讲、新时代家风家训征集活动、君子文化社区践行基地等居民喜闻乐见的形式，助推新君子文化深入社区、走进家庭。

三是借助新闻媒体的宣传传播优势，扩大新君子文化的覆盖面和影响力。如在报刊、广播电视、互联网等媒体上开辟专题专栏，介绍当代君子的感人事迹和高尚人格，宣传弘扬君子文化活动中的典型做法和成功经验，在全社会营造人人崇尚君子、学做君子、乐做君子的氛围。

最后，夯实君子文化育人根基，培育青少年君子。自2016年起，湖南省君子文化研究会通过设立少年君子文化教育践行基地、示范基地、先进学校等，探索出一系列培养新时代"青少年君子"的有效路径。湖南省探索践行少年君子培育工程的经验与路径，可概括为四个方面：

一是成立少年君子文化教育促进专业委员会，制定工作计划及实施方案，明确工作重点、方向。

二是设立少年君子文化教育示范基地。截至目前，湖南省已经在40余所中小学校成立了少年君子文化教育示范基地，并在南华大学设立了"青年君子文化研习所"。

三是积极开展君子文化进校园活动，大力实施君子养成教育。通过举办君子文化专题讲座、演讲等，让广大师生学习君子之德，感悟君子文化，争做新时代的教坛君子和少年君子;开展"少年君子""校园君子""君子老师"等评选活动。

四是编写少年君子文化教育校本教材,开展诵读国学经典活动,让君子文化走进学生内心深处,融入学生日常生活。

总之,中国梦的实现需要亿万新君子的同心共筑,新时代呼唤新君子文化!培育与新时代相适应的新君子人格是一项长期、复杂、细致的工作,需要我们加强对新君子文化的研究、倡导、践行,使新君子文化成为社会主义精神文明建设的重要推手,把青少年君子培养成德智体美劳全面发展的社会主义建设者和接班人。

君子文化助推德育工作话语权构建

任国征 *

摘　要：深入挖掘、系统分析君子文化的丰富内涵和当代价值，对于新时代德育工作话语权的构建具有重要的学理价值和启示意义。君子文化将对德育工作话语权在内容层面进行转换，从而使其更容易被民众理解、接受，并内化于行为之中。德育工作话语权的传布可以依赖于多元、高效的现代传媒载体，使其时时处处都可被接触到，从而增强其影响力。对应于德育工作话语权的多层面性，君子文化建构也将呈现出一种系统性。

关键词：君子文化；德育工作话语权；当代启示

2017 年 1 月 25 日，中共中央办公厅、国务院办公厅印发了《关于实施中华优秀传统文化传承发展工程的意见》。意见指出："坚守中华文化立场、传承中华文化基因，不忘本来、吸收外来、面向未来，汲取中国智慧、弘扬中国精神、传播中国价值，不断增强中华优秀传统文化的生命力和影响力，创造中华文化新辉煌。"深入挖掘、系统分析君子文化的丰富内涵和当代价值，对于新时代德育工作话语权的构建具有重要的学理价值和启示意义。

一、德育工作话语权的文献梳理

德育工作话语权非常重要，直接关系到我国在世界范围内的综合国力的竞争，

---

　　* 任国征，中央财经大学绿色金融国际研究院研究员、健康金融实验室（数据库）主任。主要从事区域文化、健康金融方面的研究。

关系到中国特色社会主义的建设，关系到中华民族的伟大复兴。[①] 德育工作话语权的建构正是为了因应此一问题提出来的，这彰显出德育工作话语权建构的现实意义。现将话语体系研究的学术文献加以梳理。

第一，从学理角度看，卢凯、卢国琪认为："话语，包括口头表达的话语和文字表达的话语，表达出一定思想、观念、情感、理论、知识、文化等。话语是形式，它所表达的思想是内容、是本质。话语体系就是系统化、理论化了的话语群。"[②] 周宇豪认为："话语体系是一个国家或民族思想理论体系和文化知识体系的外在表达，它受具有支配作用的文化思想理论体系和知识体系制约。话语体系的逻辑结构由相关的概念、术语、判断、规律、范畴所形成的思想理论体系所决定。"[③] 杨鲜兰认为："话语体系是一个民族国家的文化密码，蕴含着一个民族国家特定的思想文化、价值观念乃至意识形态，是国家软实力的重要组成部分，也是一个国家的国际话语权的前提和基础。"[④] 邱柏生认为，"话语体系"的内涵可从"术语、意义、言说"三个方面进行解读，话语体系的中心功能是"通过一系列的符号（概念、词句、图形、数字等）和言说方式，有效传布和分享各种信息和意义，以便确定用以指导人们言行的价值体系和行为规范结构"。[⑤] 与话语、话语体系对应的是对话语权的争夺，"话语权是一个国家在经济、政治、文化发展中，自主地提出、表达、传播、交流的话语体系，它包括话语的创造权、话语的表达权、话语的传播权、话语的设置权和话语的自主权，本质上是一个国家的文化主导权"。[⑥] 可见，"话语"具有如下特征：其一，"话语"的工具解读，即话语是一种传播特定思想、观念的工具载体；其二，"话语"是内容与形式的统一体，话语的口头或文字表达为其外在形式，受其内容制约，而形式又限定着内容的发挥；其三，"话语体系"的价值特殊性，即区别于"话语"的工具性，"话语体系"是特定价值的逻辑建构体系；其四，话语和话语体系构成了一种"话语权"，是国家综合实力的重要组成部分。

第二，从历史角度看，德育工作话语权从来不是一个新生事物，在历史维度中

[①] 任国征：《关于方志敏遗书的补遗》，《光明日报（党史版）》2011年2月23日。

[②] 卢凯、卢国琪：《论打造马克思主义中国化话语体系的路径》，《探索》2013年第5期。

[③] 周宇豪：《马克思主义中国化话语体系变迁的政治学考察》，《新闻学》2013年第19期。

[④] 杨鲜兰：《构建当代中国话语体系的难点与对策》，《马克思主义研究》2015年第2期。

[⑤] 邱柏生：《试论开展社会主义核心价值体系教育的话语体系支撑》，《思想理论教育导刊》2010年第11期。

[⑥] 安文华：《传承优秀文化，构建中国特色社会主义话语体系》，《甘肃社会科学》2015年第2期。

一直存在着一个东方或中华话语，它的奠基人是老子、孔子，他们构造出具有独特东方思维的思想、观念，并发展出一套区别于其他文明体的话语体系。人类学家认为上古人类普遍具有一种与现代人很不一样的思维方式："神秘力量的存在""对事物采取按照观察和体验进行相似性分类和主观联想式理解""当这种思维与话语的权力从大众转向少量精英时，思想史就开始了"。① 人类学家基于对"未开化民族"的研究得出的上述结论是否具有科学性是令人生疑的，但具体到中国来说，葛兆光指出："至少我们相信，中国的上古思想世界并不是世界其他地区早期思想的复制品，它有它自己的起源、自己的背景、自己的知识与技术的密码。"② 从中国古人的"天地"观念生发而来的"天下中心观"，决定了中国古人从来未曾意识到"东方""西方"的话语对立，而只有中心—边缘的话语对立，而其实质乃是文明—野蛮的话语对立。张传民将远古至现代的中国话语体系分为四个阶段：其一，独立发展阶段（远古至10世纪）；其二，交共荣阶段（11—16世纪）；其三，西学东渐阶段（16—20世纪），其四，复兴发展阶段（21世纪后）。③ 本文认为中国话语体系可以分为三大阶段：第一，萌芽及形成阶段（远古至春秋战国）；第二，完善阶段（秦至近代）；第三，重构阶段（近代以来）。德育工作话语权的建构必须被置于近代以来西方文化冲击、中华文化解纽的大背景下考察，而如今所谓的"德育工作话语权"相比于传统社会来说，一个根本性的差异在于，中华文化的核心价值观念在近代遭遇了解构，因此，建构德育工作话语权的核心点是建构中国精神。

第三，从现实角度看，关于德育工作话语权的内涵建设，学者们从不同的角度提出了多种构想。如徐庆超认为，在理念上应该淡化意识形态色彩，增强国家利益意识。④ 安文华认为，应该从以下几个方面着力：坚持君子文化最新理论成果的基础地位、扎根于中国特色社会主义的伟大实践、继承中华优秀传统文化精华、吸收西方先进思想理念。⑤ 针对马克思主义话语体系的建构，胡馨月提出必须古为今用、洋为中用，不丢老祖宗、敢讲新话，坚持科学精神、体现人文关怀，发挥集体智

---

① 葛兆光：《中国思想史》（第一卷），复旦大学出版社，2001，第13—14页。
② 葛兆光：《中国思想史》（第一卷），复旦大学出版社，2001，第14页。
③ 张传民：《文化自觉、理论自觉与中国话语体系的建构》，《山东社会科学》2012年第10期。
④ 徐庆超：《"学术外宣"与中国对外话语体系建设——关于"世界中国学论坛"的案例研究》，《中共中央党校学报》2015年第2期。
⑤ 安文华：《传承优秀文化，构建中国特色社会主义话语体系》，《甘肃社会科学》2015年第2期。

慧，尊重群众创造。① 卢凯、卢国琪认为，必须增强理论自觉和理论自信，着重提升理论创新和学术创新能力；从研究和解答中国实践问题出发，推进中国模式话语体系研究，推进社会主义核心价值观话语体系建设；等等。② 肖行认为，必须坚持回归与超越结合、理论和实践结合。③ 杜飞进认为，"构建德育工作话语权，必须坚持以中国特色社会主义理论体系为指导，坚持以实践为源泉，以解答实践课题为指向，以实现好、维护好、发展好最广大人民根本利益为价值追求，不断概括出理论联系实际的、科学的、开放融通的新概念、新范畴、新表述，不断升华中国特色社会主义的实践成果、理论成果、制度成果"。④ 综合以上观点来看，德育工作话语权的内涵建设呈现出如下特点：第一，坚持君子文化最新理论成果的指导地位，其实质是形成君子文化的话语体系；第二，坚持实践的源头活水作用，德育工作话语权是附着于中国特色社会主义实践之上的；第三，兼容并包，以扬弃的态度审视中国传统文化和西方现代文化，必须秉持开放的心态，"中国话语体系能否更好地与世界沟通交流，融通中外是关键"。⑤ 第四，创新能力的培育，当前德育工作话语权建构的关键弱势在于学术创新能力和理论提炼能力低下，即无法提炼出具有中国特色，同时又能与世界交流的概念、理论，往往流于转述西方理论或阐释领导人讲话。

二、君子文化对于德育工作话语权建构的机遇

德育工作话语权的提出背景，是中国经过三十多年发展后的硬实力提升、软实力不足，二者不搭配问题。在建构德育工作话语权的过程中，面临着重重难题。徐庆超认为中国国际传播弱势表现为信息传播层面的主流媒体信息源缺失、知识传播层面的关门做研究、价值传播层面的中西不兼容；对外话语困扰则表现为说什么、怎么说、谁来说的能力不足。⑥ 杨鲜兰则认为，构建德育工作话语权的难题在于，

① 胡馨月：《从整体上打造马克思主义的话语体系》，《河北学刊》2013 年第 1 期。
② 卢凯、卢国琪：《论打造马克思主义中国化话语体系的路径》，《探索》2013 年第 5 期。
③ 肖行：《论马克思主义话语权面临的挑战及当代建构》，《理论月刊》2015 年第 2 期。
④ 杜飞进：《积极构建中国学术话语权》，《光明日报》2012 年 10 月 30 日。
⑤ 朱薇、朱瑞卿：《中国以包容姿态构建对外话语体系》，新华网，2015 年 6 月 12 日。
⑥ 徐庆超：《"学术外宣"与中国对外话语体系建设——关于"世界中国学论坛"的案例研究》，《中共中央党校学报》2015 年第 2 期。

国人缺乏民族自信、混乱多元的话语格局、文风学风不良、西方的话语霸权。[①] 李凌燕认为，在传统媒体语境下，政治功能、社会功能、资本功能三位一体从而为话语权提供了保障，而新媒体语境下，话语权被解构与重构，话语空间扩容，大众文化盛行，而大众文化又具有"草根"化与弱意识形态、低俗化与娱乐至上、人性异化与信仰缺失等特点。[②] 王桂菊、刘爱玲认为，当前马克思主义话语体系存在着话语逻辑上的工具理性主导、话语主题和素材上的学术化和外来化、话语权弱化等问题。[③] 综合来看，德育工作话语权的建构难题具有两个方面的原因：其一，历史遗留与转换。近代以来，中华文明遭遇西方文明后的解构使得建构现代中国话语体系的历史基石被抽离，在此背景下出现了价值真空，不得不引入西方现代价值进行填补，但在此过程中又出现了器物、制度、价值三者之间的不相协调难题。另一方面，马克思主义传入中国以后，经过早期及第一代共产党领导集体的创造实现了马克思主义中国化话语，并基于辩证唯物主义正确解决了如何对待马克思主义、中国传统文化、西方思想文化三个重要问题。[④] 在此基础上形成了以马克思主义为主导、其他文化为辅的中国话语体系，其本质是一套"革命话语体系"或"经典马克思主义"。现代社会中，伴随着中国共产党由革命党向执政党的身份转换，马克思主义也面临着由"革命话语体系"向"建设话语体系"或"现代马克思主义"的转变难题。[⑤] 其二，外部环境变迁与中国的社会主义实践。一方面，世界一体化、多极化、信息化等现代社会变迁对现实国家形成了多种冲击，总体来看是普遍化与特殊化的对立，即不断融入全球之中与确保自身特色的矛盾；另一方面，中国在 20 世纪 70 年代末开启的社会主义改革对理论界提出了很多新要求，即如何用现有理论正确阐释中国特色社会主义实践的难题。从具体的角度来看，当前德育工作话语权的建构必须破解以下几个方面的难题约束：

首先，中国传统文化、马克思主义、西方思想文化的关系重构难题迫切需要君子文化为其突破。近代以来的中国文化磨难的根源在于，中国传统文化崩解后的

① 杨鲜兰：《构建当代中国话语体系的难点与对策》，《马克思主义研究》2015 年第 2 期。

② 李凌燕：《新媒体语境下社会主义核心价值话语体系建构策略》，《社会科学辑刊》2015 年第 1 期。

③ 王桂菊、刘爱玲：《增强理论自信 构建中国特色的话语体系——基于马克思主义中国化视角的分析》，《理论与现代化》2013 年第 5 期。

④ 严书翰：《打造中国特色 中国风格 中国气派的话语体系》，《红旗文稿》2012 年 8 月 9 日。

⑤ 王学荣：《马克思主义：从"经典"到"现代"——两大"话语体系"下的马克思主义》，《中共成都市委党校学报》2011 年第 5 期。

文化重构难题。金观涛、刘青峰认为，中国传统社会的整合建立在儒家意识形态之上。[①] 余英时认为，中国传统政治是建立在文化的基础之上的。[②] 钱穆提出："中国政治的终极责任在教，中国政治之基础条件，亦在教。"[③] 金耀基亦指出："中国传统社会是一个以文化为基底的'天下性'的结构，不是一个以政治为基底的'国家性'的结构。"[④] 中国传统社会的基础在于文化、观念、思想的另一种表述方式是"伦理政治"或"政治伦理化"，政治、经济、社会等都是从道德、伦理观念中延伸出来的。当近代中国传统文化在西方文化冲击下崩解后，其后续效应是社会整合的崩解与重构。另一方面，中国传统文化与西方思想文化的立论起点、逻辑演进、价值关怀、制度设计等有着多层次的冲突，由此导致二者的融合困境。马克思主义源于西方但又超越了西方文化。因此，如何重构三者之间的关系是近代以来的难题，也决定着中国话语体系的建构特质。

其次，精英文化与世俗文化的区隔迫切需要君子文化为其融通。中国特色话语根植于中国特色社会主义实践，人民群众作为实践的主体，也是中国特色话语的生产者。但作为人民群众主体的物质资料生产者的劳动群众大多时候只是观念的制造者，却非加工者，一种具有普世效应的语言是有待于思想观念加工者的整理、提升的。这就决定了在德育工作话语权的建构过程中存在着两大主体：中国特色话语的生产者（以劳动群众为主体）和中国特色话语的加工者（以知识分子、领导人物为主体）。一方面，二者之间并不是完全契合的关系，而是存在着理解的差异与观念的脱节。如有学者指出："当前的中国话语还没有形成全体国民的共同话语基色，生活化话语的一致性就更不用说了。"[⑤] 另一方面，近代以来的中国社会变革并不是铁板一块，而是存在着差异化的。如姜义华在探究中国近代以来的社会运动时指出："一种是和现代大工业、通过商品经济的发展而产生的社会化大生产联系在一起的现代化运动；另一种则是和传统的小生产、以一家一户为社会细胞的自给自足

---

① 金观涛、刘青峰：《开放中的变迁：再论中国社会超稳定结构》，法律出版社，2011，第11页。
② 余英时：《试论中国文化的重建问题》，载姜义华等编：《港台与海外学者论传统文化与现代化》，重庆出版社，1988，第125页。
③ 钱穆：《中国传统政治与儒家思想》，载王曰美：《儒家政治思想研究》，中华书局，2003，第143页。
④ 金耀基：《现代化与中国现代历史——提供一个理解中国百年来现代史的概念架构》，载氏著：《中国现代化的终极愿景——金耀基自选集》，上海人民出版社，2013，第36页。
⑤ 杨鲜兰：《构建当代中国话语体系的难点与对策》，《马克思主义研究》2015年第2期。

的自然经济联系在一起的农民运动。"①

再次，理论与实践的不恰切迫切需要君子文化为其准确表达。理论的生命力源于实践，实践在各个方面为认识的产生与发展提供了动力支撑，此外，理论的正确与否也有待于实践的检验，但是实践在产生认识的过程中，又面临着感性认识与理性认识的区分，而且认识与实践的关系也不是一次性完成的，而是一个螺旋状上升的过程。因此，理论只是一定条件下的实践成果，它对事物内部规律的把握具有相对性，但理论作为事物内部规律的某一个方面的呈现，又具有绝对性。由此可见，实践与理论之间并不是完全一致的。②除此而外，理论对实践具有一定的反作用，理论能够作为实践的先导，指导实践的实施。德育工作话语权的建构必须立足于中国特色社会主义实践之上，而当前的情况则是出现了两种极端：其一，理论滞后于实践，用过时的理论、观念去解读当前的社会实践；其二，理论超越实践，尤其是完全借用西方的现代性理论解读中国社会实践；二者的共同结果是理论无法正确反映实践，要么认为实践太过超前，要么认为实践太过落后。

整体来看，以上各种观点对德育工作话语权现状的描述反映出两个方面的问题：第一，德育工作话语权的内涵建设不足；第二，德育工作话语权的形式建设不足。从哲学的角度来看，内容与形式是辩证统一的关系，内容决定形式，形式反作用于内容，过分关注内容或形式都无法有效实现其效果。对于当前的德育工作话语权来说，核心问题则是如何建构起具有现代性的话语内涵与话语表达形式。所以，不论是西方文化、马克思主义和中国传统文化三者关系的处理，精英文化与世俗文化的区隔，还是实践与理论的关系难题，核心点均在于提炼出具有中国特色的现代理念，而德育工作话语权正是此一理念的阐述与表达形式。这样一来，德育工作话语权建构必须破解内涵薄弱和形式薄弱的难题。打破西方话语垄断和话语霸权，有力回应大多基于事实歪曲和价值偏见的西方话语，特别是以理论学术面目出现的概念范畴和话语体系，必然要求构建以马克思主义为指导的具有中国特色、中国风格、中国气派的哲学社会科学话语体系。

---

① 姜义华：《理性缺位的启蒙》，上海生活·读书·新知三联书店，2000，第3页。
② 任国征：《汲取传统文化之精华》，《人民日报（海外版）》1996年1月12日。

三、君子文化助推德育工作话语权构建

立足中国实践、总结中国经验、解决中国问题，是实现中国哲学社会科学话语体系创新的关键。当前德育工作话语权、话语传播领域主要存在四个方面的问题：首先，未能建立起一套系统完整的当代中国话语学理论，未能阐明当代中国话语的基本性质和规律。其次，政治、传媒等诸多领域的"国家话语体系"研究多是"喻化式"的，还停留在"国家话语体系"等概念的阐释层面，缺少实质性的"话语"层面的研究，更谈不上一贯性、系统性。再次，简单的政治口号式的重复研究多，且大多是对领导讲话、政策文件的应景解析，政治性界定多于学术性阐发。最后，缺乏对国家话语能力，特别是国家修辞能力的深入系统研究。[1] 针对上述四个问题，君子文化应从三个层面来推进德育工作话语权影响力建设。

其一，内容层面，君子文化将对德育工作话语权在内容层面进行转换，从而使其更容易被民众理解、接受，并内化于行为之中。传播内容是传统传播体系和君子文化的立足基点，但相对于传统传播体系内容的说教性、刻板性、自上而下性，君子文化的内容设计更加强调平等性、交互性、平面性。此外，正确认知中国特色社会主义实践与客观评价中国特色社会主义实践。一切理论都是在实践基础上提炼出来的，中国近三十多年来的社会主义实践向既有理论提出了挑战，也提供了机遇，因此，只有在正确认知和客观评价的基础上才能发展社会主义理论。姜义华认为，今天的中国正在经历三个转变："从自然经济半自然经济转向市场经济""从原始积累时代及自由竞争时代的市场经济向现代市场经济转变""从原先已形成严密体系的产品经济、计划经济向既合乎经济通则又体现社会主义精神的新经济体系转变"。[2] 从大的时空背景来看，中国所进行的转变从属于中国的现代化历程，中国的现代化具有典型的后发外源型特点，因此，中国无法照抄照搬西方发达国家的现代化道路，也没有照搬照抄苏联式现代化道路和威权型现代化道路，而是走出一条具有中国特色的社会主义改革道路，被以"北京共识"和"中国模式"所概括。

其二，载体层面，德育工作话语权的传布可以依赖于多元、高效的现代传媒载体，使其时时、处处都可被接触到，嵌入民众的日常生活之中，从而增强其影响

---

① 陈汝东：《论国家话语体系建构》，《江淮论坛》2015年第2期。

② 姜义华：《理性缺位的启蒙》，上海生活·读书·新知三联书店，2000，第461页。

力。相对于传统的纸媒体，现代信息的传布载体更加多元化、便捷化，人们接触信息的时效性在提高，接触信息的渠道更加多元化。此外，还须理顺中国传统文化、西方思想文化、马克思主义三者之间的关系。金耀基在评述中国现代化时指出，中国的现代化从本质上说是在"寻找一个中国现代文明的政治秩序"，[①]中国现代化运动的"文化再造"是一项理性的"抉择"，主要是通过文化分子个体与团体的"创新""批判"的过程，最终达成一成功的"选择性的变迁"。[②]王尔敏认为："晚清政治思想的形式，不是单纯的西化问题，而是传统文化新生延续的问题，不光是求新而且也有复古。它是以传统学识为基础，并吸收西方新知，融会贯通，而后产生属于这个时代的新观念。"[③]陈寅恪指出："其真能于思想上自成系统，有所创获者，必须一方面吸收输入外来之学说，一方面不忘本来民族之地位。"[④]金耀基、王尔敏和陈寅恪等人对于中国传统文化在中国现代理论建构中的地位认知存在着差异，但一个不可回避的问题是，以儒家为核心的传统文化在近代解体了，它与现代文化存在着内在的冲突，这就决定了在文化交融的过程中不再是简单的儒家文化同化西方文化或马克思主义儒家化，而是以具有现代价值取向的理论为核心去剪取儒家文化。

其三，系统层面，与德育工作话语权的多层面性相对应，君子文化建构也将呈现出一种系统性。德育工作话语权是一个多层面体系：核心价值是其中心层，以稳固为特征；文化体制、政治体制、经济体制、社会体制是其中间层，它们服务于核心价值，体现出稳定性，又呈现出善变性；娱乐、行政、法律、经济规则等是外显层，直接作用于民众的生活，是民众感受某种价值，形成某种规范的直接因素。建设话语体系不是封闭的概念推演和逻辑论证，不是毫不费力的"拿来主义"，而是与社会实践的发展息息相关的思想表达活动。因此，正确认知和客观评价中国特色的社会主义改革道路，必须秉持两个原则：其一，历史维度。必须把社会主义改革植根于近代以来的中国历史，唯有从此一角度才能探究出其巨大的现实和历史价值，否则就会犯历史虚无主义的弊病。其二，空间维度。社会主义作为一种优越于资本主义的社会形态，其优越性体现在推动社会生产力的迅速发展，从而为人的自

① 金耀基：《论中国的"现代化"与"现代性"——中国现代的文明秩序的建构》，载氏著：《中国现代化的终极愿景——金耀基自选集》，上海人民出版社，2013，第65页。

② 金耀基：《中国的现代化》，载氏著：《中国现代化的终极愿景——金耀基自选集》，上海人民出版社，2013，第29页。

③ 王尔敏：《晚清政治思想史论》，广西师范大学出版社，2007，第19页。

④ 陈寅恪：《冯友兰〈中国哲学史〉下册审查报告》，载王曰美：《儒家政治思想史论》，中华书局，2003，第76页。

由全面发展创造更加完备的社会条件。但不可否认的是，近代以来的社会主义制度无一不是建立在贫穷落后的国家基础之上，这就限定了它在与发达资本主义国家相比时往往呈现出一定的"落后性"，而这种落后性并不是由社会主义制度造成的，而是由历史发展的前提条件限定的。

总之，德育工作话语权的认知评价和中国特色社会主义理论的建设，需要中国思想界、学术界、理论界不断提升创新能力，用中国理论阐释中国实践，立足中国实践升华中国理论，形成具有世界影响力的德育工作话语权。

君子人格视阈下立德树人目标的实现探究

彭龙富[*]

摘　要： 君子人格是中华民族千锤百炼的人格基因，是中华民族文化特点和精神标识的集中体现。其内涵可概括为：立人之基，有仁义；美人之性，有涵养；挺人之脊，有操守；扩人之胸，有容量；存人之真，有坦荡；尽人之责，有担当。将君子人格融入立德树人实践，在立德树人实践中彰显君子人格，建立君子人格与立德树人实践之间的有效链接，既有利于弘扬君子人格，又有利于实现新时代立德树人的教育使命。

关键词： 君子人格；立德；树人；德育

中华文化博大精深，源远流长，其中又以儒家文化的影响最为深远。君子文化是中华民族的深层精神追求和独特精神标识，君子人格是中华民族千锤百炼的人格基因，是中华民族文化特点和精神标识的集中体现。君子人格作为中华传统文化在数千年发展进程中不断塑造和培育的正面人格，不仅深深地植根于中国民众的内心世界，而且成为培育时代新人能够活态嫁接的老树新枝。因此，将君子人格融入立德树人实践，实现两者的有机统一、深度融合，既有利于弘扬君子人格，又有利于实现新时代立德树人的教育使命。

---

　　* 彭龙富，中共娄底市委党校（娄底市行政学院）马列教研室讲师，主要从事传统文化、中国共产党党史、党建方面的研究。

一、君子人格的内涵

（一）立人之基：仁义

仁者爱人，义者行宜，乃是做文明人的根基。孔子所谓的"君子学道则爱人""君子义以为上"，孟子所谓的"君子以仁存心""仁，人之安宅也；义，人之正路也"，汉语所谓的"博爱之谓仁，行而宜之之谓义"，说的都是"仁义"。"仁义"是做人的根基，是君子人格的第一要义。人是独立的个体，但不是孤立的存在，而是在社会关系制约下的有限空间里存在。因此，儒家所提倡的"仁义"，不仅包括向内的爱自己、爱父母、爱亲朋好友，还包括向外的爱大众、爱人类、爱天地万物。也就是张载所谓的"民吾同胞，物吾与也"。儒家认为，居仁才能由义，有了爱心才能坚守正义，才能维护社会公共生活准则，促进社会安定和谐。君子"居天下之广居，立天下之正位，行天下之大道"，以仁义为道德的根本。孟子说"恻隐之心，仁之端也；羞恶之心，义之端也"，又说"生，亦我所欲也；义，亦我所欲也，二者不可得兼，舍生而取义者也"。可见，儒家的君子文化强调仁爱天下，舍生取义。

（二）美人之性：涵养

人有向善之心，而无必善之理。也就是说，人性中有善的一面，也有恶的一面，只有经过后天的教育和修炼，才能近善、向善。孟子说："人性之善也，犹水之就下也。人无有不善，水无有不下。"孟子又说："水，搏而跃之，可使过颡；激而行之，可使在山。是岂水之性哉？其势则然也。人之可使为不善，其性亦犹是也。"在孟子看来，一方面，人性向善，就像水往低处流一样；另一方面，人性无善无恶，却又可善可恶，关键在于人的选择。中国传统文化一向注重道德教化和个人修养，并形成了一套涵养人性、修成君子的方法。除"仁义"外，君子还需涵养的品格有：一是磨炼品性，切磋学问。君子一方面要在践履中磨砺品性，不断提升自己的道德境界；另一方面要苦学不辍，把学习作为终生事业。二是见贤思齐，慎独改过。孔子主张"见贤思齐焉，见不贤而内自省""择其善者而从之，其不善者而改之"。君子要向"胜己者"学习，一日三省，不断完善自我。三是严以律己，宽以待人。孔子主张"躬自厚而薄责于人""君子求诸己，小人求诸人"。君子内求，小人则"役于物"。孟子在孔子的基础上提出："爱人不亲反其仁，治人不治反其智，礼人不答反其敬。行有不得者，皆反求诸己。"四是存心养性，成人达己。君子既要保存赤子之心，又要修养善良之性，"己欲立而立人，己欲达而达人"。

（三）挺人之脊：操守

"操守"，是指端正的品德和行为。君子的操守主要包括：一是服膺仁义，矢志不移。孔子说："三军可夺帅也，匹夫不可夺志也。"君子以仁义为立身之本，为了捍卫仁义之道，甚至不惜牺牲自己的生命。二是刚健中正，不激不随。君子既不卑躬屈膝，也不盛气凌人；既不同流合污，也不孤高自许。三是至大至刚，配义与道。在民族危急存亡之秋，君子挺身而出，视死如归。用孟子的话来说就是："得志，与民由之；不得志，独行其道。富贵不能淫，贫贱不能移，威武不能屈。"

（四）扩人之胸：容量

孔子说："君子和而不同，小人同而不和。"君子与小人的一个重要区别是：君子心胸开阔，懂得包容；小人心胸狭窄，斤斤计较。儒家强调，君子能够包容万事万物，故其德日益深厚。君子知道"万物并育而不相害，道并行而不相悖"，故而倡导包容精神与和合之道。君子的容量在日常生活中主要表现为"兼听"与"宽厚"。所谓"兼听"，指君子能集思广益；所谓"宽厚"，指君子能"人不知而不愠"。孔子所谓的"君子周而不比，小人比而不周""君子矜而不争，群而不党""君子和而不同，小人同而不和"，均是君子的容量在日常生活中的突出表现。宋林逋《省心录》对"君子"的界定是："和以处众，宽以接下，恕以待人。"这一界定指明了儒家"恕"道的精髓。

（五）存人之真：坦荡

孔子说："君子坦荡荡，小人长戚戚。"所谓"坦荡"，就是一个人在待人接物中体现的一种泰然自得、坦然自信的高贵气质。君子的坦荡主要表现为：一是表里如一，言行一致，信守诺言；二是做老实人，说老实话，干老实事；三是敢于直面问题，勇于修正错误。古人云："君子改过去非，以全其德；小人文过饰非，以博其名。"可见，在对待自身的过错方面，君子与小人的态度截然相反。因此，孔子将敢于正视问题、勇于修正错误视为君子坦荡的重要表现。孔子曰："君子之过也，如日月之食焉：过也，人皆见之；更也，人皆仰之。"

（六）尽人之责：担当

孔子赋予"修己"以三个神圣目标："修己以敬""修己以安人""修己以安百姓"。君子的首要目标是修养自己，成就高尚人格，具有崇高道德。在修身的基础上，再去治国安民。在孔子看来，"修身立德"与"治国安民"的关系是确立根本之道与在政治实践中应用、践行根本之道的关系。这就是儒家一贯倡导的"内圣外王""修己治人"之道。孟子十分强调君子的担当精神。他说："夫天未欲平治天下也，如欲平治天下，当今之世，舍我其谁也？"《礼记·大学》亦曰："物格而后知至，知至而后意诚，意诚而后心正，心正而后身修，身修而后家齐，家齐而后国治，国治而后天下平。""修齐治平"作为古圣先贤智慧的凝练与总结，既是对"大学之道"的概括，也是儒家学说的精髓所在，深深地影响着一代又一代中国人。司马迁"究天人之际，通古今之变"，借《史记》探究自然界与人事的关系，总结古今社会变革的规律；范仲淹的"先天下之忧而忧，后天下之乐而乐"，张载的"为天地立心，为生民立命，为往圣继绝学，为万世开太平"，成为无数仁人志士自觉担当的崇高历史使命。由此可见，真正的君子既敢于担当，也善于担当。

二、君子人格与立德树人的逻辑关系

"立德""树人"是新时代教育的根本任务，其作为新时代教育任务的总结和凝练，具有深刻的意涵和重要的价值。它既是对中华传统道德文化中"人德共生"教育传统的创新性发展，又是发展中国特色社会主义教育事业的核心所在，兼具历史性和时代性。将君子人格融入立德树人实践，在立德树人实践中彰显君子人格，建立君子人格与立德树人实践之间的有效链接，既有利于弘扬君子人格，又有利于实现新时代立德树人的教育使命。

（一）立何种德

"德"是中华文化不可或缺的支撑点，是教育的传统特征与根本途径。新时代的"德"与旧传统的"德"既有区别又有联系，新"德"是对旧"德"的传承与创新，但二者的底子均是中华民族的传统美德。中华民族的传统美德既包括内在的道德品质（如忠厚、仁义等），也包括外在的行为规范（如友好、团结等）。个人的私德、家庭的美德、职场的道德、社会的公德等，都属于"德"的范畴。无论是内在的道德品质，还是外在的行为规范，只要是中华民族的传统美德，就是要"立"的内容。换句话说，"立德"就是要立中华民族的传统美德。

除中华民族的传统美德外，社会主义核心价值观也是"立德"的重要内容。社会主义核心价值观包含"社会主义""核心"和"价值观"三个层面，"社会主义"是对社会主义核心价值观的一种属性界定，"核心"是对社会主义核心价值观在整个社会主义核心价值体系中所处地位的一种界定；"价值观"表明的是一种价值理念和价值追求。社会主义核心价值观"其实就是一种德，既是个人的德，也是一种大德，就是国家的德、社会的德"。[1]党的十八大提出，倡导富强、民主、文明、和谐，倡导自由、平等、公正、法治，倡导爱国、敬业、诚信、友善，积极培育和践行社会主义核心价值观。富强、民主、文明、和谐是国家层面的价值目标，自由、平等、公正、法治是社会层面的价值取向，爱国、敬业、诚信、友善是公民个人层面的价值准则。这三个层面构成了一个逻辑严谨、层次分明的有机统一的科学体系。特别是社会主义核心价值观从个人层面倡导的"爱国、敬业、诚信、友善"，更是对中华民族的传统美德的继承和发展。

儒家君子人格内涵丰富，与中华民族传统美德和社会主义核心价值观在个人层面的价值准则均具有一定的契合度。《大学》把君子人格的修养制定为"修身齐家治国平天下"的程序，而"修身齐家治国平天下"是中华民族的重要传统美德。此外，君子人格所包含的立人之基"仁义"、美人之性"涵养"、尽人之责"担当"等，与社会主义核心价值观所倡导的价值目标、价值取向、价值引领，存在一定的思想渊源。君子人格所囊括的家国情怀、道德理想、人格理想、责任担当、使命传承等，完全可以融入新时代立德树人实践。中华传统文化是新时代立德树人实践的智慧宝库与思想源泉，新时代立德树人实践是对中华优秀传统文化和传统教育思想的继承与升华。[2]君子文化作为中华传统文化的重要组成部分和精华所在，更是新时代立德树人实践的智慧宝库与思想源泉。

---

① 习近平：《青年要自觉践行社会主义核心价值观——在北京大学师生座谈会上的讲话》，《人民日报》2014年5月5日。

② 姜纪垒：《立德树人：中国传统文化自觉的视角》，《当代教育与文化》2019年第1期。

（二）树何种人

"树人"就是把受教育者培养成具有道德人格、知识能力和理想信念的人，培养成德育、智育、体育、美育和劳动技术教育全面发展的人。其中，良好的道德人格是做人的基础，能促使一个人自觉承担起对社会、对他人的责任，遵循社会规范，履行道德义务。[①] 除培养受教育者的道德人格外，树人的另一个重要使命是引导受教育者树立正确的理想信念。理想信念是一个人的世界观、人生观和价值观的集中体现，是思想和行动的"总开关"。因此，理想信念是新时代"树人"实践的重中之重，培养什么人是教育的首要问题。习近平提出："我国是中国共产党领导的社会主义国家，这就决定了我们的教育必须把培养社会主义建设者和接班人作为根本任务，培养一代又一代拥护中国共产党领导和我国社会主义制度、立志为中国特色社会主义奋斗终生的人才。"[②] 也就是说，"树人"就是要培养"为建设中国特色社会主义服务、为中国共产党治国理政服务、为坚持和发展中国特色社会主义制度服务、为改革开放和社会主义现代化建设服务的建设者和接班人"。[③]

无论是培养具有良好道德人格的人，还是培养具有正确理想信念的人，都与君子人格内涵存在内在关联。一个人只要具有良好的道德人格和正确的理想信念，就可视为社会的合格成员，君子则是全社会的道德标杆。如果将个人的言行分为"错误的""正确的""值得赞赏的"三个层次，那么，"树人"属于"正确的"层次，君子则属于"值得赞赏的"层次。以"诚信"为例，"树人"的要求是诚实守信，君子的要求却远不止此。《荀子·非十二子》曰："君子能为可贵，不能使人必贵己；能为可信，不能使人必信己；能为可用，不能使人必用己。故君子耻不修，不耻见污；耻不信，不耻不见信；耻不能，不耻不见用。是以不诱于誉，不恐于诽，率道而行，端然正己，不为物倾侧，夫是之谓诚君子。"可见，"诚信"对君子的要求是不被荣誉所诱惑，不被诽谤所吓退，遵循道义来做事，严肃地端正自己，不被外界事物所左右。

[①] 李建华、张响娜：《"立德树人"作为思想政治教育概念究竟如何理解》，《浙江师范大学学报（社会科学版）》2019 年第 6 期。

[②] 董洪亮、赵婀娜等：《习近平总书记在全国教育大会上的重要讲话引起热烈反响——全力推动新时代教育工作迈上新台阶》，《人民日报》2018 年 9 月 12 日。

[③] 习近平：《习近平谈治国理政（第二卷）》，外文出版社，2017，第 377 页。

三、君子人格融入立德树人实践的路径

（一）将君子人格教育融入课堂教学

课堂教学是君子人格教育的主阵地，其中，道德与法治课是学校进行君子人格教育的主要途径。道德与法治课教材中蕴含着丰富的君子人格资源。如深挖教材中与君子的求学之道、立志之道、修身之道、齐家之道、处事之道、交友之道等有关的教育资源，培养学生的君子品格。此外，在语文、历史等人文学科的教学中渗透君子人格教育。如陶渊明的不为五斗米折腰、柳宗元与韩愈的君子之交、廉颇与蔺相如的刎颈之交等，都是进行君子人格教育的丰富素材。

（二）将君子人格教育融入校园文化

立德树人是校园文化建设的核心环节，加强校园文化建设、引领学校内涵发展，是落实立德树人教育任务的有效途径和重要载体。将君子文化融入校园文化建设中，从教育教学活动、德育活动等方面对君子文化进行渗透、传承。一是通过设立君子人格讲坛、编写君子文化读本等，培养学生的责任心、仁爱心、理性思维、诚信意识等。二是利用电子显示屏、宣传橱窗、校园广播站等宣传君子文化。三是开展以"君子人格"为主题的实践活动，在校园倡导做君子型教师，培养学生做君子，提高立德树人的实效性和针对性。

（三）将君子人格教育融入实践活动

立德树人的成效，不仅来自教育者苦口婆心的说理，更多来自受教育者参与其中的实践活动。活动之所以能够产生深层的影响作用，是因为活动中发生着知识与实践、个体与群体的相融，人与人的交往，心与心的沟通，情与理的握手，知与行的统一。因此，通过开展丰富多彩的校园内和校园外活动，可以实现君子人格教育与立德树人的双向提升。在校园内，既可通过社团活动，培养学生的君子人格，塑造学生的君子气质，也可通过举行定期或不定期的节日活动、主题活动（如迎新晚会、开学典礼、成人仪式、军训、游学，文化节、艺术节、科技节、体育节、外语节等），进行仁、义、礼、智、信、孝、悌、廉、耻等君子人格素养的渗透，让学

生在实践活动中建构知识、发展身心、增长智慧。有学者提出："现代社会的人格追求，应趋向于具有现代形态的君子与广义公民的统一，其具体的内涵则体现为合格的现代社会成员与理想的道德人格之间的交融。"① 因此，在校园外，可通过形式多样的社会实践活动打破教育的时空与地域限制，让学生从校内走向校外，从教室走向社会。家庭、社区、街道、公园、剧院、博物馆、图书馆、福利院等，都是君子人格教育的良好场所，可以让学生在互动、实践中，体悟君子之德、君子之道，实现合格的现代社会成员与理想的道德人格之间的交融。

① 杨国荣：《君子人格：历史内涵与现代意义》，《江汉论坛》2020 年第 5 期。

"君子三畏"与新时代的官德修养[*]

宋冬梅^{**}

摘 要:孔子主张的"君子三畏",具体是指"畏天命,畏大人,畏圣人之言"。在当代文明实践中,领导干部应当身先士卒,克己修身,明确工作中的敬畏对象。领导干部应自觉将敬畏高悬于心,从敬畏组织、敬畏人民、敬畏权力、敬畏法律、敬畏制度等方面,不断提高品德修养的纯度,思廉政之德,做人民公仆,立君子风范。

关键词:"君子三畏";克己修身;文明实践;君子风范

在当代文明实践中,领导干部的官德修养与自律涉及诸多方面的内容,其中,"心存敬畏"是必不可少的。儒家认为,敬畏与人的道德、良知、态度、价值观等密切相关。从现代文明实践来看,"敬"体现着一种认识态度、一种价值追求,能够促使领导干部有所作为;"畏"作为一种界限、自省的警示,提醒着领导干部心有所畏、行有所止。

2013 年 9 月,习近平总书记在辽宁考察调研时强调,领导干部要把深入改进作风与加强党性修养结合起来,要"心存敬畏、手握戒尺",这是党员干部严以用权的当代"官箴"。领导干部要有敬畏之心,要敬畏组织、敬畏权力、敬畏法纪、敬畏历史、敬畏百姓、敬畏人生等。不仅是领导干部,我们每个人都要时常怀有敬畏之心。唯有心怀敬畏,内心才会充盈、宁静,行为才会有所戒惧和节制,从而与

---

* 本文是 2020 年山东省社科规划项目"新时代儒学发展的'双创'研究"(项目编号 20CZXJ01)的阶段成果。

** 宋冬梅,孔子研究院研究员,山东省"泰山学者"特聘专家团队成员。主要研究方向为儒家伦理、君子文化、儒学史等。

社会、他人、自然等形成良性互动。

一、敬畏

"敬畏"，从字面意义来看，就是既敬重又畏惧。敬畏"在中国文化背景当中，其原初的含义就是指因为对神圣事物的向往而主动约束自己的行为。用现代术语来讲，'敬畏'就是指为了实现主体的价值追求而自律、自省的行为"。[①]"敬"是一种心理状态，人们常将自己敬奉的事物举过头顶，以示虔诚。这种顶礼膜拜的敬，说明所敬事物的高高在上和重要性。"畏"的本义是"畏惧"；与"敬"相连，表示重视而不敢有丝毫怠慢。"敬"是对本体之外的情绪，有具体的敬重对象，如敬上帝、敬先贤；"畏"需要以敬来平衡、掩饰和表达。"敬畏"是人的一种基础情绪，这种情绪的表达方式和结果则因人而异。

敬畏在人的内心沉淀之后，就会成为人们稳定的心理，并作为一种思想文化而传承下来。根据中国人的思维习惯，大到国事，小到生活琐事，无敬畏心就会流于虚浮。国家若不能敬畏人民，就会失去民心；企业若不能敬畏顾客，就会失去顾客的信任；若对教育没有敬畏心，就会误人子弟；若对工作没有敬畏心，就会轻慢应付；若对生命没有敬畏心，任欲损之，惰而不知养护，就会失神丢魄。没有敬畏心的人，终会因失信而为人弃之。

敬畏，不是谨小慎微，而是诚于人和事，有责任心。生命因为敬畏而厚重，人因为敬畏而得天地人和，从而坦然行走于世界而无害。历史上，有敬无畏，君子之国，世间鲜有；有畏无敬，暴君之郡，通常短命；无敬无畏，混乱之域，偶然出现；敬畏适度，常人之地，人世遍及。

二、"君子三畏"与儒家传统的敬畏观

中华先民很早就有敬畏意识，儒家主张人人都要有敬畏之心。孔子说："君子有三畏：畏天命，畏大人，畏圣人之言，小人不知天命而不畏也，狎大人，侮圣人之言。"（《论语·季氏》）即君子有三种敬畏：敬畏天命，敬畏居于高位的人，敬畏圣人的箴言。君子和小人都存在于每个人的基因里，换句话说，每个人既是君子又

[①] 　王晓丽：《中国语境中的"敬畏感"》，《道德与文明》2009年第4期，第46页。

是小人。一个人只要心存敬畏，就能按自然规律和道德准则行事，变得谦和、理智、客观；就能时刻慎微慎独，变得自重、自省、自警、自励。

朱熹说："君子之心，常怀敬畏。"君子常怀敬畏之心，小人常怀傲慢之心。君子敬畏天命、大人、圣人之言。君子的敬畏心，源于对自我的正确认识。与外部世界相比，个体的力量实在微不足道，怎能不怀恭敬恐惧之心呢？无论我们的认识有多么深入，总是和真理相差一步。"恭敬"就是对自然、对他人、对真理的敬畏，就是对自己道德良知的敬畏。小人的傲慢心，源于对自我的错误认知，把自己视为世界的中心，把自己的认识当成真理，而对外部世界的藐视和征服就是这种褊狭态度的外在表现。天命、大人、圣人之言，既是真、善、美的象征，也是我们内在的良知。今日的敬畏之心，就是明日成就的种子，在修行之水的浇灌下，必将开花、结果。

常怀敬畏之心，是做人最大的本分。人有敬畏之心，才能使守规矩成为一种自觉行动，人生才能行稳致远。明朝理学家方孝孺说："凡善怕者，必身有所正，言有所规，行有所止，偶有逾矩，亦不出大格。"又说："有所畏者，其家必齐；无所畏者，必怠其睽。"明洪应明在《菜根谭》中讲得很明白："自天子以至于庶人，未有无所畏惧而不亡者也。上畏天，下畏民，畏言官于一时，畏史官于后世。"

大凡理想信念坚定、积极进取的人，大凡清白做人、干净做事的人，都是"有所畏"的。对于他们而言，敬畏是一种庄严感和神圣感。明吕坤《呻吟语》曰："畏则不敢肆而德以成，无畏则从其所欲而及于祸。"领导干部更要常存敬畏之念，坚守为官做人的底线，切实做到为民、务实、清廉。心中有所畏，才会有"如临深渊、如履薄冰"的自觉；居安思危，才能不负重托，不辱使命。此外，领导干部还要敬畏自然法则，坚持按客观规律办事。

三、官德修养与多元的敬畏内容

新时期的领导干部只有常存敬畏之心，才能不作秀、不作孽，时刻有一种如临深渊、如履薄冰的感觉，才能堂堂正正为人，踏踏实实做事。敬畏可以励志，身在其位，肩担其责。心存敬畏，是内在精神境界和价值追求的自然外化，既是处世的一种态度、一种素质，也是为人的一种信念、一种境界。一个人如果失去敬畏之心，为人处世就会变得狂妄自大、肆无忌惮，甚至贪得无厌、无法无天。

在日常工作和生活中，领导干部要自觉将敬畏高悬于心，从敬畏组织、敬畏权力、敬畏法律制度、敬畏人民、敬畏人生等方面，不断提高自身品德修养的纯度。

第一，敬畏组织。党的领导干部都是在党的领导和关怀下、在同志们的支持下、在群众的拥护下成长起来的。首先，要懂得感恩，感恩组织的培养和信任，感恩领导的扶持和同事的支持。其次，要立足本职岗位，奋发有为，不辜负组织的期望。再次，要保持一颗宁静淡泊之心，不为名利所惑，不为浮华所动，不诱于誉，不恐于诽，宠辱不惊，在职务、权力、利益面前保持清醒的头脑。最后，要低调做人，高调做事，守得住清苦，耐得住寂寞，时刻保持敬畏组织之心。

第二，敬畏权力。领导干部手中的权力是人民赋予的，只能用来为人民谋利益。权力是把"双刃剑"，运用得好可以造福百姓，运用得不好则会贻误事业，甚至葬送自己。首先，要克己奉公，坚持对上对下言行一致，不玩虚招，不心存侥幸，切实把人民赋予的权力用来造福于人民，忠于职守，履职尽责，以实际行动和工作业绩回报组织和人民的重托。其次，领导干部要自觉地从灵魂深处强化"权力就是责任"的理念，在干扰和诱惑面前，要旗帜鲜明地挺"是"抵"非"，让权力的运用经得起实践和历史的检验。最后，要始终将党和人民赋予的权力视为使命、压力和动力，秉公用权，慎重用权，稳得住心神，管得住手脚，经得住考验。

第三，敬畏法纪。领导干部要常怀对党纪国法的敬畏之心，强化法纪观念，把依法行政、按章办事作为始终坚守的原则底线。首先，要遵守各项法律规定和工作纪律，维护党的权威，保证政令畅通。其次，要深刻认识到法纪是权力的锁链，是高悬头顶的利剑，是任何时候碰不得的高压线；在日常生活和工作中，要以党纪国法来规范和约束自己的言行，不丧失原则，更不能自身不正，闯纪律红线。再次，立身要光明磊落，克己奉公，清正廉明，要做到"俯仰无愧天地，褒贬自有春秋"。最后，在各种诱惑面前慎独慎微、防微杜渐，自觉抵制贪腐文化的侵蚀；坚持按照自重、自省、自警、自励的要求，"吾日三省吾身"。

第四，敬畏人民。民心民意是党的最根本执政资源，敬畏人民是党员干部应具备的基本政治品质。胡锦涛指出，我们党的根基在人民，血脉在人民，力量在人民。保持党同人民群众的血肉联系，是我们党无往不胜的法宝。古人云："天下顺治在民富，天下和静在民乐；天下可忧在民穷，天下可畏在民怨。"敬畏人民，一是在工作中充分尊重人民群众的主体地位，始终坚持问政于民、问计于民、问需于民，努力使各项工作合民意、得民心。二是把群众的满意度作为工作好坏的"风向标"和"晴雨表"，牢固树立民本意识。三是始终坚持"人民唯大、人民唯重、人民唯先"的原则，紧紧地和人民群众站在一起，与人民群众建立血肉相连、鱼水相依的关系。四是始终将人民群众的疾苦看在眼里，记在心里，落实在行动上。五是自觉接受基层一线的"洗礼"，基层是最好的课堂，群众是最好的老师。领导干部只有主动走出机关、走下基层、走向群众，切实问计于民、问需于民、问政于民，才能使服务有方向、工作有目标。历史已经反复证明："民心如镜，莫欺莫违。"

第五，敬畏人生。人生一世，不可蹉跎。领导干部更要砥砺人格，行稳致远，奋发图强。一是树立正确的人生观、价值观，砥砺品行。保持正确的人生航向，自觉地把"立大志"与"不存大己"有机结合起来，不轻浮流俗，不狂妄自大。二是居安思危。无论身处怎样的环境，都要时刻保持警惕心态、戒备心理；立足岗位默默奉献，为群众干实事、做好事。三是臻于至善，追求卓越。必须努力加强思想和道德修养，时刻把"修身、齐家、治国、平天下"作为事业追求，把"仁义礼智信、温良恭俭让、忠孝勇恭廉"作为安身立命之本；不断提高精神境界，坚守崇高道德情操，塑造高尚人格魅力，为做人、做事提供最可靠的价值判断。

总之，领导干部要始终心存敬畏，处处克己奉公，时刻砥砺奋进。只有心中有敬畏，才能做到工作上的无畏和有为。具体来说，一要敬畏真理，用真理指引人生、指导实践。二要敬畏历史，尊重历史发展规律、顺应历史发展潮流，用历史、发展的眼光看待和分析问题。三要敬畏群众，坚持以人为本、执政为民，虚心向群众学习，真心对群众负责，热心为群众服务。四要敬畏法纪，严以修身守法度，严以用权守规矩，严以律己守本分，切实维护党纪国法的严肃性和权威性。五要敬畏舆论，用舆论照镜子、洗污垢；用舆论听民意、察实情、解民忧。领导干部在筹划工作、制订方案时，要从实际出发，按照规律办事，真抓实干；在工作岗位上，要时刻保持如临深渊、如履薄冰的警觉，要有"在位一天、赶考一天"的自觉，要常修为政之德、常思贪欲之害、常怀律己之心、常固宗旨意识。

此外，需要特别指出的是，心存敬畏不是"独善其身"的谨小慎微，不是不思进取的循规蹈矩，而是一种政治上的成熟，是对权力本质的清醒把握，是领导干部应有的胸襟和干事创业作风。

四、将敬畏高悬于心

清正廉洁既是习近平总书记强调的新时期好干部必须具备的五项标准之一，也是中国共产党人从政的法纪红线和道德准则。2013年9月，习近平总书记在辽宁考察调研时所强调的"心存敬畏、手握戒尺"，就指明了清正廉洁的实质和关键。大兴清正廉洁之风，争当清正廉洁的好干部，就要心存对权力、对人民、对法纪的敬畏，手握制度、民心、律法的戒尺。特别是在用好人民赋予的权力过程中，更要把戒尺量在脚下，让敬畏在心中生根，始终做到为民用权、依法用权、秉公用权。习近平总书记强调，"要加强纪律建设，把守纪律讲规矩摆在更加重要的位置"。对于领导干部而言，就是要切实做到心存敬畏、手握戒尺，心有定力、行有方寸。唯有如此，才能严以修身、严以用权、严以律己，继而实在谋事、实在创业、实在做人。

2016年10月21日，习近平总书记在纪念红军长征胜利80周年大会上发表重要讲话，告诫全党必须牢记"水能载舟，亦能覆舟"的道理。廉洁与腐败是两条泾渭分明的为官之路。廉洁之所以得到百姓拥戴，是因为它能存浩荡之气，举坦荡正义；腐败之所以为民所耻，是因为它能涌浊浪邪气，败坏社会风气，祸莫大焉。笔者由此提出，要做人民的好公仆，就要常思廉政之德，常怀敬畏之心。具体来说，可从以下几个方面着手：

第一，为民服务办实事。树立为人民服务的人生观、道德观，是党和人民对党员干部最起码的要求。首先，党员干部在处理自己与他人的关系时，应当遵循"我为人人，人人为我"的准则。而从个人角度来讲，首先要强调"我为人人"。只有每个人都努力为社会、为人民做贡献，社会的物质财富、精神财富才会丰富和发展。这既是社会主义的人生观，也是以马克思主义为指导的科学人生观的最高形态。领导干部只有树立这样的人生观，才能坚持全心全意为人民服务，立足本职工作，以求实的态度，从实际需要和现实出发，扎扎实实地为人民办实事，谋利益。其次，树立正确的权力观，切实为人民掌好权、用好权。一方面，要立足岗位尽职责，牢固树立坚定的理想信念，牢记全心全意为人民服务的宗旨，对党和人民交给自己的工作具有高度的事业心和责任感；另一方面，在工作中，要充分尊重群众的自创精神，勤于思考，勇于创新，知难而进，不断探索。再次，深入基层，深入群众。倾听群众的意见和呼声，汲取群众的智慧和经验，以一流的工作成绩来回报人民、回报社会。最后，树立为人民服务的人生观。只有牢固树立为人民服务的人生观，领导干部才不会做错选择、走错路。

第二，淡泊之心对名利。诸葛亮在《诫子书》中告诫儿子："非淡泊无以明志，非宁静无以致远。"这里的"淡泊"，并非对事业的淡泊，而是对物质名利的淡泊。不追求名利，才能使志趣高洁；专心致志，才能有所作为。目前，我国正处在改革攻坚阶段和社会转型时期，经济社会生活处在深刻变动之中，各种矛盾错综复杂，社会问题千头万绪，不仅一些资产阶级的腐朽思想乘隙而入，一些封建主义的残渣也死灰复燃，个人主义、享乐主义、拜金主义等不良现象滋生蔓延。对每个党员干部来说，能否经得起改革开放和执政的考验，能否经得住权力、金钱、美色的考验，都是至关重要的。因此，在当今这个复杂的社会环境下，领导干部唯有拥有一颗淡泊名利的平常心，才能不为虚荣所诱，不为权势所惑，不为金钱所动，不为美色所迷，不为一切的浮华沉沦。因此，领导干部必须牢记，权力是党和人民赋予的，只能用于为人民服务。灯红酒绿、纸醉金迷只能侵蚀腐化那些脱离群众、腐化堕落、不思进取的人。从这个意义上来说，拥有一颗淡泊名利的平常心是廉洁从政、廉洁自律的关键。

第三，心怀敬畏树正气。领导干部手中都会有或大或小的权力，在工作过程中难免遇到人情关、金钱关，一旦稍有偏差，就会偏离正确的航向。清申涵煜《省心短语》云："不自重者致辱，不自畏者招祸。"人如果丧失敬畏之心，就会狂妄自大、肆无忌惮；领导干部如果无所畏惧，就会目无法纪、腐化堕落。天下之事，要想人不知，除非己莫为。上有老天看，下有百姓监。领导干部做任何事情，一定要对得起人民的重托，对得起自己的良心。在当前社会生活深刻变革、思想文化激烈碰撞、反腐败形势依然严峻复杂的背景下，领导干部更要坚守底线、筑牢防线。首先，要不断加强党性修养，用先进思想武装自己的头脑，牢固树立崇高的理想信念，知道该信仰什么、敬畏什么，筑牢拒腐防变的思想道德防线。其次，培育高尚的道德情操，追求崇高的思想境界，品行端正，生活正派，守住为官做人的底线。最后，要遏制欲望的升腾，坚决果断地向各种诱惑说"不"，远离腐败深渊，永葆共产党人清正廉洁的政治本色。

一个行政决策往往事关社会的稳定和经济的发展，事关人民群众的切身利益，容不得半点差错。因此，领导干部必须牢记"权为民所用、情为民所系、利为民所谋"的服务宗旨，切实做到公正公平，一身正气。唯有如此，才能敢作敢为、锐意进取，才能抵御来自社会上的不正之风，抵挡来自各方面的压力。

立德树人：中国教育守正创新的永恒主题

欧振宝*

摘　要：教育的根本目的是树人，树人的首务在立德，故立德树人历来是中国教育守正创新的永恒主题。关于"道德"的内涵，我们通过检索《易经》《尚书》《史记》等传世文献不难发现，其内涵是随着社会历史的发展而发展的。儒家认为，"人无德不立，国无德不兴"，师者要讲师德，医者要讲医德，为官者要讲官德，经商者要讲商德。中国古代的教育，以培养治国安邦、平治天下的人才为旨归。新中国成立后，中国教育紧跟时代要求，坚持守正创新，取得了辉煌的成就。

关键词：中国教育；立德树人；守正创新；

一、"德"观念在古代文献中的历史嬗变

教育的根本目的是树人，而树人的首务在立德，故"立德树人"始终是中国教育的指导思想。关于"教"的最早文献记载，出现在《周易》一书中。《周易·临卦》曰："泽上有地，临。君子以教思无穷，容保民无疆。"来知德注曰："教者，劳来匡直之谓也。思者，教之至诚恻怛出于心思也。无穷者，教之心思不至厌斁而穷尽也。"其中，"劳来匡直"之"直"，就是"德"最本质的意义。"德"字的甲骨文作"值"，从彳从直，以示遵行正道之意。遵循本性，顺乎自然，便是"德"；本心初，本性善，本我无，便成德。因此，"德育"就是按照一定的社会要求，进行思想的、政治的和道德的教育。"教育"一词，始见于《孟子·尽心上》。其文曰："君子有三乐，而王天下不与存焉。父母俱存，兄弟无故，一乐也；仰不愧于天，

---

　　*　欧振宝，蚌埠市委党校马列教研室原主任。研究方向为中国政治、中国教育。

俯不怍于人，二乐也；得天下英才而教育之，三乐也。"《说文解字》释"教育"曰："教，上所施下所效也。从攴从孝。凡教之属皆从教。育，养子使作善也。从口肉声。"

我们通过检索《易经》《尚书》《史记》等传世文献不难发现，"德"字的内涵是随着社会历史的发展而不断发展的。"德"字的甲骨文作"値"，从彳从直；金文作"惪"，从心从直。《说文解字》释曰："德，升也。"《左传·成公三年》所谓"然则德我乎"之"德"为动词，意为"感激"。《老子》曰："善者吾善之，不善者吾亦善之，德善。信者吾信之，不信者吾亦信之，德信。"其中，"德善""德信"之"德"均为动词，为"获得、得到"之意。

"德"作名词时，内涵更为丰富。①道德、品行。《篇海类编》："德行，内外之称，在心为德，施之为行。"《周礼·地官·师氏》："以三德教国子。一曰至德，以为道本；二曰敏德，以为行本；三曰孝德，以知逆恶。"《荀子·王制》："无德不贵，无能不官。"德望，品德与名誉。德誉，道德声誉。德器，德行器量。德门，能恪遵礼教道德的人家。德馨，道德芳馨。②恩惠、恩德。《战国策·秦策》："是不敢倍德畔施。"《史记·项羽本纪》："愿伯具言臣之不敢倍德也。"德施，恩惠、恩泽。德惠，德泽、恩惠。③仁爱、善行。德意，善意。德政，良好的政治措施或政绩。德法，合乎仁德的礼法。④福。《礼记·哀公问》："百姓之德也。"

《康熙字典》对"德"字作出更为丰富的解说。《正韵》曰："凡言德者，善美，正大，光明，纯懿之称也。"如《诗·大雅》："民之秉彝，好是懿德。"《书·皋陶谟》"九德"：宽而栗，柔而立，愿而恭，乱而敬，扰而毅，直而温，简而廉，刚而塞，强而义。《洪范》"三德"：一曰正直，二曰刚克，三曰柔克。《周礼·地官》"六德"：知、仁、圣、义、忠、和。

《玉篇》："惠也。"如《书·盘庚》："施实德于民。"《诗·小雅》："既饱以德，又善教也。"《礼记·月令》："命相布德和令，行庆施惠。"又："感恩曰德。"如《左传·成公三年》王曰："然则德我乎？"其疏云："德加于彼，彼荷其恩，故谓荷恩为德。"

《韵会》："四时旺气曰德。"如《礼记·月令》："某日立春，盛德在木。"

《谥法》曰："绥柔士民，谏争不威，执义扬善，曰德。"

《玉篇》星名。如《前汉书·郊祀志》："有司皆曰：'陛下建汉家封禅，天其报德星云。'"司马贞索隐曰："今按此纪惟言德星，则德星，岁星也。"

《韵会》"德"亦作"悳"。如《前汉书·贾谊传》："悳至渥也。"又州名。如《广韵》："秦为齐郡地，汉为平原郡。武德初为德州，因德安县以名之。"

春秋战国时期，儒墨同为显学，然而秦汉之后，墨家几乎销声匿迹，儒家渐成教育大宗。因此，在我国教育史上，汉朝是一个极为重要的时期。汉惠帝四年，废除秦挟书之令；文景之世，渐开献书之路。汉武帝兴太学，立五经博士，儒学由是大兴。宣帝、元帝之际，经学博士增至十四家，读经之士遍及朝野。前代典籍遭秦火及楚汉之争，已经所剩无几了，博士所传的经书大多是今文经。许慎的《说文解字》既是中国文字学的奠基之作，又是一部总结汉代以前经学、小学研究成果的理论著作。宋太宗雍熙初年，徐铉等人奉诏重新整理《说文解字》，增入新补、新附字，并根据孙愐《唐韵》的反切为各字注音。

司马迁对尧、舜、禹的德行进行了详细阐述。据《史记》载："帝尧者，放勋。其仁如天，其知如神。就之如日，望之如云。富而不骄，贵而不舒。能明驯德，以亲九族。九族既睦，平章百姓。百姓昭明，合和万国。……舜，冀州之人也。……舜年二十以孝闻。三十而帝尧问可用者，四岳咸荐虞舜，曰可。于是尧乃以二女妻舜以观其内，使九男与处以观其外。……舜入于大麓，烈风雷雨不迷，尧乃知舜之足授天下。尧老，使舜摄行天子政，巡狩。舜得举用事二十年，而尧使摄政。摄政八年而尧崩。三年丧毕，让丹朱，天下归舜。"《史记》对禹的德行评价是："禹为人敏给克勤，其德不违，其仁可亲，其言可信：声为律，身为度，称以出；亹亹穆穆，为纲为纪。"

司马迁在《高祖本纪》中以史家的远见卓识，纵论了三代至秦汉之际的道德嬗变。太史公曰："夏之政忠。忠之敝，小人以野，故殷人承之以敬。敬之敝，小人以鬼，故周人承之以文。文之敝，小人以僿，故救僿莫若以忠。三王之道若循环，终而复始。周秦之间，可谓文敝矣。秦政不改，反酷刑法，岂不缪乎？故汉兴，承敝易变，使人不倦，得天统矣。"司马迁在《史记》中阐述的道德思想，对后世产生了深远的影响。

吴兢在《贞观政要·君道》中指出："贞观初，太宗谓侍臣曰：'为君之道，必须先存百姓。若损百姓以奉其身，犹割股以啖腹，腹饱而身毙。若安天下，必须先正其身，未有身正而影曲，上治而下乱者。朕每思伤其身者不在外物，皆由嗜欲以成其祸。若耽嗜滋味，玩悦声色，所欲既多，所损亦大，既妨政事，又扰生民。且复出一非理之言，万姓为之解体，怨黩既作，离叛亦兴。朕每思此，不敢纵逸。'

谏议大夫魏徵对曰：'古者圣哲之主，皆亦近取诸身，故能远体诸物。昔楚聘詹何，问其治国之要，詹何对以修身之术。楚王又问治国何如，詹何曰未闻身治而国乱者。陛下所明，实同古义。'"

贞观二年，太宗问魏徵："何谓为明君、暗君？"魏徵对曰："君之所以明者，兼听也；其所以暗者，偏信也。《诗》云：'先民有言，询于刍荛。'昔唐、虞之理，辟四门，明四目，达四聪。是以圣无不照，故共、鲧之徒，不能塞也；靖言庸回，不能惑也。秦二世则隐藏其身，捐隔疏贱而偏信赵高，及天下溃叛，不得闻也。……是故人君兼听纳下，则贵臣不得壅蔽，而下情必得上通也。"

贞观十年，太宗谓侍臣曰："帝王之业，草创与守成孰难？"尚书左仆射房玄龄对曰："天地草昧，群雄竞起，攻破乃降，战胜乃克。由此言之，草创为难。"魏徵对曰："帝王之起，必承衰乱，覆彼昏狡，百姓乐推，四海归命，天授人与，乃不为难。然既得之后，志趣骄逸，百姓欲静而徭役不休，百姓凋残而侈务不息，国之衰弊，恒由此起。以斯而言，守成则难。"太宗曰："玄龄昔从我定天下，备尝艰苦，出万死而遇一生，所以见草创之难也。魏徵与我安天下，虑生骄逸之端，必践危亡之地，所以见守成之难也。今草创之难既已往矣，守成之难者，当思与公等慎之。"

欧评：太宗对为君之道，可谓是了然于胸。国之本在得民，得民之要在明君，明君之要在道德。此理在《国语·晋语四》中早有记载。文公问于郭偃曰："始也，吾以治国为易，今也难。"对曰："君以为易，其难也将至矣。君以为难，其易也将至焉。"中国德智之睿智，由此可见一斑。

吴兢《贞观政要·论择官》载：贞观元年，太宗谓房玄龄等曰："致治之本，惟在于审。量才授职，务省官员。故《书》称：'任官惟贤才。'又云：'官不必备，惟其人。'若得其善者，虽少亦足矣；其不善者，纵多亦奚为？古人亦以官不得其才，比于画地作饼，不可食也。《诗》曰：'谋夫孔多，是用不就。'又孔子曰：'官事不摄，焉得俭？'且'千羊之皮，不如一狐之腋'。此皆载在经典，不能具道。当须更并省官员，使得各当所任，则无为而治矣。卿宜详思此理，量定庶官员位。"玄龄等由是所置文武总六百四十员。太宗从之，因谓玄龄曰："自此倘有乐工杂类，假使术逾侪辈者，只可特赐钱帛以赏其能，必不可超授官爵，与夫朝贤君子比肩而立，同坐而食，遣诸衣冠以为耻累。"

贞观六年，太宗谓魏徵曰："古人云，王者须为官择人，不可造次即用。朕今行一事，则为天下所观；出一言，则为天下所听。用得正人，为善者皆劝；误用恶人，不善者竞进。赏当其劳，无功者自退；罚当其罪，为恶者戒惧。故知赏罚不可轻行，用人弥须慎择。"魏徵对曰："知人之事，自古为难，故考绩黜陟，察其善恶。今欲求人，必须审访其行。若知其善，然后用之，设令此人不能济事，只是才力不及，不为大害。误用恶人，假令强干，为害极多。但乱世惟求其才，不顾其行。太平之时，必须才行俱兼，始可任用。"

《潜夫论》曰："人君之治莫大于道德教化也。民有性、有情、有化、有俗。情性者，心也，本也；化俗者，行也，末也。是以上君抚世，先其本而后其末，顺其心而履其行。心情苟正，则奸慝无所生，邪意无所载矣。是故上圣无不务治民心，故曰：'听讼，吾犹人也，必也使无讼乎？'道之以礼，务厚其性而明其情。民相爱，则无相伤害之意；动思义，则无畜奸邪之心。"

司马光《资治通鉴·周纪一》："臣光曰：智伯之亡也，才胜德也。夫才与德异，而世俗莫之能辨，通谓之贤，此其所以失人也。夫聪察强毅之谓才，正直中和之谓德。才者，德之资也；德者，才之帅也。……是故才德全尽谓之圣人，才德兼亡谓之愚人，德胜才谓之君子，才胜德谓之小人。凡取人之术，苟不得圣人、君子而与之，与其得小人，不若得愚人。何则？君子挟才以为善，小人挟才以为恶。挟才以为善者，善无不至矣；挟才以为恶者，恶亦无不至矣。"可见，"德为才之帅，才为德之资"。

"德"以"礼"为其框架。司马光指出："夫礼，辨贵贱，序亲疏，裁群物，制庶事。非名不著，非器不形。名以命之，器以别之，然后上下粲然有伦，此礼之大经也。"孟子师子思，尝问牧民之道何先。子思曰："先利之。"孟子曰："君子所以教民者，亦仁义而已矣，何必利？"子思曰："仁义固所以利之也。上不仁则下不得其所，上不义则下乐为诈也。此为不利大矣。故《易》曰：'利者，义之和也。'又曰：'利用安身，以崇德也。'此皆利之大者也。"臣光曰："子思、孟子之言，一也。夫唯仁者为知仁义之为利，不仁者不知也。故孟子对梁王直以仁义而不及利者，所与言之人异故也。"

臣光曰："君子之养士，以为民也。《易》曰：'圣人养贤，以及万民。'夫贤者，其德足以敦化正俗，其才足以顿纲振纪，其明足以烛微虑远，其强足以结仁固义。大则利天下，小则利一国。是以君子丰禄以富之，隆爵以尊之。养一人而及万人者，养贤之道也。今孟尝君之养士也，不恤智愚，不择臧否，盗其君之禄，以立私党，张虚誉，上以侮其君，下以蠹其民，是奸人之雄也，乌足尚哉！《书》曰：'受为天下逋逃主、萃渊薮。'此之谓也。"

司马光《资治通鉴·秦纪一》记荀卿之言曰："凡君贤者其国治，君不能者其国乱；隆礼贵义者其国治，简礼贱义者其国乱。治者强，乱者弱，是强弱之本也。上足印则下可用也，上不足印则下不可用也。下可用则强，下不可用则弱，是强弱之常也。好士者强，不好士者弱；爱民者强，不爱民者弱；政令信者强，政令不信者弱；重用兵者强，轻用兵者弱；权出一者强，权出二者弱；是强弱之常也。齐人隆技击，其技也，得一首者则赐赎锱金，无本赏矣。"

综上所述，中国教育的根本宗旨就是教之以为人、为学、为事、为官、为家、为国之道术。不仅古代中国重视德教，新中国的教育方针虽然随着时代的变化而不断调整、充实，但始终将德育放在首位。

二、守正创新：当代中国教育德育为本的不断探索

中国共产党作为中华优秀传统文化的传承者和弘扬者，领导中国人民实现了中华民族从站起来富起来到强起来的伟大飞跃。2014年，习近平到北京师范大学看望教师学生时指出："百年大计，教育为本。教育大计，教师为本。"新中国教育方针的演变，为这句话作了生动的诠释和注脚。

1949年9月，中国人民政治协商会议第一届全体会议通过的《中国人民政治协商会议共同纲领》第五章"文化教育政策"，对新中国教育的方针、方法、目标等作出了明确规定。其对新中国教育方针的阐述是"中华人民共和国的文化教育为新民主主义的，即民族的、科学的、大众的文化教育"；对新中国教育方法的阐述是"中华人民共和国的教育方法为理论与实际一致。人民政府应有计划、有步骤地改革旧的教育制度、教育内容和教学法"；对新中国教育目标的阐述是"有计划有步骤地实行普及教育，加强中等教育和高等教育，注重技术教育，加强劳动者的业余教育和在职干部教育，给青年知识分子和旧知识分子以革命的政治教育，以适应革命工作和国家建设工作的广泛需要"。

1949年12月，第一次全国教育工作会议明确提出，新中国教育工作的目的是"为人民服务，首先为工农服务，为当前的革命斗争与建设服务"。"两为"作为我国新民主主义教育方针，是毛泽东新民主主义教育思想的具体体现，确立了新中国

成立初期我国教育的基本职能、作用和政策基点。

1951年10月，中央人民政府政务院颁布了《关于改革学制的决定》，其中明确规定"高等学校毕业生的工作由政府分配"。这是新中国成立以来，国家颁布的第一个学制。1952年3月，教育部颁发了《小学暂行规程（草案）》和《中学暂行规程（草案）》，全面规范了我国中小学教育教学，形成了我国中小学学校课程设置的基本框架，成为双基教育的开端。

从1952年开始，我国进入由新民主主义向社会主义过渡时期，与此相应，我国教育也开始了由新民主主义教育向社会主义教育的过渡。1954年2月，周恩来在政务会议上提出："每个人要在德、智、体、美等方面均衡发展。不均衡地发展，一定会有缺陷，不仅影响个人能力的发挥，对国家也不利。"《1954年文化教育工作的方针和任务》明确提出："中等教育和初等教育，应贯彻全面发展的教育方针……为培养社会主义社会的建设者而奋斗。"

1957年2月，毛泽东在《关于正确处理人民内部矛盾的问题》中提出："我们的教育方针，应该使受教育者在德育、智育、体育几方面都得到发展，成为有社会主义觉悟的有文化的劳动者。"这一重要论述将马克思主义关于人的全面发展的思想贯穿于社会主义培养目标之中，形成了新中国全面发展的社会主义教育方针。

1958年9月，中共中央、国务院《关于教育工作的指示》明确规定："党的教育工作方针，是教育为无产阶级政治服务，教育与生产劳动相结合"；教育的目的，是"培养有社会主义觉悟有文化的劳动者"。"两个必须"（"教育必须为无产阶级政治服务，必须同生产劳动相结合"）是新中国成立后，在中央文件中首次冠以"教育方针"字样对教育方针的表述。

1961年9月，中共中央颁布的《教育部直属高等学校暂行工作条例（草案）》（简称"高教六十条"）中明确规定："教育必须为无产阶级政治服务，必须同生产劳动相结合，使受教育者在德育、智育、体育几方面都得到发展，成为有社会主义觉悟的有文化的劳动者。"这一教育方针以我国社会主义的基本国情及其教育活动为实践依据，以党在特定历史时期的基本路线为政策依据，继承了党在民主革命时期关于新民主主义文化教育总方针的优良传统，为我国社会主义教育事业指明了前进的道路和发展的方向。这一时期的教育方针和据此制定的各项政策，使新中国教育事业获得了健康、迅速的发展。

党的十一届三中全会后，我国进入了改革开放和社会主义现代化建设的新时期，党和国家的工作重点转移到社会主义现代化建设上来，教育事业也进入改革发展的新阶段。1981年6月，中共中央十一届六中全会通过的《关于建国以来党的若干历史问题的决议》，明确提出了"坚持德智体全面发展，又红又专，知识分子与工人农民相结合，脑力劳动与体力劳动相结合的教育方针"。1982年通过的《中华人民共和国宪法》规定："国家培养青年、少年、儿童在品德、智力、体质等方面全面发展。"这对教育界拨乱反正、正本清源，恢复和发展教育事业，发挥了重要的导向作用。

1983年9月，邓小平提出："教育要面向现代化，面向世界，面向未来。""三个面向"成为改革开放新时期教育改革和发展的战略指导思想。1985年5月，《中共中央关于教育体制改革的决定》中明确提出："教育必须为社会主义建设服务，社会主义建设必须依靠教育。"这些重要思想的提出，充分适应了改革开放以来我国经济社会发展的时代特征，在教育方针认识上实现了由"教育为无产阶级政治服务"到"教育必须为社会主义建设服务"的思想升华和历史飞跃，在教育方针实践中加强了教育与社会的联系，促使教育主动适应现代化建设需求，按照现代化建设要求进行全方位改革。

1990年12月，党的十三届七中全会通过的《中共中央关于制定国民经济和社会发展十年规划和"八五"计划的建议》提出："继续贯彻教育必须为社会主义现代化建设服务，必须同生产劳动相结合，培养德、智、体全面发展的建设者和接班人的方针，进一步端正办学指导思想，把坚定正确的政治方向放在首位，全面提高教育者和被教育者思想政治水平和业务素质。"1993年，中共中央、国务院颁布的《中国教育改革和发展纲要》重申了这一方针，并正式将"两基"作为新的奋斗目标。1995年3月，八届全国人大三次会议通过的《中华人民共和国教育法》沿用这一教育方针，但在文字上作了重要修改，除了在"建设者和接班人"前加上了"社会主义事业的"外，还在"德、智、体"后加上了"等方面"。至此，我国改革开放新时期的教育方针已完成了法律程序，写进了教育的根本大法。

随着素质教育的理论探讨和实践发展，我国的教育方针又被赋予了新的时代内容。1999年，九届全国人大二次会议通过的《政府工作报告》以及《中共中央国务院关于深化教育改革全面推进素质教育的决定》中，都在人才培养中提出了"美"的要求。这样一来，教育方针就被表述为："教育必须为社会主义现代化建设服务，必须与生产劳动相结合，培养德、智、体、美等方面全面发展的社会主义事业建设者和接班人。"这一新的教育方针，确立了教育事业为社会主义现代化建设服务的方向，明确了教育培养德、智、体、美等方面全面发展的社会主义事业建设者和接班人的目标，揭示了教育与生产劳动相结合的人才培养根本途径。

1999 年 6 月，江泽民在第三次全国教育工作会议上的讲话中强调："我们必须全面贯彻党的教育方针，坚持教育为社会主义现代化建设服务、为人民服务，坚持教育与社会实践相结合，以提高国民素质为根本宗旨，以培养学生的创新精神和实践能力为重点，努力造就有理想、有道德、有文化、有纪律的，德育、智育、体育、美育等全面发展的社会主义事业建设者和接班人。"首次提出了教育"为人民服务"和"坚持教育与社会实践相结合"的指导方针。2002 年 11 月，党的十六大报告提出："全面贯彻党的教育方针，坚持教育为社会主义现代化建设服务，为人民服务，与生产劳动和社会实践相结合，培养德智体美全面发展的社会主义建设者和接班人。"

2007 年 10 月，党的十七大报告提出："要全面贯彻党的教育方针，坚持育人为本、德育为先，实施素质教育，提高教育现代化水平，培养德智体美全面发展的社会主义建设者和接班人，办好人民满意的教育。"

2018 年 9 月，习近平在全国教育大会指出，要努力构建德智体美劳全面培养的教育体系，形成更高水平的人才培养体系；要把立德树人融入思想道德教育、文化知识教育、社会实践教育各环节，贯穿基础教育、职业教育、高等教育各领域，学科体系、教学体系、教材体系、管理体系要围绕这个目标来设计，教师要围绕这个目标来教，学生要围绕这个目标来学；培养什么人，是教育的首要问题。我国的教育方针虽然经历了从"德智体"到"德智体美"再到"德智体美劳"的变化，但是德育始终居于首位，充分反映了中国共产党人对德育的重视。教育的根本问题是"培养什么人，怎样培养人，为谁培养人"。我国是中国共产党领导的社会主义国家，这就决定了我们的教育必须把培养社会主义建设者和接班人作为根本任务，培养一代又一代拥护中国共产党领导和我国社会主义制度、立志为中国特色社会主义奋斗终生的有用人才。因此，习近平在全国教育大会上系统总结了推进我国教育改革发展的"九个坚持"：坚持把立德树人作为根本任务；坚持优先发展教育事业；坚持社会主义办学方向；坚持扎根中国大地办教育；坚持以人民为中心发展教育；坚持深化教育改革创新；坚持把服务中华民族伟大复兴作为教育的重要使命；坚持把教师队伍建设作为基础工作。

坚持"教育为社会主义现代化建设服务、为人民服务"。教育为现代化建设服务，一是应当自觉地服从并服务于现代化建设，二是发挥提高学生的思想道德素质和科学文化素质的基本功能，三是全面适应现代化建设对各类人才培养的需要，四是全面提高办学的质量和效益。教育为人民服务，就是要不断满足人民群众日益增长的教育需求，办好人民满意的教育。

新时代贯彻落实教育方针，推动我国教育事业健康发展，必须体现和把握以下思想特征和发展趋势。一要把握时代性。教育方针的制定应鲜明地反映时代精神，体现时代特征，随着历史条件和实际情况的变化，与时俱进，把握时代性。二要尊重教育规律。教育方针的制定必须把握教育自身的特性，遵循教育规律，体现社会发展和人的发展的现实需要。三要体现素质教育的要求。全面推进素质教育已成为新时代全面贯彻教育方针的时代要求，成为保证全面而准确地贯彻党的教育方针的重大举措。四要坚持以人为本，就是要把教育的重点转向人本身，在教育过程中把人的全面发展放在中心地位，坚持育人为本。

三、三教三学：中国教育德育治国安邦之大法

教育由教与学两方面构成，教师怎样教，学生怎样学，历来是教育的核心问题。2014 年教师节前夕，习近平在同北京师范大学师生座谈时，曾语重心长地勉励广大教师要立志做"有理想信念、有道德情操、有扎实学识、有仁爱之心"的"四有"好老师。笔者六十年的从教心得是：好老师有"三教"：教做人，教方法，教知识；好学生有"三学"：学做人，学方法，学知识。教做人的根本，就是引导学生做一个有道德的人。教做人是示范性的、渗透性的、引导性的，教方法是启发性的、例证性的、诱导性的，教知识是系统性的、科学性的、融通性的。三学亦是如此。学做人的根本，就是争做一个有道德的人。

教育者要做好"三教"，除了要终身学习、言传身教、因材施教外，还应从以下几个方面着手。

一要继承和发扬孔子"育人先育德"的德教传统。教做人一向是中国传统教育的核心。孔子作为中国古代最伟大的教育家，其教育思想集中体现在《论语》一书中。《论语》开篇即提出："学而时习之，不亦说乎？有朋自远方来，不亦乐乎？人不知而不愠，不亦君子乎？"在孔子看来，学习是人生的第一要义。

如何学习呢？孔子给出的答案是以孝悌为本。孔子曰："弟子入则孝，出则弟，谨而信，泛爱众，而亲仁，行有余力，则以学文。"在以孝悌为本的前提下，还要讲究力行。子夏曰："贤贤易色；事父母，能竭其力；事君，能致其身；与朋友交，言而有信。虽曰未学，吾必谓之学矣。"孔子曰："君子食无求饱，居无求安，敏于事而慎于言，就有道而正焉。可谓好学也已。"还要自重，勇于承认和改正错误。孔子曰："君子不重则不威，学则不固。主忠信，无友不如己者，过则勿惮改。"

孔子提出，做学问要精益求精。子贡曰："《诗》云'如切如磋，如琢如磨'，其斯之谓与？"孔子曰："赐也，始可与言《诗》已矣，告诸往而知来者。"做学问的旨归是治国安邦，而亲贤远佞是君子治国的重要德目。子夏曰："舜有天下，选于众，举皋陶，不仁者远矣。汤有天下，选于众，举伊尹，不仁者远矣。"

孔子又提出，君子除要做学问外，还要具备识人的智慧。孔子曰："视其所以，观其所由，察其所安，人焉廋哉？"又曰："君子周而不比，小人比而不周。"又曰："先行其言而后从之。"此外，孔子还从反面提出，如果没有仁德，就无法成为一位君子。孔子曰："富与贵，是人之所欲也；不以其道得之，不处也。贫与贱，是人之所恶也；不以其道得之，不去也。君子去仁，恶乎成名？君子无终食之间违仁，造次必于是，颠沛必于是。"

儒家仁以为己任，推崇中庸之道。孔子曰："中庸之为德也，其至矣乎！民鲜久矣。"孔子又曰："天下国家可均也，爵禄可辞也，白刃可蹈也，中庸不可能也。"子贡曰："如有博施于民而能济众，何如？可谓仁乎？"孔子曰："何事于仁，必也圣乎！尧、舜其犹病诸！夫仁者，己欲立而立人，己欲达而达人。能近取譬，可谓仁之方也已。"孔子曰："君子谋道不谋食。耕也，馁在其中矣；学也，禄在其中矣。君子忧道不忧贫。"

君子应通权达变，成人之美。孔子曰："法语之言，能无从乎？改之为贵。巽与之言，能无说乎？绎之为贵。说而不绎，从而不改，吾末如之何也已矣。"孔子曰："可与共学，未可与适道；可与适道，未可与立；可与立，未可与权。"孔子曰："君子成人之美，不成人之恶；小人反是。"子贡问曰："有一言而可以终身行之者乎？"子曰："其恕乎！己所不欲，勿施于人。"

君子要践行仁义礼智信，气象正大。孔子曰："知及之，仁不能守之，虽得之，必失之；知及之，仁能守之，不庄以莅之，则民不敬；知及之，仁能守之，庄以莅之，动之不以礼，未善也。"子夏曰："君子有三变：望之俨然，即之也温，听其言也厉。"

君子要慎择友，知敬畏，明戒惧。孔子曰："益者三友，损者三友。友直、友谅、友多闻，益矣；友便辟、友善柔、友便佞，损矣。"孔子曰："益者三乐，损者三乐。乐节礼乐、乐道人之善、乐多贤友，益矣；乐骄乐、乐佚游、乐宴乐，损矣。"孔子曰："君子有三戒：少之时，血气未定，戒之在色；及其壮也，血气方刚，戒之在斗；及其老也，血气既衰，戒之在得。"孔子曰："君子有三畏：畏天命，畏大人，畏圣人之言。小人不知天命而不畏也，狎大人，侮圣人之言。"

君子好学重思，除弊务尽。孔子曰："生而知之者上也，学而知之者次也；困而学之又其次也。困而不学，民斯为下矣。"孔子曰："君子有九思：视思明，听思聪，色思温，貌思恭，言思忠，事思敬，疑思问，忿思难，见得思义。"孔子曰："恭则不侮，宽则得众，信则人任焉，敏则有功，惠则足以使人。"孔子曰："好仁不好学，其蔽也愚；好知不好学，其蔽也荡；好信不好学，其蔽也贼；好直不好学，其蔽也绞；好勇不好学，其蔽也乱；好刚不好学，其蔽也狂。"

君子观大节而略小故，尊五美而屏四恶。子夏曰："大德不逾闲，小德出入可也。"子张问于孔子曰："何如斯可以从政矣？"子曰："尊五美，屏四恶，斯可以从政矣。"子张曰："何谓五美？"子曰："君子惠而不费，劳而不怨，欲而不贪，泰而不骄，威而不猛。"子张曰："何谓惠而不费？"子曰："因民之所利而利之，斯不亦惠而不费乎？择可劳而劳之，又谁怨？欲仁而得仁，又焉贪？君子无众寡，无小大，无敢慢，斯不亦泰而不骄乎？君子正其衣冠，尊其瞻视，俨然人望而畏之，斯不亦威而不猛乎？"子张曰："何谓四恶？"子曰："不教而杀谓之虐；不戒视成谓之暴；慢令致期谓之贼；犹之与人也，出纳之吝谓之有司。"

二要继承和发扬荀子的"成人"思想。荀子提出，人性本恶，必须通过教育来"化性起伪"。荀子"学以成人"的思想，在《劝学》一文中阐述得最为详尽。其文曰：

> 君子曰：学不可以已。青，取之于蓝而青于蓝；冰，水为之而寒于水。木直中绳，輮以为轮，其曲中规。虽有槁暴，不复挺者，輮使之然也。故木受绳则直，金就砺则利，君子博学而日参省乎己，则知明而行无过矣。
>
> 故不登高山，不知天之高也；不临深溪，不知地之厚也；不闻先王之遗言，不知学问之大也。干、越、夷、貉之子，生而同声，长而异俗，教使之然

也。《诗》曰："嗟尔君子，无恒安息。靖共尔位，好是正直。神之听之，介尔景福。"神莫大于化道，福莫长于无祸。

吾尝终日而思矣，不如须臾之所学也；吾尝跂而望矣，不如登高之博见也。登高而招，臂非加长也，而见者远；顺风而呼，声非加疾也，而闻者彰。假舆马者，非利足也，而致千里；假舟楫者，非能水也，而绝江河。君子生非异也，善假于物也。

学莫便乎近其人。礼乐法而不说，诗书故而不切，春秋约而不速。方其人之习君子之说，则尊以遍矣，周于世矣。故曰：学莫便乎近其人。

君子知夫不全不粹之不足以为美也，故诵数以贯之，思索以通之，为其人以处之，除其害者以持养之。使目非是无欲见也，使耳非是无欲闻也，使口非是无欲言也，使心非是无欲虑也。及至其致好之也，目好之五色，耳好之五声，口好之五味，心利之有天下。是故权利不能倾也，群众不能移也，天下不能荡也。生乎由是，死乎由是，夫是之谓德操。德操然后能定，能定然后能应。能定能应，夫是之谓成人。天见其明，地见其光，君子贵其全也。

三是继承和发扬昌黎先生"传道授业解惑"的思想。针对当时士大夫们耻于从师的不良风气，韩愈在《师说》中提出"师者，所以传道授业解惑也"的主张。韩愈曰："古之学者必有师。师者，所以传道授业解惑也。人非生而知之者，孰能无惑？惑而不从师，其为惑也，终不解矣。生乎吾前，其闻道也固先乎吾，吾从而师之；生乎吾后，其闻道也亦先乎吾，吾从而师之。吾师道也，夫庸知其年之先后生于吾乎？是故无贵无贱，无长无少，道之所存，师之所存也……圣人无常师。孔子师郯子、苌弘、师襄、老聃。郯子之徒，其贤不及孔子。孔子曰：三人行，则必有我师。是故弟子不必不如师，师不必贤于弟子，闻道有先后，术业有专攻，如是而已。"

四要深入挖掘《学记》宏深博大的教育思想。《学记》是《礼记》中的一篇，是中国教育史上，也是世界教育史上的第一部教育专著。据郭沫若先生考证，其作者为孟子的学生乐正克。《学记》系统而全面地阐述了教育的意义、目的、作用以及教学的制度、原则和方法等，其所蕴含的教育思想至今不仅仍有巨大影响，更有巨大价值。一是教学相长原则。《学记》曰："学然后知不足，教然后知困。知不足，然后能自反也；知困，然后能自强也。故曰：教学相长也。"二是因材施教原则。《学记》曰："大学之法：禁于未发之谓豫，当其可之谓时，不陵节而施之谓孙，相观而善之谓摩。此四者，教之所由兴也。"三是循序渐进原则。《学记》曰："比年入学，中年考校。一年视离经辨志；三年视敬业乐群；五年视博习亲师；七年视论学取友，谓之小成。九年知类通达，强立而不反，谓之大成。夫然后足以化民易俗，近者说服而远者怀之，此大学之道也。"四是启发性原则。《学记》曰："道而弗牵则和，强而弗抑则易，开而弗达则思。"五是长善救失原则。《学记》曰："人之学也，或失则多，或失则寡，或失则易，或失则止。此四者，心之莫同也。知其心然后能救其失也。教也者，长善而救其失者也。"六是藏息相辅原则。《学记》曰："大学之教也，时教必有正业，退息必有居学。不学操缦，不能安弦；不学博依，不能安诗；不学杂服，不能安礼。不兴其艺，不能乐学。故君子之于学也，藏焉修焉，息焉游焉。夫然，故安其学而亲其师，乐其友而信其道，是以虽离师辅而不反也。"

中华文明是世界六大文明之一，又是其中唯一未曾中断、延绵至今的文明。中华文明绵延至今的原因是多方面的，中国教育的德育传统是其中一个重要的原因。2019 年 10 月，习近平在中国共产党第十九届中央委员会第四次全体会议上指出："在几千年的历史演进中，中华民族创造了灿烂的古代文明，形成了关于国家制度和国家治理的丰富思想，包括大道之行、天下为公的大同理想，六合同风、四海一家的大一统传统，德主刑辅、以德化人的德治主张，民贵君轻、政在养民的民本思想，等贵贱均贫富、损有余补不足的平等观念，法不阿贵、绳不挠曲的正义追求，孝悌忠信、礼义廉耻的道德操守，任人唯贤、选贤与能的用人标准，周虽旧邦、其命维新的改革精神，亲仁善邻、协和万邦的外交之道，以和为贵、好战必亡的和平理念，等等。这些思想中的精华是中华优秀传统文化的重要组成部分，也是中华民族精神的重要内容。"

综上所述，立德树人，守正创新，是中国教育的永恒主题。立德，是教育之根；树人，是教育之果。守正，就是继承传统；创新，就是与时俱进。习近平总书记在党的十九大上庄严宣布："中国特色社会主义进入新时代，意味着迎来了实现中华民族伟大复兴的光明前景，中华民族迎来了从站起来、富起来到强起来的伟大飞跃。"在新时代背景下，继续坚持立德树人、守正创新的教育理念，对于确保中国教育永葆旺盛生命力和创新力具有十分重要的意义。

君子文化的历史内涵

君子豹变

—— 汉魏六朝君子人格美的演变

袁济喜[*]

摘　要： 君子人格是中国传统文化，特别是儒家文化的审美典范，《周易》总结为"君子豹变，小人革面"，君子小人之辨由此成为亘古不衰的话题。"君子人格"这一儒家范式经历先秦至汉魏六朝的嬗变后，逐渐融入老庄之道，其内涵不断丰富。作为一种精神理想，对"君子"的呼唤从人物品鉴、社会文化渗透到文艺理论和美学范式，深刻影响了中国古代文艺理论与美学批评。以君子人格理想作为文学理论批评标准，成为汉魏六朝文人的自觉，这点在《文心雕龙》中表现得尤其突出。

关键词： 人格美；君子人格；君子豹变；文学批评

　　君子人格是中国传统文化的重要构成部分，也是儒家思想中的精华。君子小人之辨，既是古代伦理思想的重要命题，也影响到中国古代文艺理论与美学批评。然而，君子人格理论也是历史地嬗变着的，在嬗变中不断祛除糟粕，形成新的内容。汉魏六朝之际，君子人格发生了变化，旧的东西经过反思与批评获得新生，而新的思想观念则在反思过程中生生不息，并且产生了《文心雕龙》这样的文论巨典。《周易·革卦》卦辞提出"君子豹变，小人革面"，[②] 意谓君子与时俱进，"润色鸿业，

---

　　* 袁济喜，中国人民大学国学院教授、博士生导师，北京大学美学与美育中心客座教授。主要研究方向为中国古代文论、中国美学与魏晋南北朝文学。

　　② 《周易·革卦》："上六：君子豹变，小人革面。居变之终，变道已成，君子处之，能成其文。小人乐成，则变面以顺上也。"王弼注："居变之终，变道已成，君子处之，能成其文。小人乐成，则变面以顺上也。"孔颖达疏："上六居革之终，变道已成，君子处之，虽不能同九五革命创制，如虎文之彪炳，然亦润色鸿业，如豹文之蔚缛，故曰'君子豹变'也。'小人革面'者，小人处之，但能变其颜面，容色顺上而已，故曰'小人革面'也。"参见 [清] 阮元校刻：《十三经注疏·周易正义》卷五，中华书局，2009，第125页。

如豹文之蔚缛"，而小人只会察言观色以顺上，不能有所创新。总结汉魏六朝君子理论的创变，是我们研究君子人格理论的重要课题。本文拟就此展开探讨。

一

先秦时代的百家争鸣，波及君子学说。在《论语》中，我们不难发现，君子学说是孔子构建其伦理思想的重要范畴。中国文化是一种世俗文化，人格理想与精神信仰是通过现实的人格范式与理想得以实现的，而不是如西方那样，委之以彼岸世界的上帝来建构。因此，从现实生活出发来谈人格范式，赋予其合法性与合理性，是儒道两家思想的基本路数。孔子将君子人格与日常生活相联系，是为了提升人们超越现实的人格理想。例如《论语·学而》开篇就说："子曰：'学而时习之，不亦说乎？有朋自远方来，不亦乐乎？人不知而不愠，不亦君子乎？'"孔子指明，君子人格并不神秘，也不难做到。孔门认为，君子人格最核心的是孝悌。有子曰："其为人也孝弟，而好犯上者，鲜矣；不好犯上，而好作乱者，未之有也。君子务本，本立而道生。孝弟也者，其为仁之本与！"何晏《集解》注曰："本，基也。基立而后可大成。先能事父兄，然后仁道可大成。"① 君子人格在生活方式上也彰显出来。《论语·学而》记载孔子说："君子食无求饱，居无求安，敏于事而慎于言，就有道而正焉，可谓好学也已。"② 孔子多次强调，君子志于道，就不能回避艰苦的生活。他赞扬颜回的安贫乐道，也是从这一角度去说的。当然，作为一名君子，最重要的是关键时刻的弘毅刚强，义不容辞。如曾子说：

> 曾子曰："可以托六尺之孤，可以寄百里之命，临大节而不可夺也，君子人与？君子人也！"（《论语·泰伯》）
> 曾子曰："士不可以不弘毅，任重而道远。仁以为己任，不亦重乎？死而后已，不亦远乎？"
> 司马牛问君子。子曰："君子不忧不惧。"（《论语·泰伯》）③

---

① [清] 阮元校刻：《十三经注疏·论语注疏》卷一，中华书局，2009，第 5335 页。
② [清] 阮元校刻：《十三经注疏·论语注疏》卷一，中华书局，2009，第 5338 页。
③ [清] 阮元校刻：《十三经注疏·论语注疏》卷八，中华书局，2009，第 5401 页。

千百年来，《周易》所标举的"天行健，君子以自强不息；地势坤，君子以厚德载物"的君子人格成为中华人格理论的精华，并非偶然。

儒家强调，君子人格中蕴含的不忧不惧精神，来自内心的坚定。《论语·颜渊》记载："司马牛问君子。子曰：'君子不忧不惧。'曰：'不忧不惧，斯谓之君子已乎？'子曰：'内省不疚，夫何忧何惧？'"[1] 有了这种精神意志，才能够克服困难。《论语·卫灵公》记载："在陈绝粮，从者病，莫能兴。子路愠见曰：'君子亦有穷乎？'子曰：'君子固穷，小人穷斯滥矣。'"[2] 此外，孔子还说："君子惠而不费，劳而不怨，欲而不贪，泰而不骄，威而不猛。"（《论语·尧曰》）[3] 可见，君子人格是孔子思想的重要内容。中庸则是儒家最高的道德人格境界。《中庸》记载仲尼曰："君子中庸，小人反中庸，君子之中庸也，君子而时中；小人之中庸也，小人而无忌惮也。"[4] 儒家将中庸之道作为君子与小人之辨的界限，是很有道理的。在今天看来，中庸就是做人的底线。

儒家认为，君子人格是内在修养与外在风度仪态的统一，是内美与外美的有机结合。《论语·雍也》曰："质胜文则野，文胜质则史。文质彬彬，然后君子。"[5]《周易·坤卦·文言》曰："君子黄中通理，正位居体，美在其中而畅于四支，发于事业，美之至也。"[6]《大戴礼·劝学》载孔子之言曰："野哉！君子不可以不学，见人不可以不饰。不饰无貌，无貌不敬，不敬无礼，无礼不立。"[7]《大学》引《诗经》之言对君子人格赞美道：

> 《诗》云："瞻彼淇奥，菉竹猗猗。有斐君子，如切如磋，如琢如磨。瑟兮僩兮，赫兮咺兮。有斐君子，终不可谖兮！""如切如磋"者，道学也。"如琢如磨"者，自修也。"瑟兮僩兮"者，恂慄也。"赫兮咺兮"者，威仪也。"有斐君子，终不可谖兮"者，道盛德至善，民之不能忘也。[8]

---

① [清]阮元校刻：《十三经注疏·论语注疏》卷十二，中华书局，2009，第5436页。
② [清]阮元校刻：《十三经注疏·论语注疏》卷十五，中华书局，2009，第5467页。
③ [清]阮元校刻：《十三经注疏·论语注疏》卷二十，中华书局，2009，第5509页。
④ [宋]朱熹集注：《四书章句集注·中庸》，中华书局，1983，第18—19页。
⑤ [清]阮元校刻：《十三经注疏·论语注疏》卷六，中华书局，2009，第5384页。
⑥ [清]阮元校刻：《十三经注疏·周易正义》卷一，中华书局，2009，第34页。
⑦ [清]王聘珍撰，王文锦点校：《大戴礼记解诂》卷七，中华书局，1983，第134页。
⑧ [宋]朱熹集注：《四书章句集注·大学》，中华书局，1983，第5页。

在文艺领域，君子承担着正乐的职责与义务。《礼记·乐记》指出："故君子耳不听淫声，目不视邪色，口不出恶言，此三者，君子慎之。凡奸声感人而逆气应之，逆气成象而乱生焉；正声感人而顺气应之，顺气成象而治生焉。唱和有应，善恶相象，故君子慎其所去就也。君子以钟鼓道志，以琴瑟乐心，动以干戚，饰以羽旄，从以磬管。故其清明象天，其广大象地，其俯仰周旋有似于四时。故乐行而志清，礼修而行成，耳目聪明，血气和平，移风易俗，天下皆宁，美善相乐。故曰：乐者，乐也。君子乐得其道，小人乐得其欲。以道制欲，则乐而不乱；以欲忘道，则惑而不乐。"① 因此，《乐记》提出："唯君子为能知乐。"

而对于道家的老庄来说，君子是以牺牲个体人格的自由来实现的，是一种异化的产物。远古时代，人们自由自在地活着，没有什么君子小人之分。君子为了博取名誉而牺牲自己的利益与自由，无疑是最可悲的。因此，道家对儒家津津乐道的君子人格大加嘲弄。庄子说："夫至德之世，同与禽兽居，族与万物并，恶乎知君子小人哉！同乎无知，其德不离；同乎无欲，是谓素朴；素朴而民性得矣。"② 此外，庄子还假托寓言人物对君子人格进行批评："温伯雪子适齐，舍于鲁。鲁人有请见之者，温伯雪子曰：'不可。吾闻中国之君子，明乎礼义而陋于知人心，吾不欲见也。'"③ 批评君子人格的虚伪与背离人性，是老庄思想的重要观念，这一观念对后世的思想文化影响深远。

传说，老子曾告诫孔子"去子之骄气与多欲，态色与淫志"。《史记·老子韩非列传》记载："孔子适周，将问礼于老子。老子曰：'子所言者，其人与骨皆已朽矣，独其言在耳。且君子得其时则驾，不得其时则蓬累而行。吾闻之，良贾深藏若虚，君子盛德，容貌若愚。去子之骄气与多欲，态色与淫志，是皆无益于子之身。吾所以告子，若是而已。'孔子去，谓弟子曰：'鸟，吾知其能飞；鱼，吾知其能游；兽，吾知其能走。走者可以为罔，游者可以为纶，飞者可以为矰。至于龙吾不能知，其乘风云而上天。吾今日见老子，其犹龙邪！'"④ 这段记载虽然未必真实，但可以肯定的是，老子对于孔子的君子人格是持否定态度的。老子提出："重为轻根，静为躁君。是以圣人终日行不离辎重，虽有荣观，燕处超然。奈何万乘之主，而以身轻

---

① [清] 阮元校刻：《十三经注疏·礼记正义》卷三十八，中华书局，2009，第 3325 页。
② [清] 郭庆藩撰，王孝鱼点校：《庄子集释》卷四，中华书局，1961，第 336 页。
③ [清] 郭庆藩撰，王孝鱼点校：《庄子集释》卷七，中华书局，1961，第 704 页。
④ [汉] 司马迁：《史记》卷六十三，中华书局，1999，第 1702 页。

天下？轻则失本，躁则失君。"①在老子看来，"君子"的人格特点是见素抱朴，少私寡欲，以清静为正。司马迁在《史记·老子韩非列传》中慨叹："世之学老子者则绌儒学，儒学亦绌老子。'道不同不相为谋'，岂谓是邪？李耳无为自化，清静自正。"②可见，道家的人格理想与儒家的人格模式，是"道不同不相为谋"的。老子的人格思想，对魏晋时期嵇康的君子思想产生了深远影响。

两汉时期以儒学治国，在成书于秦汉时期的《礼记》中，关于君子人格的阐述构成了全书的主要内容。《礼记》中的"君子"，大体是指由礼义熔铸而成的士人人格。如《礼记·曲礼》曰："道德仁义，非礼不成，教训正俗，非礼不备。分争辩讼，非礼不决。君臣上下父子兄弟，非礼不定。宦学事师，非礼不亲。班朝治军，莅官行法，非礼威严不行。祷祠祭祀，供给鬼神，非礼不诚不庄。是以君子恭敬撙节退让以明礼。"③在《礼记》中，礼既是君子的精神信仰与行为模则，也是圣人的代名词。《礼记·礼运》曰："故礼之于人也，犹酒之有糵也，君子以厚，小人以薄。故圣王修义之柄、礼之序，以治人情。故人情者，圣王之田也。修礼以耕之，陈义以种之，讲学以耨之，本仁以聚之，播乐以安之。"④礼与乐配合，陶冶人的性情，培养君子人格。《礼记·仲尼燕居》记孔子之言曰："礼也者，理也。乐也者，节也。君子无理不动，无节不作。不能《诗》，于礼缪；不能乐，于礼素；薄于德，于礼虚。"⑤诗书礼乐，成为君子人格的标配。《礼记·聘义》提出：

> 夫昔者君子比德于玉焉。温润而泽，仁也；缜密以栗，知也；廉而不刿，义也；垂之如队礼也；叩之其声清越以长，其终诎然，乐也；瑕不掩瑜、瑜不掩瑕，忠也；孚尹旁达，信也；气如白虹，天也；精神见于山川，地也；圭璋特达，德也。天下莫不贵者，道也。《诗》云："言念君子，温其如玉。"故君子贵之也。⑥

这是从美学的角度，采用比德的手法，对于君子人格进行了比况与赞美，树立

---

① ［魏］王弼注，楼宇烈校释：《老子道德经注校释》二十六章，中华书局，2008，第69页。

② ［汉］司马迁：《史记》卷六十三，中华书局，1999，第1704页。

③ ［清］阮元校刻：《十三经注疏·礼记正义》卷一，中华书局，2009，第2663—2664页。

④ ［清］阮元校刻：《十三经注疏·礼记正义》卷二十二，中华书局，2009，第3088页。

⑤ ［清］阮元校刻：《十三经注疏·礼记正义》卷二十八，中华书局，2009，第3502页。

⑥ ［清］阮元校刻：《十三经注疏·礼记正义》卷四十八，中华书局，2009，第3679页。

了君子人格由内及外的风采。汉代儒家将君子文化的方方面面，构建成完整的道德人格修养体系。因名立教，形成了名教之治，繁文缛节逐渐成为社会不堪重负的负资产。读书人皓首穷经，因受经学所累而缺少独立人格与思想自由。

汉代儒家倡导的名教，培养出许多道德人格高尚的名士，特别是在政治黑暗、社会动荡的东汉末期，许多名士奋不顾身地投身当时的政治改革与社会批评活动之中，并因此受到皇帝与宦官的迫害，是为"党锢之祸"。明代顾炎武在《日知录》中对此曾作过论述。但是，自东汉光武帝倡导以儒学纲常作为治国理政之器具后，儒学开始与人才选拔与官员选用相结合，君子人格由此被严重扭曲。为了求取功名利禄，许多读书人不惜欺世盗名，社会上出现了"举秀才，不知书，察孝廉，父别居"的现象。范晔《后汉书·方术列传》评论道："汉世之所谓名士者，其风流可知矣。虽弛张趣舍，时有未纯，于刻情修容，依倚道艺，以就其声价，非所能通物方，弘时务也。及征樊英、杨厚，朝廷若待神明，至竟无他异。英名最高，毁最甚。李固、朱穆等以为处士纯盗虚名，无益于用，故其所以然也。"[1] 此外，名教还成为钳制时人思想和行为的枷锁。一些"正人君子"常常以名教标榜自己、打击别人，君子人格被严重污染。汉魏之际，君子人格的重构就变得势在必行了。

二

东汉末年，发生了黄巾起义与董卓之乱，继之而起的是三国鼎立，东汉政权名存实亡，作为其主流意识形态的儒学及其纲常名教也发生了变迁，其中，君子人格思想也产生了渐变。

在东汉末年的动荡时局之下，仍有不少士人继承了传统的君子人格思想，崇尚君子操守。如"建安七子"之一的徐幹，就在其大作《中论》中极力宣传儒家的政治理论与人格思想。《中论序》云：

> 世有雅达君子者，姓徐名幹，字伟长，北海剧人也。其先业以清亮臧否为家，世济其美，不陨其德，至君之身十世矣。君含元休清明之气，持造化英哲之性，放口而言，则乐诵九德之文；通耳而识，则教不再告，未志乎学，盖已诵文数十万言矣。年十四，始读五经，发愤忘食，下帷专思，以夜继日。父恐

---

① [南朝宋]范晔撰，[唐]李贤等注：《后汉书》卷八十二上，中华书局，2012，第2188页。

其得疾，常禁止之。故能未至弱冠，学五经悉载于口，博览传记，言则成章，操翰成文矣。此时灵帝之末年也。国典隳废，冠族子弟，结党权门，交援求售，竞相尚爵号，君病俗迷昏，遂闭户自守，不与之群，以六籍娱心而已，君子之达也。①

徐幹的青少年时期，正值汉灵帝末年，当时宦官专权，朝政腐败，士风败坏，士子们竞相攀附权门，徐幹却以雅达君子自期，笃好六经，潜心治学，闭户自守。像徐幹那样潜心治学的东汉名士，还有郑玄、赵岐、何休等。他们在演绎经学、潜心著述中，实现了自己的君子人格理想。

建安时期，有些士大夫虽然不得已而依附于曹操、袁绍、刘备、孙权等军政集团的首领，但他们并未放弃传统的君子人格思想；有些士大夫则因不仕曹操而被杀，如荀彧、杨修、崔琰、孔融等。凡此种种，不能不引起时人对于传统的君子人格思想进行反思。如诸葛亮在《诫子书》中劝勉儿子："夫君子之行，静以修身，俭以养德，非澹泊无以明志，非宁静无以致远。夫学须静也，才须学也，非学无以广才，非志无以成学。淫慢则不能励精，险躁则不能治性。年与时驰，意与日去，遂成枯落，多不接世；悲守穷庐，将复何及？"②

曹魏政权"唯才是举"的用人政策，使传统的君子人格模式受到严重挑战。曹操提出《求贤令》："自古受命及中兴之君，曷尝不得贤人君子与之共治天下者乎！及其得贤也，曾不出闾巷，岂幸相遇哉？上之人不求之耳。今天下尚未定，此特求贤之急时也。"③曹操认为，自古以来，中兴之君都渴望获得君子贤人的辅佐，但是天下未定之际，"若必廉士而后可用，则齐桓其何以霸世？今天下得无有被褐怀玉而钓于渭滨者乎？又得无盗嫂受金而未遇无知者乎？二三子其佐我明扬仄陋，唯才是举，吾得而用之"。④因此，曹操公开提出，即使那些名声有亏、道德缺失之人，只要有才皆可用。据《三国志·魏书·武帝纪》记载，曹操在《举贤勿拘品行令》中宣称："昔伊挚、傅说出于贱人，管仲，桓公贼也，皆用之以兴。萧何、曹参，县吏也，韩信、陈平负污辱之名，有见笑之耻，卒能成就王业，声著千载。吴起贪

① ［清］严可均校辑：《全上古三代秦汉三国六朝文·全三国文》卷五十五，中华书局，1958，第1360 页。
② ［三国］诸葛亮撰，段熙仲、闻旭初编校：《诸葛亮集》卷二，中华书局，2014，第 28 页。
③ ［晋］陈寿：《三国志·魏书·武帝纪》卷一，中华书局，1971，第 32 页。
④ ［晋］陈寿：《三国志·魏书·武帝纪》卷一，中华书局，1971，第 32 页。

将，杀妻自信，散金求官，母死不归，然在魏，秦人不敢东向，在楚则三晋不敢南谋。今天下得无有至德之人放在民间，及果勇不顾，临敌力战；若文俗之吏，高才异质，或堪为将守；负污辱之名，见笑之行，或不仁不孝而有治国用兵之术。其各举所知，勿有所遗。"①

曹魏政权这种"唯才是举"的用人方针，对于以名教取人的思想以及传统的君子人格模式等，均产生了变革作用。曹魏的考核官刘劭在《人物志序》中提出：

> 夫圣贤之所美，莫美乎聪明；聪明之所贵，莫贵乎知人。知人诚智，则众材得其序，而庶绩之业兴矣。是以圣人著爻象，则立君子小人之辞；叙《诗》志，则别风俗雅正之业，制礼乐，则考六艺祗庸之德；躬南面，则援俊逸辅相之材，皆所以达众善而成天功也。②

可见，刘劭提倡的是"量能授官"，即根据人的能力大小而授予适当的官职。据《三国志·魏书·刘劭传》记载，刘劭在《都官考课疏》中提出："百官考课，王政之大较，然而历代弗务，是以治典阙而未补，能否混而相蒙。陛下以上圣之宏略，愍王纲之弛颓，神虑内鉴，明诏外发。臣奉恩旷然，得以启蒙，辄作都官考课七十二条，又作《说略》一篇。臣学寡识浅，诚不足以宣畅圣旨，著定典制。"③曹魏集团提出的"唯才是举""量能授官"等用人思想，对于传统的君子人格思想产生了深远的影响。

从文化思想上，对于两汉君子学说以及礼教思想进行激烈批评的，主要是魏晋"竹林七贤"中的阮籍、嵇康。阮籍在《答伏义书》与《大人先生传》中，集中表达了对于礼法之士的轻蔑与鄙夷。阮籍生活在魏晋易代之际，司马氏集团为了篡夺曹魏政权，提倡以名教治天下，由此产生了一批依附于司马氏集团的礼法之士。当时有一名叫伏义的礼法之士曾致书阮籍，指责其放荡任诞的行为有违于君子之道。伏义曰："盖闻建功立勋者，必以圣贤为本；乐真养性者，必以荣名为主。若弃圣背贤，则不离乎狂狷；凌荣超名，则不免乎穷辱。"阮籍嘲笑他："观君子之趋，欲炫倾城之金，求百钱之售。制造天之礼，儗肤寸之检。劳玉躬以役物，守臊秽以自

① ［晋］陈寿：《三国志·魏书·武帝纪》卷一，中华书局，1971，第49页。
② ［魏］刘劭撰，王晓毅译注：《人物志译注》，中华书局，2019，第1页。
③ ［晋］陈寿：《三国志·魏志·刘劭传》卷二十一，中华书局，1971，第619—620页。

毕。沈牛迹之涸薄，愠河汉之无根。其陋可愧，其事可悲。"①阮籍在《大人先生传》中，以寓言的方式写道：

汝君子之礼法，诚天下残贼、乱危、死亡之术耳；而乃目。以为美行不易之道，不亦过乎？今吾乃飘飘于天地之外，与造化为友，朝飧汤谷，夕饮西海，将变化迁易，与道周始，此之于万物岂不厚哉？故不通于自然者不足以言道，暗于昭昭者不足与达明，子之谓也。②

阮籍明确指出，自己的君子理想是"飘飘于天地之外，与造化为友，朝飧汤谷，夕饮西海，将变化迁易，与道周始"。这无疑表明，魏晋名士所追求的君子人格已经发生了变迁。阮籍认为，君子人格应以自然为法，故自觉地运用老庄的自然之道来充实君子人格的内涵。他在《达庄论》中提出："夫山静而谷深者，自然之道也；得之道而正者，君子之实也。是以作智造巧者害于物，明著是非者危于身，修饰以显洁者惑于生，畏死而荣生者失其贞。故自然之理不得作，天地不泰而日月争随，朝夕失期而昼夜无分，竞逐趋利，舛倚横驰，父子不合，君臣乖离。"③

魏晋名士以自然风度为美，重构君子人格的内涵，反抗司马氏所谓的"名教"。因此，真伪君子之争，成为汉魏之际政治斗争与思想交锋的重要内容。在现实中，嵇康因结怨于钟会这样的伪君子而死于非命；在思想领域中，嵇康对于君子理论进行了重新论证。自孔子以来，儒家就鼓吹公与私的区别在于外在的行动，而嵇康在《释私论》中提出，判别公私的标准在于内心是否真诚，而非外在的是非。嵇康说：

夫称君子者，心无措乎是非，而行不违乎道者也。何以言之？夫气静神虚者，心不存于矜尚；体亮心达者，情不系于所欲。矜尚不存乎心，故能越名教而任自然；情不系于所欲，故能审贵贱而通物情。物情顺通，故大道无违；越名任心，故是非无措也。是故言君子，则以无措为主，以通物为美。言小人，则以匿情为非，以违道为阙。何者？匿情矜吝，小人之至恶；虚心无措，君子之笃行也。④

---

① [晋]阮籍撰，陈伯君校注：《阮籍集校注》卷上，中华书局，2014，第60页。
② [晋]阮籍撰，陈伯君校注：《阮籍集校注》卷上，中华书局，2014，第141页。
③ [晋]阮籍撰，陈伯君校注：《阮籍集校注》卷上，中华书局，2014，第121页。
④ [晋]嵇康撰，戴明扬校注：《嵇康集校注》卷六，中华书局，2015，第368页。

这确是惊世骇俗之论。嵇康认为，"君子"因心怀坦荡，气静神虚，"矜尚不存乎心，故能越名教而任自然"。"小人"则因受外在的是非毁誉所左右，行为丧失价值标准，故言行不一。嵇康对君子小人之别总结道："匿情矜吝，小人之至恶；虚心无措，君子之笃行也。"这句话可谓抓住了两汉君子人格理论的要害。汉代以降，举凡荐举征辟，必采名誉，名誉也成为判别"君子"的主要标准。东汉晚期的人物品藻风习，更是如此。这就催生出许多为"名"而"名"的沽名钓誉之徒。嵇康有鉴于此，提出应以内心的真诚坦荡作为判别"君子"的尺度。从某种意义上来说，这是对于传统君子人格学说的挽救。此外，嵇康对于"君子"进行了重新定义：

> 是以君子既有其质，又观其鉴。贵夫亮达，希而存之；恶夫矜吝，弃而远之。所措一非，而内愧乎神；贱隐一阙，而外惭其形。言无苟讳，而行无苟隐。不以爱之而苟善，不以恶之而苟非。心无所矜，而情无所系，体清神正，而是非允当。忠感明天子，而信笃乎万民；寄胸怀于八荒，垂坦荡以永日。斯非贤人君子高行之美异者乎！ [1]

可见，嵇康对于"君子"的重新定义，既传承了儒家所倡导的忠信等内容，又融入了老庄所倡导的自然之道，可谓名教与自然的有机结合。"斯非贤人君子高行之美异者乎"，既代表了汉魏之际君子人格思想的浴火重生，也是嵇康自己人格精神的真实写照。《晋书·嵇康传》在引述嵇康的这段话后写道："盖其胸怀所寄，以高契难期，每思郢质。所与神交者惟陈留阮籍、河内山涛，豫其流者河内向秀、沛国刘伶、籍兄子咸、琅邪王戎，遂为竹林之游，世所谓'竹林七贤'也。" [2] "竹林七贤"可说是汉魏之际形成的新君子人格的集大成者，也可理解为"君子豹变"的产物。唐人编撰的《晋书》对于嵇康的描述是：

> （嵇）康早孤，有奇才，远迈不群。身长七尺八寸，美词气，有风仪，而土木形骸，不自藻饰，人以为龙章凤姿，天质自然。恬静寡欲，含垢匿瑕，宽简有大量。学不师受，博览无不该通，长好老庄。与魏宗室婚，拜中散大夫。

---

① [晋]嵇康撰，戴明扬校注：《嵇康集校注》卷六，中华书局，2015，第371页。
② [唐]房玄龄等：《晋书》卷四十九，中华书局，1987，第1370页。

常修养性服食之事，弹琴咏诗，自足于怀。①

此外，嵇康还将汉魏之际的养生理论引入君子人格之中。嵇康《养生论》曰："是以君子知形恃神以立，神须形以存。悟生理之易失，知一过之害生。故修性以保神，安心以全身。爱憎不栖于情，忧喜不留于意。泊然无感，而体气和平。又呼吸吐纳，服食养身，使形神相亲，表里俱济也。"② 又曰："外物以累心不存，神气以醇白独著；旷然无忧患，寂然无思虑，又守之以一，养之以和，和理日济，同乎大顺。然后蒸以灵芝，润以醴泉，晞以朝阳，绥以五弦，无为自得，体妙心玄，忘欢而后乐足，遗生而后身存，若此以往，庶可与羡门比寿，王乔争年，何为其无有哉！"③ 可见，嵇康的养生重在养神，而精神的颐养与抗拒外物的诱惑是分不开的，这就弘扬了传统君子人格理论中的独立精神。嵇康生活在一个士人奔竞的时代，面对外物的诱惑与威权的压迫，嵇康坚持人格的独立与精神的自由。嵇康的养生论汲取了古代养生理论的精华，充实了君子人格的内涵。

不过，嵇康的君子思想在当时可谓曲高和寡，就连其兄长嵇喜也与他大异其趣。嵇喜因热衷权势，而遭到阮籍的白眼。嵇康在嵇喜从军时，曾写下著名的《兄秀才公穆入军赠诗》。在诗中，嵇康抒发了对兄弟睽违的怅惘："所亲安在，舍我远迈。弃此荪芷，袭彼萧艾。虽曰幽深，岂无颠沛。言念君子，不遐有害。"④ 此外，嵇康还在诗中阐述了自己的人生理想："流俗难悟，逐物不还。至人远鉴，归之自然。万物为一，四海同宅。与彼共之，予何所惜。生若浮寄，暂见忽终。世故纷纭，弃之八戎。泽雉虽饥，不愿园林。安能服御，劳形苦心。身贵名贱，荣辱何在。贵得肆志，纵心无悔。"⑤ 这些诗句既是自勉，也是劝导。

即便是亲兄弟，也是道不同不相为谋。嵇喜《答嵇康诗四首》曰："君子体变通，否泰非常理。当流则蚁行，时逝则鹊起。达者鉴通塞，盛衰为表里。列仙徇生命，松乔安足齿。纵躯任世度，至人不私己。"⑥ 嵇喜规劝嵇康，不要太固执，要随顺时流："达人与物化，无俗不可安。都邑可优游，何必栖山原。孔父策良驷，不

---

① [唐]房玄龄等：《晋书》卷四十九，中华书局，1987，第 1369 页。
② [晋]嵇康撰，戴明扬校注：《嵇康集校注》卷三，中华书局，2015，第 229—230 页。
③ [晋]嵇康撰，戴明扬校注：《嵇康集校注》卷三，中华书局，2015，第 231—232 页。
④ [晋]嵇康撰，戴明扬校注：《嵇康集校注》卷一，中华书局，2015，第 11—12 页。
⑤ [晋]嵇康撰，戴明扬校注：《嵇康集校注》卷一，中华书局，2015，第 28 页。
⑥ [晋]嵇康撰，戴明扬校注：《嵇康集校注》卷一附《秀才答四首》，中华书局，2015，第 32 页。

云世路难。出处因时资，潜跃无常端。保心守道居，睹变安能迁。"①嵇喜的诗句反映出当时一些士人的人格已经离真正的君子人格相去甚远，君子人格已经沦为庸俗哲学的化身。嵇康被杀后，嵇喜却官运亨通，深受司马氏信重。君子人格在魏晋之际的分裂情形，由此可见一斑。

同为"竹林七贤"的向秀，曾作《难养生论》对嵇康的《养生论》进行驳斥。向秀在《难养生论》中劝导嵇康随顺欲望，不要过于清高。嵇康则针锋相对地写了《答向子期难养生》一义，批评向秀的人生哲学是一种追求当下、放弃理想的哲学。嵇康提出："以大和为至乐，则荣华不足顾也；以恬澹为至味，则酒色不足钦也。苟得意有地，俗之所乐，皆粪土耳，何足恋哉？今谈者不睹至乐之情，甘减年残生，以从所愿，此则李斯背儒，以殉一朝之欲，主父发愤，思调五鼎之味耳。……故顺天和以自然，以道德为师友，玩阴阳之变化，得长生之永久，任自然以托身，并天地而不朽者，孰享之哉？"②嵇康的养生理论滋润了君子人格，使道家思想融入了儒家的君子思想。与嵇康同时代的李充在《吊嵇中散文》中对于嵇康的人格风度赞美道："先生挺邈世之风，资高明之质。神萧萧以宏远，志落落以遐逸。忘尊荣于华堂，括卑静于蓬室。宁漆园之逍遥，安柱下之得一。寄欣孤松，取乐竹林。尚想蒙庄，聊与抽簪。味孙筋之浊胶，鸣七弦之清琴。慕义人之元旨，咏千载之徽音。凌晨风而长啸，托归流而咏吟。"③

三

汉魏六朝的君子人格理论因为浸润着文学思想和美学思想，所以焕发出不同于汉代的光芒。

对于君子人格美的赞赏，在汉魏以来的咏物赋中俯拾即是。如钟会《菊花赋》云："故夫菊有五美焉：圆花高悬，准天极也；纯黄不杂，后土色也；早植晚登，君子德也；冒霜吐颖，象劲直也；流中轻体，神仙食也。"④郭璞《瑾瑜玉赞》云：

---

① ［晋］嵇康撰，戴明扬校注：《嵇康集校注》卷一附《秀才答四首》，中华书局，2015，第33页。
② ［晋］嵇康撰，戴明扬校注：《嵇康集校注》卷四，中华书局，2015，第277—278页。
③ ［清］严可均校辑：《全上古三代秦汉三国六朝文·全晋文》卷五十三，中华书局，1958，第1766—1767页。
④ ［清］严可均校辑：《全上古三代秦汉三国六朝文·全三国文》卷二十五，中华书局，1958，第1188页。

"钟山之美，爰有玉华。光彩流映，气如虹霞。君子是佩，象德闲邪。"①用菊花、玉等美好的事物比况君子人格，充分说明君子文化极富感染力。对于君子人格形象的写照与叹美，构成了《世说新语》的基本格调与主旨。不过，《世说新语》作者对于"君子"内涵的理解，与两汉学者有所不同。②

魏晋之际，君子作为文学写作的担当者，其内涵与两汉相比，更多了一层自觉的价值。具体而言，文学写作不再是"美人伦，厚教化、经夫妇、成孝敬"的工具，而是君子人生价值的表征。曹植在《与杨德祖书》中提出："辞赋小道，固未足以揄扬大义，彰示来世也。昔扬子云，先朝执戟之臣耳，犹称'壮夫不为'也；吾虽德薄，位为藩侯，犹庶几勠力上国，流惠下民，建永世之业，留金石之功，岂徒以翰墨为勋绩，辞赋为君子哉？若吾志不果，吾道不行，亦将采史官之实录，辨时俗之得失，定仁义之衷，成一家之言，虽未能藏之于名山，将以传之于同好，此要之皓首，岂今日之论乎！"③可见，曹植最大的渴望是建功立业，以文学写作寄托人生感慨则是退而求其次之举。曹植在《前录序》中，对于文学写作的神圣功能作出阐释："故君子之作也，俨乎若高山，勃乎若浮云，质素也如秋蓬，摛藻也如春葩，泛乎洋洋，光乎皬皬，与《雅》《颂》争流可也。余少而好赋，其所尚也，雅好慷慨，所著繁多，虽触类而作，然芜秽者众，故删定，别撰为《前录》七十八篇。"④西晋士人严隐在《答陆士龙》中对陆云的文学写作赞美道："奉咏美旨，流风绰远，复礼兴仁，命世之作，获尚齿之况，无高贤之报。抱此永怀，愧叹何有！君子弘道，厚文无施，是用释笔，归于神要。"⑤

一些保守派文人则从君子人格的角度，指责当时的文学创作背离了圣人之道。如南朝裴子野《雕虫论》云："古者四始六艺，总而为诗，既形四方之风，且彰君

---

① [清] 严可均校辑：《全上古三代秦汉三国六朝文·全晋文》卷一百二十二，中华书局，1958，第2160页。

② 据《世说新语·方正》记载："王敦既下，住船石头，欲有废明帝意。宾客盈坐，敦知帝聪明，欲以不孝废之。每言帝不孝之状，而皆云：'温太真所说。温尝为东宫率，后为吾司马，甚悉之。'须臾，及温来，敦便奋其威容，问温曰：'皇太子作人何似？'温曰：'小人无以测君子。'敦声色并厉，欲以威力使从己，乃重问温：'太子何以称佳？'温曰：'钧深致远，盖非浅识所测。然以礼侍亲，可称为孝。'"参见余嘉锡笺注：《世说新语笺疏》卷中，中华书局，2011，第276页。

③ [魏] 曹植撰，[清] 朱绪曾考异，[清] 丁晏铨评，杨焄点校：《曹植集》卷九，上海古籍出版社，2019，第287—288页。

④ [魏] 曹植撰，[清] 朱绪曾考异，[清] 丁晏铨评，杨焄点校：《曹植集》卷九，上海古籍出版社，2019，第284页。

⑤ [清] 严可均校辑：《全上古三代秦汉三国六朝文·全三国文》卷七十五，中华书局，1958，第1454页。

子之志，劝美惩恶，王化本焉。后之作者，思存枝叶，繁华蕴藻，用以自通。若恻恻芳芬，楚骚为之祖；靡漫容与，相如和其音。由是随声逐响之俦，弃指归而无执。赋诗歌颂，百轶五车。蔡邕等之俳优，扬雄悔为童子。圣人不作，雅郑谁分。"①可见，裴子野极为推崇《诗经》创立的"四始六义"诗教，赞美它"既形四方之风，且彰君子之志，劝美惩恶，王化本焉"，反对《楚辞》与汉赋的靡丽，斥责其消解了诗教。

魏晋六朝时期，以君子人格理想作为文学理论批评的标准，且兼容儒道佛思想的作品，非南朝的《文心雕龙》莫属。《文心雕龙》堪称体大思精，通篇贯穿着君子与文学关系的论述。《文心雕龙》中共有 19 处提到"君子"一词，君子人格与君子思想是刘勰写作《文心雕龙》的重要标杆。在《文心雕龙》中，"君子"是原道、征圣、宗经的担当者；文学写作更不是雕虫小技，而是承载着神圣责任的事业。《程器》曰："是以君子藏器，待时而动，发挥事业，固宜蓄素以弸中，散采以彪外，梗楠其质，豫章其干，摛文必在纬军国，负重必在任栋梁，穷则独善以垂文，达则奉时以骋绩。若此文人，应《梓材》之士矣。"②其中，"穷则独善以垂文，达则奉时以骋绩"就是刘勰自己的人格理想和人生写照。刘勰在家道衰落时进入寺庙整理佛经，入仕后则奉时骋绩。

刘勰在继承《左传》"三不朽"思想的基础上，提出"君子处世，树德建言"的观点。《序志》曰："夫人肖貌天地，禀性五才，拟耳目于日月，方声气乎风雷，其超出万物，亦已灵矣。形同草木之脆，名逾金石之坚，是以君子处世，树德建言，岂好辩哉？不得已也！"③刘勰这段话，充分彰显出魏晋士人的生命自觉意识。而刘勰创作《文心雕龙》的动机，正是通过"述道见志"，借以"树德建言"。此外，刘勰借评价诸子创作动机和属性的机缘，再一次表达了自己的君子观。《诸子》曰："诸子者，入道见志之书。太上立德，其次立言。百姓之群居，苦纷杂而莫显；君子之处世，疾名德之不章。唯英才特达，则炳曜垂文，腾其姓氏，悬诸日月焉。"④

刘勰在《征圣》中，明确提出了对君子之文的要求："泛论君子，则云'情欲

① [清]严可均校辑：《全上古三代秦汉三国六朝文·全梁文》卷五十三，中华书局，1958，第3262页。
② [南朝梁]刘勰著，范文澜注：《文心雕龙注》卷十，人民文学出版社，1958，第720页。
③ [南朝梁]刘勰著，范文澜注：《文心雕龙注》卷十，人民文学出版社，1958，第725页。
④ [南朝梁]刘勰著，范文澜注：《文心雕龙注》卷四，人民文学出版社，1958，第307—308页。

信，辞欲巧'。此修身贵文之征也。然则志足而言文，情信而辞巧，乃含章之玉牒，秉文之金科矣。"①具体到每一种文体，刘勰均以君子之文的要求来对待。如《论说》曰："是以论如析薪，贵能破理。斤利者，越理而横断；辞辨者，反义而取通。览文虽巧，而检迹如妄。唯君子能通天下之志，安可以曲论哉？"②《章表》曰："肃恭节文，条理首尾。君子秉文，辞令有斐。"③《书记》曰：

> 大舜云："书用识哉！"所以记时事也。盖圣贤言辞，总为之书，书之为体，主言者也。扬雄曰："言，心声也；书，心画也。声画形，君子小人见矣。"故书者，舒也。舒布其言，陈之简牍，取象于夬，贵在明决而已。④

在刘勰看来，书记表达了作者的心声，可从中窥见作者的心灵世界。他引用扬雄的话，强调从书记中可以辨别君子小人。由此可见，刘勰标榜君子的写作垂范作用，是为了纠正当时"讹、滥、淫"的写作风气，使文学写作回归雅正的传统。

刘勰提出，君子还具备正乐的职责。《乐府》曰："故知诗为乐心，声为乐体。乐体在声，瞽师务调其器；乐心在诗，君子宜正其文。好乐无荒，晋风所以称远；伊其相谑，郑国所以云亡。故知季札观乐，不直听声而已。"⑤

文学鉴赏是实现文学的审美价值和社会作用的重要环节。在刘勰看来，鉴赏能力固然非常重要，但更为重要的是人格境界，并将"知音"作为文学作品价值实现的最关键途径。刘勰在《知音》中提出："然而俗监之迷者，深废浅售，此庄周所以笑《折扬》，宋玉所以伤《白雪》也。昔屈平有言：'文质疏内，众不知余之异采。'见异唯知音耳。扬雄自称'心好沉博绝丽之文'，其事浮浅，亦可知矣。夫唯深识鉴奥，必欢然内怿，譬春台之熙众人，乐饵之止过客。盖闻兰为国香，服媚弥芬；书亦国华，玩泽方美。知音君子，其垂意焉。"⑥可见，刘勰渴望君子能够成为优秀作品的知音。

综上所述，在《文心雕龙》中，"君子"成为写作楷模与审美理想的代名词

---

① [南朝梁] 刘勰著，范文澜注：《文心雕龙注》卷一，人民文学出版社，1958，第15页。
② [南朝梁] 刘勰著，范文澜注：《文心雕龙注》卷四，人民文学出版社，1958，第328页。
③ [南朝梁] 刘勰著，范文澜注：《文心雕龙注》卷五，人民文学出版社，1958，第408页。
④ [南朝梁] 刘勰著，范文澜注：《文心雕龙注》卷五，人民文学出版社，1958，第455页。
⑤ [南朝梁] 刘勰著，范文澜注：《文心雕龙注》卷二，人民文学出版社，1958，第103页。
⑥ [南朝梁] 刘勰著，范文澜注：《文心雕龙注》卷十，人民文学出版社，1958，第715页。

绝非偶然，它既是刘勰人生理想的投射，也是刘勰对于中国古代君子文化的重要贡献。

四、余论

君子人格作为传统文化的遗产，依然存活在当代社会。我们通过对这一重要文化遗产进行反思与梳理，可知其枢机在于个体与群体关系的处理。君子人格固然是理想人格，但它如果偏离了个体的真实存在与自然情性，片面地以道德规范个体人格、用专制淫威扭曲个体人格，只会催生出大量伪君子，污染社会风气。明李汝珍在《镜花缘》中虚构了一个"君子国"，国中到处都是由"两面人"饰演的伪君子。因此，在孔孟的话语体系中，乡愿与佞人永远是贬义词。在文学与美学领域，优秀的作品是言志与缘情的产物，是自然之道与六艺之教、写真与美育的有机统一。《文心雕龙》就很好地说明了这一点。汉魏六朝时期，君子人格美的变化与文艺活动的特点，可为当代社会道德人格的构建提供有益借鉴。

论君子含义的演变
—— 从孔子到戊戌七君子

朱义禄[*]

摘　要：在中国儒学发展史中，始终贯穿着一条红线，那就是对君子的追求。不同于高不可攀的圣贤人格，君子人格是可以通过自身努力达到的。"君子"的内涵极为丰富，最早是指有地位的贵族。"君子"的内涵由重"位"转为重"德"，是从孔子开始的。经过孔孟荀的努力，以道义论来定位君子遂成为主流。东汉士人与东林党人在与宦官集团做斗争的过程中，践履了孔孟的殉道观，赋予君子以清白公正、刚直不阿、不畏权势、坚守气节等崇高品质。近代以来，戊戌七君子成为成仁取义的楷模。

关键词：君子与小人；义与利；东林党人；戊戌七君子

一、君子与小人：义与利、荣与辱

"君子"最早是指有地位的贵族，孔子将其道德化并使之成为儒家理想人格的范型。春秋时期，"君子"是少数王侯贵族的专称。《左传·襄公二十九年》载："吴公子札来聘，见叔孙穆子，说之。谓穆子曰：'子其不得死乎？好善而不能择人。吾闻君子务在择人。吾子为鲁宗卿，而任其大政，不慎举，何以堪之？祸必及子！'"《尚书·酒诰》载："庶士有正越庶伯君子，其尔典听朕教。尔大克羞耇惟君，尔乃饮食醉饱。"两则文献中的"君子"，均指在位的官员。"君子"与"小人"

---

* 朱义禄，同济大学教授。主要研究方向为儒学与明清哲学。

是有等级差别的。《左传·宣公十二年》载："君子小人，物有服章，贵有常尊，贱有等威，礼不逆矣。""君子"与"小人"各有规定的衣服、色彩，贵者有一定的制度仪节示以尊重，贱者则有一定的等级示以威严。

到了汉代，"君子"已成为自"天子至于民"的男子统称，意义偏重在道德情操上，而不表示其社会身份地位的尊贵上。《白虎通·号》曰："或称君子者何？道德之称也。'君'之为言，群也；'子'者，丈夫之通称也。故《孝经》曰：'君子之教以孝也，所以敬天下之为人父者也。'何以言其通称也？以天子至于民。"《白虎通》是汉代官方哲学的权威著作。"君子"的内涵由重"位"转为重"德"，虽然是从孔子开始的，完成却是在东汉。《论语》中的"君子"，可分为"有德者"和"有位者"两类。据赵纪彬统计，指称"有位者"的共有 12 处。[①] 孔子以后的儒家经典中的"君子"，仍然不免有"位"与"德"兼用的，其中有分指一义的，也有兼指两义的，但就整个发展方向而言，孔子以后的儒家尽量把"君子"从"位"的专指旧义中解放出来，而自觉地强调"德"的新义以及"德"对"位"的主宰意义。

在儒家经典中，"君子"是出现频率最多的一个概念，《论语》中 107 见，《孟子》中 82 见，《易传》中 84 见。孔子曰："文，莫吾犹人也。躬行君子，则吾未之有得。"（《论语·述而》）孔子认为，就学习文献来说，自己和别人差不多；就在生活中做一个君子来说，自己还没有成功。君子人格境界的大体格局是由孔子奠定的。如孔子曰："君子喻于义，小人喻于利。"（《论语·里仁》）这就奠定了以义与利来界分君子与小人的格局。子路曰："君子之仕也，行其义也。"（《论语·微子》）这里的"义"，是指君子应当履行的道德义务，也就是行为的当然之则，与康德的"道德律令"相似。这里的"利"，是指个人的私利私欲。"义"和"利"的关系具有两重含义：一是指道德与功利孰轻孰重；二是指何为至善，即道德价值观。孔子对"利"是有所肯定的，称"富与贵，是人之所欲也"。（《论语·里仁》）同时强调，君子应把义放在首位，从而规定了人们的价值取向。这是一种道义论。孔子曰："君子义以为质，礼以行之，孙以出之，信以成之。君子哉！"（《论语·卫灵公》）又曰："君子去仁，恶乎成名？君子无终食之间违仁，造次必于是，颠沛必于是。"（《论语·里仁》）从"义以为质"这一规定出发，君子的言行举止皆得合乎"礼"的要求；从"无终食之间违仁"这一界说来看，君子内心深处蕴藏着对"仁"的坚守。

---

① 赵纪彬：《论语新探》，人民出版社，1976，第 108—109 页。

孔子曰："志士仁人，无求生以害仁，有杀身以成仁。"(《论语·卫灵公》)孔子这句话的意思是，为了践履"仁"道，不惜牺牲自己的生命。这是孔子对君子提出的最高要求。孟子在"杀身成仁"的基础上，提出"舍生取义"说(《孟子·告子上》)。关于"君子"的本质，孟子的界说与孔子相去不远："君子所性，仁义礼智根于心。"(《孟子·尽心上》)荀子也是道义论的信奉者。在荀子看来，"唯仁之为守，唯义之为行"(《荀子·不苟》)，是君子的价值追求。小人则"唯利所在，无所不倾"。(《荀子·不苟》)

用荣辱观来支撑道义论，是荀子的新见解。"荣辱观"是对人的外在行为所进行的一种道德评价，它通过社会舆论的力量，用光荣和耻辱的概念来表明支持什么，反对什么；称颂什么，贬低什么，实质上是反映善恶价值的一种形式。孔子对"耻辱"的界定是："道之以政，齐之以刑，民免而无耻，道之以德，齐之以礼，有耻且格。"(《论语·为政》)孟子从道德修养的角度，阐述了"知耻"的重要性。如"人不可以无耻，无耻之耻，无耻矣"。(《孟子·尽心下》)"无羞恶之心，非人也"。(《孟子·公孙丑上》)

荀子是第一个对荣辱这一道德问题进行理论剖析的儒家学者。荀子继承和发展了孔孟的"知耻"思想，通过将荣辱与义利、君子与小人联系起来，对荣辱这一道德问题进行了全面系统的论述。在荀子看来，君子出于内心自觉，将履行礼义作为处世准则，小人则常常恣肆放荡而违反礼义。荀子曰："为君子则常安荣矣，为小人则常危辱矣。"(《荀子·儒效》)又曰："先义后利者荣，先利后义者辱。"(《荀子·荣辱》)又曰："今之人，化师法，积文学，道礼义者为君子，纵性情，安恣睢，而违礼义者为小人。"(《荀子·性恶》)在荀子那里，荣誉归君子，耻辱属小人。荀子曰："先义而后利者荣，先利而后义者辱；荣者常通，辱者常穷；通者常制人，穷者常制于人，是荣辱之大分也。"(《荀子·荣辱》)"制人"与"制于人"，表明君子和小人的关系就是统治者和被统治者的关系。荀子的荣辱观强调君子常荣、小人常辱，反映了战国末期正处于上升时期的地主阶级的要求。荀子说：

> 君子可以有势辱而不可以有义辱，小人可以有势荣而不可以有义荣。有势辱而无害为尧，有势荣无害为桀。义荣势荣，唯君子然后兼有之，义辱势辱，唯小人然后兼有之，是荣辱之分也。圣王以为法，士大夫以为道，官人以为守，百姓以为成俗，万世不能易也。(《荀子·正论》)

荀子提出，"义荣"由"德"而来："志意修，德行厚，知虑明，是荣之由中出者也，夫是之谓义荣。""势荣"由"位"而来："爵列尊，贡禄厚，形势胜，上为天子诸侯，下为卿相士大夫，是荣之从外至者也，夫是之谓势荣。"（《荀子·正论》）在荀子看来，"义荣"与"势荣"是统一的，"德行"所突出的是"荣"的道义性质，"势荣"则是由外在的权势而得来的荣誉。因此，无"势荣"而有"义荣"，仍不失为尧、君子；有"势荣"而无"义荣"，即使身为君主，也不失为桀、小人。把光荣与美名归属于"唯仁之为守，唯义之为行"的"君子"，是对"唯利所在"的"小人"的贬斥和抨击。荣是君子独享的，耻辱则归属小人，这是区分荣辱的纲领，也是万世不易的规律。因此，后世以君子为理想人格的旨归，既与孔子的倡导有关，也与荀子把光荣和耻辱固定在君子和小人身上的荣辱观有关。从汉代的"君子思义而不虑利，小人贪利而不顾义"（《淮南子·缪称训》），到南宋的"君子义以为质，得义则重，失义则轻，由义为荣，背义为辱。轻重荣辱，唯义与否"，[①] 以"义利"与"荣辱"来区别君子与小人，已沁入学者的灵魂深处。

除了"仁义""义荣"外，"君子"还可从其他方面来界说。如荀子将"安贫乐道"作为君子的基本修养，提出"士君子不为贫穷怠乎道"（《荀子·修身》）；"君子乐得其道，小人乐得其欲"（《荀子·乐论》）。而《易传》赋予君子以"自强不息"的德性。《周易·乾卦·象传》曰："天行健，君子以自强不息。""安贫乐道"强调的是君子即便身处逆境，也不改变自己的志向；"自强不息"强调的是君子具有勤奋地、不懈地从事某一事业的精神。在"君子"的诸多界说之中，占据主流的是孔孟的道义论。"道义论"的内涵，可用孟子的"君子所性，仁义礼智根于心"（《孟子·尽心上》）加以概括。

二、"生以理全，死与义合"的东汉士人

东汉士人之所以能在中国历史与文化中占有一席之位，是因为他们为了改变极端黑暗的政治局面，不惜牺牲自己的生命，具有舍生取义的人格品质。范晔在论及东汉士人的人格品质时说：

---

① ［宋］陆九渊：《陆九渊集·与郭邦逸》，中华书局，1980，第 171 页。

夫称仁人者，其道弘矣！立言践行，岂徒徇名安己而已哉，将以定去就之概，正天下之风，使生以理全，死与义合也。夫专为义则伤生，专为生则骞义，专为物则害智，专为己则损仁。若义重于生，舍生可也；生重于义，全生可也。上以残暗失君道，下以笃固尽臣节。臣节尽而死之，则为杀身以成仁，去之不为求生以害仁也。（《后汉书·党锢列传》）

这段话表明，东汉士人在与宦官、外戚等邪恶势力做斗争的过程中，践履了孔孟"成仁取义"的殉道观。支持他们以身殉道的内驱力，则是"正天下之风"的"臣节"。"节"的本义是竹节。因竹节质感坚硬，故"节"被人们赋予坚韧坚贞和顽强不屈的象征意义，由此被孔孟荀纳入殉道观的范畴，并与理想人格的德操联系起来。《论语·泰伯》记曾参之言曰："可以托六尺之孤，可以寄百里之命，临大节而不可夺也。君子人与？君子人也。"《荀子·君子》曰："节者，死生此者也。"从两则史料来看，"节"就是君子或大丈夫所具有的独立不移、生死由之的德操。"气节"一词，首见于司马迁的《史记》。《史记·汲郑列传》载："（汲黯）好学，游侠，任气节，内行修絜，好直谏。"

需要明确的是，东汉一代的士人群体中，也有攀附宦官之人。比如："南阳樊陵求为门徒，膺谢不受，陵后以阿附宦官，致位太尉，为节志者所羞。"（《后汉书·党锢列传》）再如，马融于元初二年（115），因献《广成颂》而得罪外戚邓氏。遭邓氏禁锢后，"不敢复违忤势家，遂为梁冀草奏李固，又作大将军《西第颂》，以此颇为正直所羞"。（《后汉书·马融列传》）

东汉士人以坚守气节相推许，依靠群体的力量同宦官集团展开斗争。东汉士林中流传着一首歌谣："天下楷模李元礼，不畏强御陈仲举，天下俊秀王叔茂。"（《后汉书·党锢列传》）可见，"坚守气节"已超越纯粹德性的意涵，而具有标举坚贞气节的政治意涵。东汉末年，"人伦品鉴"之风大盛。"人伦品鉴"习用的人格称谓有：君子、直士、正人与小人、邪夫、淫朋：

君子以朋友讲习，而正人无有淫朋。……盖朋友之道，有义则合，无义则离。……至于仲尼之正教，则泛爱众而亲仁，故非善不喜，非仁不亲，交游以方，会友以文，可无贬也。……今将患其流而塞其源，病其末而刈其本，无乃未若择其正而黜其邪，与其彼农皆黍而独稷焉。（袁宏《后汉纪》卷十九所载

皇甫规语）

今官位错乱，小人日进，财货公行，政治日消，是帝欲不谛乎？（袁宏《后汉纪》卷十九所载李云语）

舐痔结驷，正色徒行。……邪夫显进，直士幽藏。原斯瘼之所兴，实执政之匪贤。女谒掩其视听兮，近习秉其威权。所好则钻皮出其毛羽，所恶则洗垢求其瘢痕。虽欲竭诚而尽忠，路绝险而靡缘。（《后汉书·赵壹传·刺世疾邪赋》）

第一，以君子与小人来划分正义与邪恶。延熹二年（159），汉桓帝依靠宦官单超等五人诛大将军梁冀。因诛杀梁冀有功，单超等五人被同日封侯。白马令李云露布上书，公开谴责单超等五宦官的专权现象。李云获罪下狱后，杜众、陈蕃、杨秉等官员纷纷为李云辩护。最后，李云、杜众死于狱中，陈蕃被罢官免职。赵壹《刺世疾邪赋》中的"邪夫显进，直士幽藏"，可谓李云事件的真实写照。《刺世疾邪赋》中的"女谒掩其视听兮，近习秉其威权""安危亡于旦夕，肆嗜欲于目前"，深刻揭露了外戚与宦官的腐朽性；"虽欲竭诚而尽忠，路绝险而靡缘"，则是对士大夫阶层竭力捍卫纲常名教而无果的感慨。赵壹提出，"宁饥寒于尧舜之荒岁兮，不饱暖于当今之丰年。乘理虽死而匪亡，违义虽生而匪存"，是成为"直士"（君子）所必不可少的人格标准。

第二，划分君子与小人的目的，在于提高士大夫群体的纯洁性，与政敌划清界限。蔡邕的《正交论》是因朱穆而发的。永兴元年（153），冀州刺史朱穆奏劾贪污的守令，打击横行州郡的宦官党羽，被桓帝贬为左校。太学生刘陶等数千人诣阙上书，表示愿意"黥首系趾，代穆校作"。刘伯宗本与朱穆相交甚笃，后趋炎附势，朱穆激于义愤，遂作《绝交论》与刘伯宗绝交。蔡邕以为穆贞而孤，又作《正交论》而广其致焉。蔡邕在《正交论》中提出了一个择友观，即"有义则合，无义则离"。李膺不收樊陵为门徒，赵岐不"屈志于融"，即为显例。

第三，宦官专权和外戚干政，是中国古代史中常见的现象。宦官本为皇帝的奴仆，获得皇帝的宠幸是其专权的前提和基础。皇帝的宠幸是不确定的，宦官必然趁皇帝宠幸之时拼命窃取权势。因此，与外戚集团一样，宦官集团比一般的官僚集团更具疯狂性与贪婪性。东汉末年，外戚与宦官交替专政，社会黑暗，政治腐败，民不聊生。士大夫群体在与宦官集团和外戚集团这两大政敌做斗争的过程中，充分践行了"生以理全，死与义合"的殉道观。

从理想人格的视野来看，东汉士人杀身成仁、舍生取义的人格气概，来自孟子的大丈夫人格。《后汉书·陈蕃传》云："蕃年十五，尝闲处一室，而庭宇芜秽，父友同郡薛勤来候之，谓蕃曰：'孺子何不洒扫以待宾客？'蕃对曰：'大丈夫处世，当扫除天下，安事一室乎！'勤知其有清世之志，甚奇之。"据《后汉书·党锢列传》载，范滂"少厉清节，为州里所服，举孝廉，光禄四行。时冀州饥荒，盗贼群起，乃以滂为清诏使，案察之。滂登车揽辔，慨然有澄清天下之志"。李膺"高自标持，欲以天下名教是非为己任"。陈蕃、范滂、李膺三人皆为东汉士人之领袖。为了维护纲常礼教，剪除宦官势力，陈蕃、李膺不惜死于宦官之手，范滂为不牵累他人而自投狱中。张俭在逃避宦官集团追捕的过程中，许多士人"莫不重其名行，破家相容"。（《后汉书·党锢列传》）这种与"同志"者舍命全交的气节，正是"义重于生，舍生可也"的儒家殉道观的体现。"守节者荣，失节者耻"这一理念，就与东汉士人杀身成仁、舍生取义的大丈夫气概息息相关。

三、"冷风热血，洗涤乾坤"的东林党人

继承东汉士人杀身成仁、舍生取义的大丈夫气概的，是明末的东林党人。顾宪成与高攀龙创立东林书院，天下学者皆以东林书院为榜样。"讽议朝政，裁量人物"，是东林书院树立的新学风。东林书院特别重视气节，注重培养学生不畏权贵、刚正不阿的精神，并以讲学的名义聚集学子，逐渐形成一股左右朝局的政治势力。清陈鼎将东林党人尊为"死节君子"："传启、祯两朝事，大都备十之七八矣。若删去一二，则东林始末不彰焉。且死节诸君子，炳若日星，岂可湮没，况有关于东林者乎！"[1]

东林党人的最大政敌，是以魏忠贤为首的阉党集团。明熹宗时期，魏忠贤出任司礼秉笔太监。此职在明代虽无宰相之名，而有宰相之实。据明李逊之《三朝野记》卷二记载，明熹宗醉心于木工活，宦官们特意"当其斤斫刀削，解衣盘磷"时，从旁传奏文书。明熹宗奏听毕，即曰："尔们用心行去。"由是，"太阿下移，魏忠贤辈操纵如意"。明王朝的覆灭，与皇帝宠信奸佞小人有着直接关联。据清计六奇《明季北略》卷十二记载，崇祯十七年（1644），李自成攻进北京时，杜勋对

守城宦官王则亮、褚宪章等说："吾党富贵自在也。"第二天，先是曹化淳打开了彰义门，接着是王相尧打开了德胜、平则二门，绯袍鸣驺出迎李自成。

宦官的人格意识，可用超级小人来形容。据明李逊之《三朝野记》卷二记载，魏忠贤阉党"五虎"之首崔呈秀，初见东林势盛，请求加入。被拒。崔呈秀以御史巡按淮阳，贪污纳贿，无所不至。崔呈秀回京后，左都御史高攀龙"尽发其贪污状"。吏部尚书赵南星建议罚他戍边，诏令将他革职。崔呈秀得知消息后，连夜跑到魏忠贤的住处，乞求做魏忠贤的养子。崔呈秀升为工部右侍郎后，对魏忠贤极尽阿谀奉承之能事。

不可否认，东林书院确实培养出杨涟、左光斗等清白刚正之士，范景文、倪元璐、刘宗周、黄道周、吴麟征等死节之士。据陈鼎《东林列传》记载："虽黄童白叟、妇人女子皆知东林为贤。贩夫竖子或相诮让，辄曰：'汝东林贤者耶？何其清白如是耶？'"①可见，以清忠著称的东林精神已成为时人的价值取向。

东林党人不仅以清忠自期，还用行动自觉践行。据瞿式耜《瞿式耜集》卷一《特表清忠疏》记载，杨涟任常熟知县，"铁面冰稜，吏胥不敢仰视，而爱民如子，即婴儿妇媪咸得自尽其情。莅虞五年，不名一钱，百废俱举"。周顺昌任文选司员外郎多年，"既秉铨归，四壁萧然，人称冰条先生"。生死关头，东林党人视节操重于生命，践行了孔孟"舍生取义"的殉道观。据《明史·高攀龙传》记载，高攀龙"闻周顺昌已就逮，笑曰：'吾视死如归，今果然矣。'"天启五年（1625），因李实诬奏被逮捕入狱的东林七君子，除高攀龙投水自尽外，其余六人（周顺昌、周起元、周宗建、缪昌期、李应升、黄尊素）皆因受酷刑死于狱中。黄宗羲对东林党人的清忠人格给予了相当高的评价：

> 熹宗之时，龟鼎将移，其以血肉撑拒，没虞渊而取坠日者，东林也。……数十年来，勇者燔妻子，弱者埋土室，忠义之盛，度越前代，犹是东林之流风余韵也。一堂师友，冷风热血，洗涤乾坤，无智之徒，窃窃然从而议之。可悲也夫！②

---

① ［清］陈鼎：《东林列传》卷二《高攀龙传》，江苏广陵古籍刻印社影印本，第45页。
② ［清］黄宗羲：《明儒学案·东林学案一》，载氏著：《黄宗羲全集》第八册，浙江古籍出版社，2005，第727页。

在黄宗羲看来，正气凛然的东林党人，为了清除以魏忠贤为首的阉党势力，"一堂师友，冷风热血，洗涤乾坤"，堪称人臣之楷模、忠义之典范。

东林党人的清忠气节，并没有超出儒家伦理的范围。杨涟戴刑具出城时，"叩乞父老勿噪"。魏忠贤假托圣旨，派遣缇骑逮捕左光斗时，百姓打伤缇骑予以阻拦，左光斗"固止之"。东林党人宁可以身殉节，也不愿危及朝廷统治、有损纲常伦理。"发明人心道心，纲常伦理，出则致君泽民，斥邪扶正，以刚介节烈为重，以礼义廉耻为贵"，既是东林党人与阉党势力做斗争的一种理论武器，也是他们博得商人、手工业者和普通百姓同情的重要原因。为人清忠、气节高尚的东林党人，被后世正直之士引为仿效的榜样。

清秦松龄在《顾端文公年谱序》中对顾宪成的评价是："先生在吏部惟以进君子、退小人为务，不惮与执政忤。……天下是知君子小人之当辨，名节之当重。"陈鼎对顾宪成的评价是：

> 先生昆季，有绝人之才，而用其全力于学，恪守程、朱，力辟性善之旨。居官虽未究其用，而所与天子宰相争是非者，皆宗社大计。晚年倡道东林，引掖后学，四方贤士争归之。或亦有附以为名高而忌，遂目之为党。其后争"三案"者，攻魏忠贤者，大率东林之人。于是小人之害君子，更以东林为名，门户相攻，二三十年未已。[1]

顾宪成才学绝伦，心系宗社，引掖后学。但因直言敢谏，遭到以魏忠贤为首的阉党势力的诋毁围攻，并在一片诽谤声中与世长辞。陈鼎因钦慕东林党人的高风亮节，用二十余年时间搜集到四千余名东林党人的传记资料，撰成《忠烈传》六十卷。完稿后携往京师，拟呈请国史馆审定。不料在崇文门寓所夜宿时，稿本大部被盗，仅留下姓名目录五卷。回到无锡后，他继续整理残稿，重新纂为《东林列传》二十卷，于康熙五十年（1711）刊刻成书。为了让东林党人名垂青史，陈鼎可谓呕心沥血，东林党人在后人心中的崇高地位，由此可见一斑。面对权势滔天的阉党势力，以忠直耿介、刚正不阿著称的东林党人，表现出"富贵不能淫，贫贱不能移，威武不能屈"的斗争精神。

---

① ［清］陈鼎：《东林列传》卷二《顾宪成传》，江苏广陵古籍刻印社影印本，第37页。

四、戊戌七君子及余论

近代以来，也发生了两次著名的"七君子"事件。[①]1898 年 9 月，慈禧下令斩杀谭嗣同、康广仁、刘光第、林旭、杨锐、杨深秀戊戌六君子。不过，在慈禧拟定的判罪名单上，第一名判斩立决的是徐致靖，下面才是谭嗣同等六人。戊戌七君子中，徐致靖的官职是最高的。1898 年 6 月，光绪颁布了《定国是诏》，开启戊戌变法。紧接着，徐致靖向光绪帝推荐了康有为、梁启超、黄遵宪、谭嗣同、张元济。徐致靖在《保荐人才折》中，对康有为的评价是："臣窃见工部主事康有为忠肝热血，硕学通才，明历代因革之得失，知万国强弱之本原……其忠诚可以托重任，并世人才，世罕其比。若皇上置诸左右，以备顾问，与之讨论新政，议其先后缓急之序，以立措施之准，必能有条不紊，切实可行，宏济时艰，易如反掌。"其对谭嗣同的描述是："江苏候补知府谭嗣同，天才卓荦，学识绝伦，忠于爱国，勇于任事，不避艰难，不畏谤疑，内可以为论思之官，外可以备折冲之选。"其对梁启超的介绍是："广东举人梁启超，英才亮拔，志虑精纯，学贯天人，识周中外。"[②] 徐致靖得以续命，皆因荣禄的求情。究其原因，在于李鸿章与徐致靖的父亲是同科进士，私交很深。徐致靖被捕后，李鸿章便"重托"荣禄，请他务必保住徐致靖的性命。徐致靖出狱后，改名为"仅叟"，意为"刀下仅存的老朽"。

戊戌政变时，谭嗣同慷慨表示"甘为变法流血牺牲的第一人"。据汤志钧《戊戌变法人物传稿》记载："初，嗣同之未捕也，有西人重其人，请与俱奔某国使馆避祸。嗣同谢曰：'不有行者，谁图将来；不有死者，谁鼓士气？自古至今，地球万国，为民变法，必先流血。我国二百年来，未有为民变法而流血者，如有，请自谭嗣同始。'"[③]李大钊在《牺牲》一文中写道："人生的目的，在发展自己的生命，可是也有为发展生命必须牺牲生命的时候。因为平凡的发展，有时不如壮烈的牺牲足以延长生命的音响和光华。绝美的风景，多在奇险的山川。绝壮的音乐，多是悲

---

① 1936 年 5 月，沈钧儒、邹韬奋等爱国人士响应中国共产党建立抗日民族统一战线的号召，在上海发起成立全国各界救国联合会。同年 6 月，国民党以"危害民国"的罪名逮捕了邹韬奋、沈钧儒、李公朴、王造时、章乃器、沙千里、史良七位爱国人士。当时，许多报纸把他们称为"七君子"，1951 年起，王造时任复旦大学历史系教授。

② 汤志钧：《戊戌变法人物传稿（增订本）》，中华书局，1986，第 319—320 页。

③ 汤志钧：《戊戌变法人物传稿（增订本）》，中华书局，1986，第 98 页。

凉的韵调。高尚的生活，常在壮烈的牺牲中。"① 李大钊"壮烈的牺牲足以延长生命的音响和光华"、谭嗣同的"不有死者，谁鼓士气"、黄宗羲的"冷风热血，洗涤乾坤"，无不是孔孟"成仁取义"殉道观的光辉写照。东林七君子、戊戌七君子、救国七君子所具有的视死如归的崇高人格，是耸立在神州大地的丰碑。

　　"君子"的内涵由重"位"转为重"德"，是从孔子开始的。经过孟荀的努力，"君子"成为中华民族的集体人格。东汉士人、东林党人、维新派志士以自身血肉之躯与恶势力殊死搏斗，表现出"冷风热血，洗涤乾坤"的大无畏牺牲精神，并赋予君子以清白公正、刚直不阿、不畏权势、坚守气节等崇高品质。黑格尔提出："传统并不是一尊不动的石像，而是生命洋溢的，有如一道洪流，离开它的源头愈远，它就膨胀得愈大。"而君子人格就是中华传统文化在数千年发展进程中不断塑造和培育的理想人格，被历代中国人广泛接受并尊崇。它使代与代之间、不同历史阶段之间保持了某种连续性和同一性，尽管其间会发生一些变异，但从未越出传统设定的轨道。"七君子"之称的沿袭，就很好地说明了这一点。

---

① 李大钊：《牺牲》，载氏著：《李大钊文集》下册，人民出版社，1984，第118页。

君子"无友不如己者"论

胡发贵 *

众所周知，孔子关于"君子"的表述有很多，其间一个比较有趣的观点是"君子交友胜己"。孔子曰："君子不重则不威，不学则不固，主忠信，无友不如己者。"（《论语·学而》）学界对于"无友不如己者"一句，大体有三种解释：其一，不要与不如自己的人交朋友。其二，不要与不同类的人交朋友。其三，没有不如自己的朋友。①本文认同第一种解释。即孔子的本意似强调，君子应通过思齐贤者来不断完善自己，走向"成人"。

一、从文本语境来解读"无友不如己者"

南朝皇侃在其《论语义疏》中说："凡结交取友，必令胜己。胜己，则己有日所益之义。不得友不如己，友不如己则己有日损。故云无友不如己者。"宋邢昺在其《论语注疏》中持相近的看法："'无友不如己'者，言无得以忠信不如己者为友也。"宋朱熹在其《朱子语类》中强调："人交朋友，须求有益。若不如我者，岂能有益？"又说："凡人取友，须是求胜己者，始有益。且如人学作文，须是与胜己者商量，然后有所发明。若只与不如己者商量，则好者彼或不知，不是彼或不识。我又只见其不胜己，浑无激励之意，岂不为害！"

* 胡发贵，南京信息工程大学文学院教授、江苏省社会科学院研究员。主要从事中国哲学与伦理学研究。

① 李金坤：《〈论语·学而〉"无友不如己者"之正诠》，《中国社会科学报》2010年7月15日。倪祥保：《"无友不如己者"集讼拾得——与李金坤、栾贵川、蒋国保三位先生探讨》，《中国社会科学报》2010年9月16日。臧宏、梁辉成：《"无友不如己者"——孔子"交友"观的本体价值》，《光明日报》2011年4月6日。

这里，笔者再从四个方面作一些补充。

首先，从语气和语境来判断。《论语》一书中，曾两次出现"无友不如己者"之类的阐述：

> 子曰："君子不重则不威，学则不固。主忠信，无友不如己者，过则勿惮改。"（《论语·学而》）
>
> 子曰："主忠信，毋友不如己者，过则勿惮改。"（《论语·子罕》）

从句式和文意来看，孔子这两段话都不是平淡的陈述句，而是有着明确的价值选择和偏好趋向。《论语·学而》先是肯定重、学、忠信，且语气一贯，可见，句尾之"无友不如己者"显然是主张一种正面的交往准则。将"友"视为动词，既可凸显出强烈的主观判断和行为取向，且与整段话积极进取的语境相合。

《论语·子罕》所记孔子的话，在语意与语境方面与《学而》类似，句末的"过则勿惮改"在表明价值选择的同时，更直白地表露出禁止语气。孔子在这里，并非提醒弟子如何为人处世，而是以"师法"警策弟子应做什么，不应做什么。此种语境下，将"无友不如己者"理解为"交友胜己"似更妥帖。

其次，从《论语》中记载的孔子的交友之道来判断。

孔子的交友原则有很多，其中一个重要的原则就是与胜己者为友。孔子曰："三人行，必有我师焉，择其善者而从之。"（《论语·述而》）其中，"择其善者而从之"，就揭示出孔子在交友方面，坚持德性优先。孔子曰："里仁为美，择不处仁，焉得知。"（《论语·里仁》）所谓"里仁""择"，都是说要与"仁者"为伍。《论语·卫灵公》云："子贡问为仁。子曰：'工欲善其事，必先利其器。居是邦也，事其大夫之贤者，友其士之仁者。'"在孔子那里，"仁者"即有德者，故"友其士之仁者"即要选择品德高尚者为友。在孔子的理想人格境界中，"圣人"是理想人格的最高境界，"君子"次之。孔子虽然心仪"圣人"，但"圣人"毕竟是可遇不可求的，故能与"君子"为友也就心满意足了。孔子曰："圣人，吾不得而见之矣；得见君子者，斯可矣。"（《论语·述而》）孔子称赞"古之遗爱"子产有四种"君子"品格："子谓子产：'有君子之道四焉：其行己也恭，其事上也敬，其养民也惠，其使民也义。'"（《论语·公冶长》）因此，友"君子"，实质上就是"择善士"，也就是结交有品有格之士。孔子又曰："士志于道，而耻恶衣恶食者，未足与议也。"（《论语·里仁》）可见，孔子是不屑于和"耻恶衣恶食者"为伍的。孔子交友的基本原则可以概括为：交益友、离损友。孔子曰："益者三友，损者三友。友直，友谅，友多闻，益矣。友便辟，友善柔，友便佞，损矣。"由《论语》可见，孔子见贤思齐、择善而从的择友观，在本质上就是选择与比自己优秀者交往。

再次，从孔子的交友实践来分析。

孔子为人，爱憎分明。孔子曰："巧言、令色、足恭，左丘明耻之，丘亦耻之。匿怨而友其人，左丘明耻之，丘亦耻之。"（《论语·公冶长》）对于那些"巧言、令色、足恭"者，孔子、左丘明均"耻之"；对于老子、蘧伯玉、晏子、郑子产等前贤时彦，孔子则"严事"之。所谓"严事"，充分折射出孔子对"有道者"的倾慕之情。孔子称子产为"古之遗爱"，称晏子"善与人交"，表明孔子所选择交往的对象大都是和他同时代的翘楚。

最后，"无友不如己者"是孔子专门教育弟子的言论。

由于孔门弟子众多，且秉性各异，孔子提倡因材施教、有教无类。对于同一个问题，孔子往往给出不同的答案。如樊迟问仁。孔子曰："仁者先难而后获，可谓仁矣。"（《论语·雍也》）颜渊问仁。孔子曰："克己复礼为仁。一日克己复礼，天下归仁焉。为仁由己，而由人乎哉？"颜渊曰："请问其目。"子曰："非礼勿视，非礼勿听，非礼勿言，非礼勿动。"颜渊曰："回虽不敏，请事斯语矣。"（《论语·颜渊》）司马牛问仁。孔子曰："仁者其言也讱。"司马牛曰："其言也讱，斯谓之仁已乎？"孔子曰："为之难，言之得无讱乎？"（《论语·颜渊》）据《史记·仲尼弟子传》载："司马耕，字子牛。牛多言而躁。"因此，孔子让其慎言。

"交友"亦是如此。子贡问友。孔子曰："忠告而善道之，不可则止，毋自辱焉。"（《论语·颜渊》）子夏之门人问交于子张。子张曰："子夏云何？"对曰："子夏曰：'可者与之，其不可者拒之。'"子张曰："异乎吾所闻：君子尊贤而容众，嘉善而矜不能。我之大贤与，于人何所不容？我之不贤与，人将拒我，如之何其拒人也？"（《论语·子张》）"异乎吾所闻"云云，表明子张从孔子那里听到的交友之道，与子夏是有所不同的。实际上，孔门弟子中就存在"交友胜己"和"交友不如己"两种取向。据《说苑·杂言》记载，孔子生前曾断言："吾死之后，则商也日益，赐也日损。"曾子曰："何谓也？"孔子曰："商好与贤己者处，赐好说不若己者。"孔子的"交友胜己"，或许就是针对子贡之类的弟子而言的。前文所引"子曰无友不如己者"两段话，只称"子曰"，并未明示提问者是谁，笔者合理猜想，其很可能是孔子回答弟子提问的话。朱熹指出："圣人此言，非谓必求其胜己者，今人取友，见其胜己者则多远之，而不及己则好亲之，此言乃所以救学者之病。"(《朱子全书》卷十)

综上所述，从语境、文意、孔子的交友之道及交友实践来看，孔子所谓的"无友不如己者"，旨在规诫弟子要审慎择友，通过与比自己优秀的人交往，给自己树立一个"必有我师"的榜样。这一择友观旨在追求一种向上向善的进取精神。

二、君子上达与交友理应胜己

"无友不如己者"之达诂是交友要胜己，关键还在于孔子对"君子"的理解。也就是说，孔子的"君子上达"论内在地决定了君子必然倾心于比自己优秀的人。

孔子关于"君子"的界定有很多，精英模范是其重要意涵之一。在孔子的理想人格境界中，"君子"是仅次于"圣人"的理想人格，孔子明确说："圣人，吾不得而见之矣；得见君子者，斯可矣。"(《论语·述而》)在"君子"的诸多美德中，孔子极为重视其立志高远、勇于超越的内圣情怀。曾子曰："士不可以不弘毅，任重而道远。仁以为己任，不亦重乎？死而后已，不亦远乎？"(《论语·泰伯》)在孔子看来，以天下为己任的君子，理应成为时代进步的引领者和推动者。孔子曰："君子之德风，小人之德草。草上之风，必偃。"(《论语·颜渊》)准此，孔子特别强调奋进不已是君子的必然使命和内在追求。孔子曰："君子食无求饱，居无求安，敏于事而慎于言，就有道而正焉。"(《论语·学而》)同时，孔子特别忧心君子的不思进取、不求上达。孔子曰："德之不修，学之不讲，闻义不能徙，不善不能改，是吾忧也。"(《论语·学而》)对于宰予的"昼寝"，孔子愤然谴责道："朽木不可雕也，粪土之墙不可圬也，于予与何诛？"(《论语·公冶长》)朱熹释孔子之言为："言其志气昏惰，教无所施。"可谓道出了孔子鄙昏惰而倡"人能弘道"的进取精神。这种进取精神在日常生活中的突出表现，就是惕厉有为、一日三省、知耻敬畏。如子张问行。孔子曰："言忠信，行笃敬，虽蛮貊之邦行矣；言不忠信，行不笃敬，虽州里行乎哉？"(《论语·卫灵公》)曾子曰："吾日三省吾身，为人谋而不忠乎？与朋友交而不信乎？传不习乎？"(《论语·学而》)孔子曰："君子有三畏：畏天命，畏大人，畏圣人之言。小人不知天命而不畏也，狎大人，侮圣人之言。"(《论语·季氏》)可见，以"朝闻道，夕死可矣"自期的君子，始终坚守向上向善、精进不已的精神追求，始终处于"食无求饱，居无求安"的上下求索状态。这就是孔子所谓"君子上达，小人下达"（《论语·宪问》）的深刻内涵。不断"上达"的君子，仰慕"巍巍乎"的圣贤，心仪"至德"的典范，自有其不得不然的思齐冲动，这种冲动必然外化为"择贤"的实践。换句话说，"上达"的君子为了"就有道而正"，必然"事其大夫之贤者，友其士之仁者"。

要之，君子"上达"的本性，内在地决定了其必然要通过"仰观"胜己者，来不断提升自己的人格境界，从而趋向成贤如圣。因此，"无友不如己者"就成为君子"仰观"下的一种积极的人际选择，其间自有内在的逻辑自洽性。

三、"习相远"与交友胜己

孔子对"习"的重视，也是理解"无友不如己者"的重要视角。相较于"上达"来说，"习相远"虽是外在的客观条件，其重要性却不容忽视。

关于人性，孔子有句名言："性相近也，习相远也。"（《论语·阳货》）即人的本性是类同的，后天的习染导致人与人之间的差异越来越大。因为"习"具有重塑人的重要作用，所以君子修身，尤要慎"习"。邢昺《论语注疏》曰："此章言君子当慎其所习也。性，谓人所禀受，以生而静者也，未为外物所感，则人皆相似，是近也。既为外物所感，则习以性成。若习于善则为君子，若习于恶则为小人，是相远也，故君子慎所习。"

邢昺提出，"外物所感"为"习"。若由此延伸，凡客观世界都是"习"，其间对人类的生存发展具有深远影响的是人文社会环境，而朋友无疑是人文社会环境的重要组成部分。甚至可以说，朋友就是人格化的"习"。孔子认识到，朋友迥异于兄弟之处，就在于"切切偲偲"。所谓"切切偲偲"，强调劝善规过是朋友的道义责任。这类道义上的劝善规过，实际上是一种人际方面的道德陶冶。从这个意义上来说，朋友之间就是互为亲近而直切的"习"。朋友之间所施与的影响，也是毋庸置疑的。孔子曰："人之过也，各于其党。观过，斯知仁矣。"（《论语·里仁》）所谓"观过于党"，强调人不仅以类聚，而且彼此之间相互熏染，故呈现出"党"之族类特征。为了获得正面的、积极的激励，孔子严辨益者三友、损者三友，并强调择善而从。孔子曰："三人行，必有我师焉，择其善者而从之，其不善者而改之。"（《论语·述而》）又曰："见贤思齐焉，见不贤而内自省也。"（《论语·里仁》）可见，孔子之所以分辨善与不善、贤与不贤，之所以强调"择善""从贤"，就是因为认识到了朋友习染所具有的正向或负向的移人力量。

后世文献进一步渲染了孔子对习染的重视。如《大戴礼记·曾子疾病》记孔子之言曰："与君子游，苾乎如入兰芷之室，久而不闻，则与之化矣。与小人游，贷乎如入鲍鱼之次，则与之化矣。是故，君子慎其所去就。与君子游，如长日加益，而不自知也；与小人游，如履薄冰，每履而下，几何而不陷乎哉！"

《说苑》亦载孔子之言曰："与善人居，如入兰芷之室，久而不闻其香，则与之化矣。与恶人居，如入鲍鱼之肆，久而不闻其臭，亦与之化矣。故曰丹之所藏者赤，乌之所藏者黑，君子慎所藏。""与君子游"和"与小人游"的差异，"与善人居"和"与恶人居"的殊别，指向的正是朋友之"习"或善或恶的分梳意义，揭示的是与胜己者为友的必要性与重要性。

孔子对"习"的阐释，成为后儒探讨"习染"的思想原点。如孟子虽然力主性善论与四端说，但又强调人是可以后天改变的。他从孔子的"习相远"说，演绎出"居移气，养移体"的境遇论，强调有利的客观环境可以涵育、培植"四端"，使人趋向成贤如圣；不利的客观环境则可能损害甚至灭毁"四端"，使人禽兽化。孟子进一步提出，人应当构建且可以构建好的"居、养"。换句话说，就是人应该积极地寻求良善的、正面的习染。孟子曰："子服尧之服，诵尧之言，行尧之行，是尧而已矣。子服桀之服，诵桀之言，行桀之行，是桀而已矣。"（《孟子·告子下》）事实上，习染并非如孟子所理解的那样简单。

习染能改变人性和人生，充分凸显出人际交往所具有的重要社会意义和人生意义。宋儒陆九渊对此有精辟的阐释：

> 人之技能有优劣，德器有小大，不必齐也。至于趋向之大端，则不可以有二，同此则是，异此则非。向背之间，善恶之分，君子小人之别，于是决矣。友者，所以相与切磋琢磨以进乎善，而为君子之归者也。其所向苟不如是，恶可与之为友哉！此"毋友不如己者"之意。
>
> 甚矣！趋向之不可不谨，而友之不可不择也。耳目之所接，念虑之所及，虽万变不穷，然观其经营，要其归宿，则举系于其初之所向。布乎四体，形乎动静，宣之于言语，见之于施为，酝酿陶冶，涵浸长养，日益日进而不自知者，盖其所向一定，而势有所必然耳。彼其趋向之差，而吾与之友，则其朝夕

游处之间，声薰气染，波荡风靡者，岂不大可畏哉？子张氏有"于人何所不容，如之何其拒人"之说，殆未知夫"主忠信，毋友不如己者"之义也。①

可见，后儒孟子、陆象山等进一步发挥、显豁了孔子"习相远"说在交际方面所蕴含的人格熏陶意义，凸显出其人伦道德蕴涵。而不同的习染，决定了交往或是趋向乐土，或是沉于深渊。既然交友是在构建能够影响甚至决定自己未来和命运的"习染"，那么，结交比自己优秀的人便是应然的选择了。从这一角度来看，孔子重"习"必然会导向与胜己者为友。

关于孔子所谓的"无友不如己者"，学界虽然仁者见仁，智者见智，尚未形成一致的意见，但从《论语》文本语境、君子"上达"，孔子重"习"等方面来剖析，孔子"无友不如己者"之说，其间自有内在的逻辑自洽性。

---

① ［宋］陆九渊著，钟哲点校：《陆九渊集》，中华书局，1980，第375页。

"君子素其位而行，不愿乎其外"试解

傅永吉[*]

摘　要：儒家讲究人伦日用，即从日常生活入手，来解决践履仁道而中庸的可能性。君子无论遭遇怎样的生命变故，始终能虔诚践履自己的使命，依照仁德（仁义之道）信仰而行事。君子对客观环境条件的态度是：不予克求，更不强求改变之，而是积极适应，进而徐图进取。儒家强调，修炼仁德之道必建基于"己"之身心（性命）双修并完善这个原点之上，通过"尚志""尽心""为己""正己""修身""修己以敬""里仁"，升华为"反身而诚"的自我反省、慎独精神，提升自我（精神）的生命质量及整体的生存质量，并以此作为基本凭依来努力优化人际关系——人文生态，从而提升总体（家、国、天下）的幸福指数。质言之，君子之为君子，根本上在于内心（心性慧力）的强大，而不在身外之物的矫饰（伪装）。"素其位而行，不愿乎其外"，是君子虔诚信仰并践履仁义之道的精准表达。

关键词：君子；素其位；仁义；中庸

若干年来，我一直对"君子素其位而行"的流行解读颇感费解。《中庸》云："君子素其位而行，不愿乎其外。素富贵，行乎富贵；素贫贱，行乎贫贱；素夷狄，行乎夷狄；素患难，行乎患难。君子无入而不自得焉！"时下流行的译法是："君子安于现在所处的地位，去做应做的事，不羡慕这以外的事情。处于富贵的地位，就做富贵人应做的事；处于贫贱的状况，就做贫贱人应做的事；处于夷狄的地位，就做夷狄应做的事；处于患难之中，就做患难之中应做的事。"[①] 如此言说，实在令

---

* 傅永吉，北京东方道德研究所研究员。主要从事儒家伦理、文化哲学、人格哲学方面的研究。

① 王国轩译注：《中华经典藏书·大学中庸》，中华书局，2006，第76页。

人惊诧。手头恰好还有另一译本，译文大同小异。笔者读此类译文时，颇觉不着边际，绝非儒家理念。儒家当言："君子素其位而行。素仁义，行乎仁义；素中庸，行乎中庸；素格致，行乎格致；素诚正，行乎诚正……"一路素行下去，才是真儒家的正味。直到我认真阅读《礼记正义·中庸》后，才豁然开朗。

一

郑、孔本《礼记正义》对《中庸》的分章，与今人稍有不同。全篇分为三十四章，① 而不是如今流行的朱熹《章句》所分的三十三章。"素其位而行"在第九章，从"道不远人"开始，以"行险以徼幸"结尾。未将"子曰射有似乎君子，失诸正鹄，反求诸其身"纳入，或另有深意。全章文本如下：

> 子曰："道不远人，人之为道而远人，不可以为道。《诗》云：'伐柯，伐柯，其则不远。'执柯以伐柯，睨而视之，犹以为远。故君子以人治人，改而止。忠恕违道不远，施诸己而不愿，亦勿施于人。君子之道四，丘未能一焉，所求乎子，以事父，未能也；所求乎臣，以事君，未能也；所求乎弟，以事兄，未能也；所求乎朋友，先施之，未能也。庸德之行，庸言之谨；有所不足，不敢不勉，有余不敢尽；言顾行，行顾言，君子胡不慥慥尔！君子素其位而行，不愿乎其外。素富贵，行乎富贵；素贫贱，行乎贫贱；素夷狄，行乎夷狄；素患难，行乎患难，君子无入而不自得焉！在上位不陵下，在下位不援上，正己而不求于人，则无怨。上不怨天，下不尤人。故君子居易以俟命。小人行险以徼幸。"②

全章共 311 字，先引孔子的话，然后是对孔子思想的发挥，顺理成章，轻车熟路。这个分章法，提供了一种方便，就是明晰"素其位而行"所隐含、围绕的儒家传统之核心理念（君子之道）。因此，"素其位而行，不愿乎其外"也必围绕于此来求得（某种）正解。

---

① 笔者看到，有人将《中庸》全文分为五十六章之多，简直支离破碎，惨不忍睹，令全篇的连贯性、统一性遭受很大伤害，而开启了形而上学机械切割、肤浅解读的方便之门。

② 李学勤：《十三经注疏·礼记正义》，北京大学出版社，1999，第 1430—1431 页。

本文以为，此章先引孔子的话，讲论处置自我与他人关系的"道"则（道德原则），即仁义原则或仁道原则。其理想目标是"中庸"，即不偏不倚、恰到好处而且庸常（日常生活）化。前章孔子提出，"中庸"这一至境"民鲜久矣"，甚至"不可能"做到。本章则接续前章"造乎夫妇之端"的判断，从日常生活入手，来解决践履仁道而中庸的可能性。而其着手处，就是行"忠恕"（既忠且恕）。忠，即尽己，孔子所谓的"为己""恭己""正己""修己以敬"是也。以仁道之学（以仁义礼为核心的儒家式生命大智慧）为修炼目标，自省而自修，抱持虔诚之心，"己欲立而立人，己欲达而达人"。恕，即推己及人的包容之心，即面对他者之际，尽量设身处地地为对方考虑，又绝不越位（越俎代庖），"己所不欲，勿施于人"。"以人治人"之断语，很有妙味。君子也是人，而且是更优秀的人。"以人治人"，就是"以德服人"，[①] 也就是依靠自身美德的修为境界（心胸、气度、格局）去感化他人而发挥人（人对人）的管理作用。以仁义为核心的美德，具而化之，不妨以忠恕为例，并以之为庸常的入手处。儒家讲究人伦日用，忠恕之品格在此方面尤为突出。行仁道之忠恕而求中庸之境，必从"孝悌"入手。《论语·学而》云："君子务本，本立而道生。孝悌也者，其为仁之本与！"孝悌之仁本再进一步具体化，就是父子、君臣、夫妇、兄弟、朋友"五伦"之道。这是生活的逻辑。儒家强调，修炼仁德之道，必建基于"己"之身心（性命）双修并完善这个原点之上，通过"尚志""尽心""为己""正己""修身""修己以敬""里仁"，升华为"反身而诚"的自我反省、慎独精神，提升自我（精神）的生命质量及整体的生存质量，并以此作为基本凭依来努力优化人际关系——人文生态，从而提升总体（家、国、天下）的幸福指数。一言以蔽之，儒家主张，君子修炼仁道，必先"修己以敬"（反身而诚），才能做到"他者优先"。

"求诸己"原则在优化"五伦"关系中的具体实现，就是忠恕之道最庸常的应用。儒家主张，在至为平庸的日常生活中，寻求"为政以德"的突破口。"庸德之行，庸言之谨"，就是在日常生活中自觉践行美德的悉心落实。道德修养，首先要反身而思，再身体力行。质言之，就是要将更多心力贯注于在日常生活中践履仁爱美德。"有所不足，不敢不勉，有余不敢尽"讲了两种情形，一种是做得不到位，即"不及"；另一种是"有余"，即做过头了。孔子的态度是"过犹不及"。究其原

---

① 《孟子·公孙丑》：以力服人者，非心服也，力不赡也；以德服人者，中心悦而诚服也。

因，在于"过"与"不及"都违背了"中庸"之道。践行美德且日常化，难在必须做到不偏不倚、"允执厥中"，甚至是与时间、地点等环境变换在动态匹配中的"时中"。孔子感慨道："天下国家可均也，爵禄可辞也，白刃可蹈也，中庸不可能也！"在孔子看来，均天下、辞爵禄、蹈白刃，都近乎小人（匹夫）无脑之莽撞——蛮勇。中庸之为德，对于小人（庶人、庸人、芸芸众生）而言，极少能领悟，更遑论践行；即使对于君子而言，也极具挑战性！"庸德之行，庸言之谨"之"庸"，常也。这里是说自修己身，常以德而行，常以言而谨也。就不偏不倚、恰到好处这种极致完美形态而言，生活中实属凤毛麟角。因此，孔子感叹道："中庸不可能也！"

《礼记正义》的结论是："此一节明中庸之道去人不远，但行于己则外能及物。"中庸作为仁爱美德的表达方式，仍须一以贯之地向内寻求，"君子求诸己"（行于己）而已。只有自己能恰当践行（基本稳定地践行）之后，才能用之衡量其他（他人以及其他事物）。《礼记正义》曰："'道不远人'者，言中庸之道不远离于人身，但人能行之于己，则中庸也。"这句话中的"人"，《正义》皆释为"自己"。自己也是人，且是人际关系中最关键的因素，所谓"主体性"是也。这里反复出现的"人"，当（应当、必须）首先由"主体性"这一至关键因素切入，才得正解。一切他者，首先是作为客体出现的。在更进一步的关系中，才须将之理解为（对等之）主体，所谓"主体际性"是也。中庸之道是仁道的精妙（精微）表达，是最人性的（最能显现人之为人的特质的）。因此，离开现实的人，中庸也就无从谈起了。为人处事不偏不倚、恰到好处，并努力将此精神保持为常态，是君子对自己的要求；令自己成长为这一精神的化身，则是中庸的最微妙蕴涵。当然，事情到此并未完结，故《正义》云："'人之为道而远人，不可以为道'，言人为中庸之道，当附近于人，谓人所能行，则己所行可以为道。若违理离远，则不可施于己，又不可行于人，则非道也。故云人之为道而远人，不可以为道也。"君子既以身立道，自然期待仁道之中庸能普遍化为大众的庸常生存形态；若人人以此为准，则天下可归至大同境。这是最符合人性诉求的。君子力行中庸之道，既是体谅他人，亦是"为己之学"的真谛。他人能行，自己力行，人、己统一，由个别的、偶然的愿望与行为，转变为群体的、普遍的愿望与行为。由是，君子之原始（本真）意蕴之对中庸的追求与践行才真正升华为"道"，转化为秩序与和谐的理性根据（支撑）。《正义》强调说："即所不愿于上，无以交于下；所不愿于下，无以事上。况是在身外，于他人之处，欲以为道，何可得乎？"君子是率先实现主体性健康发育的人群，且具备强烈而稳定的主体性自觉，故能"求诸己"而"修己以敬"而"守死善道"，而"愿于上""交于下""愿于下""事于上"这一系列的运作，显然都是君子对人际交往原则的反躬自省。君子叩问自己的内心（自我审判）：我做得对吗？如果方向是对的，那么做得到位吗？自己做得不对或不到位，就不必克求于他人，无论对方是"上"还是"下"。行道之事首先且主要在于己身，循此路径求道，才是唯一的正途啊！只有改造自我，才能改造世界。可见，儒家追求的仁义美德所表达的群体生存理念，就是孔子"修己以敬"的"正己""为己之学"。儒家的核心要求是：以虔诚求道、行道作为人生的核心使命，关键词是"在于身"，即"修己""为己""恭己""求诸己"，即"尚志""尽心"这套内修功夫。用今天的话来说，就是一心一意、专心致志地向内求索、开掘，而不假于外。一切身外之物事，皆为他者——偶然遭遇的客观的物化的环境（条件）。对于他者，君子绝不克求，或高度淡化之。由自尊自爱而自我成就，由"有私之小我"而成长为少私寡欲、志于仁道的君子儒（有道德、有操守、心性慧力沛然涌流的知识人），则大我卓然、耸然矣。这就是"学以成仁"的基本内涵。

《正义》接下来的这段话是关键处：

> "君子素其位而行，不愿乎其外"至"行乎患难"，素，乡也。乡其所居之位，而行其所行之事，不愿行在位外之事。《论语》云："君子思不出其位也。"乡富贵之中，行道于富贵，谓不骄、不淫也。乡贫贱之中，则行道于贫贱，谓不谄、不慑也。乡夷狄之中，行道于夷狄，夷狄虽陋，虽随其俗而守道不改。乡患难之中，行道于患难，而临危不倾，守死于善道也。……所入之处，皆守善道。……若身入夷狄，夷狄无礼义，当自正己而行，不得求于彼人，则彼人无怨己者。《论语》云："言忠信，行笃敬，虽之夷狄，不可弃。"①

"君子素其位而行"，《正义》解读得再清楚不过了。"素"，《正义》释为"乡"，用现代汉语来表达，就是"积极适应"。"乡其所居之位，而行其所行之事"，是指积极适应所遭遇的客观环境条件（贫贱、富贵等），虔诚践履自己的使命，按仁德信仰行事。"不愿行在位外之事"，是指既不克求于客观环境，也不强求改变客观环

---

① 李学勤：《十三经注疏·礼记正义》，北京大学出版社，1999，第 1432 页。

境。《正义》引孔子"君子思不出其位"为证，是为正解。

"乡富贵之中，行道于富贵，谓不骄、不淫也"，是指遭遇富且贵的生存环境时，要积极适应之，必在此富且贵的基础上践行仁道。富贵而不骄、不淫，乐道而好礼。"乡贫贱之中，则行道于贫贱，谓不谄、不慑也"，是指遭遇贫且贱的生存环境时，要积极适应之，必在此贫且贱的基础上践履仁道。贫贱而不谄、不慑，乐道而好礼。"乡夷狄之中，行道于夷狄，夷狄虽陋，虽随其俗而守道不改"，是指遭遇夷狄等未开化的生存环境时，要积极适应之，必在此夷狄之野蛮、半野蛮的基础上践履仁道。外在环境条件陋鄙不堪，践道自然困难重重，君子不得不适当地（衣着饮食等）入乡随俗，但坚持仁道的心志始终坚挺如故。"乡患难之中，行道于患难，而临危不倾，守死于善道也"，是指遭遇患难的生存环境，更要积极适应之，务必做到临危不挠，始终恪守仁义所代表（标识）的"善道"。"所入之处，皆守善道"，是指环境虽然千变万化，但君子的赤子之心（初心、真心）永远不变。质言之，君子追求并践履仁道精神这一脊梁骨是永远不变、坚韧挺拔的。

我们沿着《中庸》以及《礼记正义》的内在逻辑，对"素其位而行"予以理解，自是顺理成章。若割裂而支离之，就会陷入文字表义的迷障。与朱熹《章句》不同，《正义》将此段文字直承孔子"射有似乎君子，失诸正鹄，反求诸其身"之言，而不分段。笔者以为，朱熹的做法虽可在一定程度上避免读者陷入迷津，但只有将《中庸》作为一个整体来理解，且将之纳入《礼记正义》的整体语境与意蕴之中，才能求得恰当的诠释。若更进一步，还须以《论语》《孟子》为人文铺垫，在真正读懂《论语》《孟子》的基础上研读《中庸》等儒典，才不会偏离儒家的基本理念。

再向前延伸一步，认真阅读下段文字：

> 子曰："素隐行怪，后世有述焉，吾弗为之矣。君子遵道而行，半途而废，吾弗能已矣。君子依乎中庸，遁世不见知而不悔，唯圣者能之。"君子之道费而隐。夫妇之愚，可以与知焉，及其至也，虽圣人亦有所不知焉。夫妇之不肖，可以能行焉；及其至也，虽圣人亦有所不能焉。天地之大也，人犹有所憾。故君子语大，天下莫能载焉；语小，天下莫能破焉。《诗》云："鸢飞戾天，鱼跃于渊。"言其上下察也。君子之道，造端乎夫妇，及其至也，察乎天地。

　　这里不作具体分析与译介，只作简略归纳。笔者以为，这段文字的核心是"君子之道，造端乎夫妇"，其是导出下一章，特别是"君子素其位而行，不愿乎其外"一段的桥梁。此段所谓的"素隐行怪""君子之道费而隐"，是指中庸作为君子之道的极致或最高追求，具有不可捉摸、难以索解、极端高妙的意味，连"圣人亦有所不知"。因此，我们且将其"极高明"的层面搁置一旁，谈论其最庸常的表现、显现（实现）方式——"造端乎夫妇"。《中庸》曰："夫妇之愚，可以与知焉。"即最普通的愚夫愚妇也可以明白"君子之道"所蕴涵的基本道理（人伦义理），儒家的真理从来不离于人伦常识。

　　夫妇关系是五伦之一。《诗经·关雎》曰："窈窕淑女，君子好逑。"《礼记·礼运》曰："饮食男女，人之大欲存焉。死亡贫苦，人之大恶存焉。故欲恶者，心之大端也。人藏其心，不可测度也，美恶皆在其心不见其色也，欲一以穷之，舍礼何以哉？"庸常生活是仁义、中庸、忠恕等美德的生活源泉（根基），离开日常生活来谈论美德，难免流于虚伪。因此，《中庸》先是由《诗经》的"鸢飞戾天，鱼跃于渊"，导出"君子之道，造端乎夫妇"，再引孔子的话来探讨基于人性的忠恕之道，最后顺理成章地引出夫妇之外的其他四伦——父子、君臣、兄弟（姐妹）、朋友。君子在要求别人之前，必先求诸己，审察自己是否做到位了；若是不到位，更须"反求诸己"。这就是"庸德""庸言"的韵味。德性修养之路就在每个人的脚下，其原则是"施诸己而不愿，亦勿施于人""己所不欲，勿施于人"。所谓"忠恕违道不远"，就是说忠恕离道（仁道）很近，能践行忠恕，就可搭上仁义之道（君子之道）的直通快车。忠恕也好，中庸也好，仁义也好，首先都是用来衡量并完善自我的。明晰了这一生命定位之后，"素其位而行"的意蕴也就不言而喻了。在这一段落中，孔子讲到了夫妇、父子、君臣、兄弟、朋友"五伦"，忠恕、中庸、仁义等就蕴含在这些日用伦常之中，根源于人的内心深处。

　　接下来讲到具体的生存情境，"贫贱""富贵""夷狄""患难"等最常见的人生际遇就粉墨登场了。人生际遇千奇百怪，最具有代表性的要数贫贱、富贵、夷狄、患难。"君子之道，造端乎夫妇"，扩充到其他四伦，再进一步延伸到广义之人伦关系。当然，物化的生存环境也是极为重要的，会实质性地介入人生，故不可不予以优先处置（"积极适应"）。"君子素其位而行，不愿乎其外"，既是立论，也是结论。贫贱、富贵云云，不过是物化的"外"。在处置与物化环境的关系时，君子不苟责于他人，必定"反求诸己"。"素其位而行，不愿乎其外"，就是君子的信念、准则。君子秉承着神圣的使命，由特殊的材料锻炼而成，决定了"君子之道"的基本内涵。君子人格是小人人格的辩证否定（理性升华），保留小人人格的合理因素，超越了以逃脱贫贱为标识的市侩人格，达到以仁道（仁爱道义精神）为主导的生命形态（层次）。贫贱、富贵等都不是君子人格修炼的包袱，而是其人格修炼的不同路径（阶梯）或物质基础条件。遭遇的特定际遇是贫贱，就在这偶然的贫贱际遇中践行君子之道。遭遇的特定际遇是富贵，就在这偶然的富贵际遇中践行君子之道。遭遇夷狄、患难时，亦然。无论环境如何演变，君子内在的笃定都是超稳定而无所变易的。因此，"居易"之"居"，在这里泛指一般的物质生活条件、环境等。"易""素""庸"不仅可互释，在不产生歧义的前提下，甚至可互换、替代。君子之为君子，根本上在于内心（心性慧力）的强大，而不在身外之物的矫饰（伪装）。

《正义》记孔子之言曰："言忠信，行笃敬，虽之夷狄，不可弃。"君子的一言一行，皆有内在的根据（根基），即使置身在夷狄的环境中，也绝不放弃（改变）内心的坚守。康有为指出："入于夷狄，不妨断发文身以讲周礼。"所谓"断发文身"，就是在衣着、饮食、举止等方面入乡随俗。所谓"以讲周礼"，就是坚守人文理念。在贫贱、富贵、患难等情境中，君子亦主动适应物化的环境条件，始终将生命安顿在仁德修养（锤炼）之中。此即孔子所谓的"里仁为美"。孔子说："富与贵，是人之所欲也。不以其道得之，不处也。贫与贱，是人之所恶也。不以其道得之，不去也。君子去仁，恶乎成名？君子无终食之间违仁，造次必于是，颠沛必于是。"（《论语·里仁》）富贵实可求，但一定不能违背仁道的要求；贫贱亦可弃，但必须以遵守仁爱道义原则为前提。君子如果背离仁道，那就不成其为君子了。真正达到君子人格境界后，就会时时刻刻坚守仁德之道，"造次""颠沛"等生命逆境之际，更是如此。《礼记·中庸》所引孔子的话，与今本《论语》虽在文字上出入较大，但意境是基本一致的。①《正义》此处诠解，至为精当。

《正义》所谓的"自正己而行""所入之处，皆守善道"，既是精要处，也是点睛之笔。与朱熹《章句》"因见在所居之位而为其所当为，无慕乎其外之心也"，②可以互释。如此一来，"素其位而行"的奥义便毋庸赘言了。

朱熹所谓的"为其所当为"，恰是《正义》所谓的"自正己而行"。质言之，君

---

① 今本《论语 子张》曰：子张问行。子曰："言忠信，行笃敬，虽蛮貊之邦，行矣。言不忠信，行不笃敬，虽州里，行乎哉？立则见其参于前也，在舆则见其倚于衡也，夫然后行。"子张书诸绅。

② ［宋］朱熹：《四书章句集注》，中华书局，1983，第 24 页。

子人生诉求（使命）的核心与根本，就是不论遇到什么样的环境，都不忘记"正己"这一精神修炼。"为所当为"，就是君子的道义担当。无论物化环境如何变迁，真君子都始终铁肩担道义，坚守仁义之道。

需要特别指出的是，《论语》和《礼记·中庸》中的君子都是经过特殊修炼的。小人虽然具有仁义礼智四端之善性，但因缺乏必要修炼而未达到君子人格境界。孔子说："不仁者不可以久处约，不可以长处乐。"所谓"不仁者"，就是缺乏仁德的人，也就是小人（精致利己主义者）。"约"，这里指物质生活条件简陋。"乐"，这里指物质生活条件优渥。小人既不能安于简约的生活，也不能安于优渥的生活，容易受到外界的诱惑。究其原因，就在于小人的人格尚处于混沌、蒙昧的自然境，或汲汲于私利私欲的功利境，仁德所代表的超越性精神特质尚未得到唤醒、激活，唯有经过系统的人文化育（教化）后，方能走出混沌、蒙昧、功利等困顿之境，抵达超越功利的道德境界。

"俟命"之说，必须与孟子的"修身以俟"互参，方得正解。限于篇幅，兹不赘述。

二

以平常心看待并处置贫贱、富贵、夷狄、患难等人生际遇，需要有强大的精神力量作为内在支撑。而这恰恰是君子人格之本质——美德臻乎完成的生命状态。即现实而理想，即理想而现实。

"君子素其位而行……无入而不自得焉"这段话，应理解为君子必备的中庸品格的生活日用。无论客观环境如何变化，君子人格依然坚挺如故，是为我行我素（特立独行）。素污泥行乎污泥，素天上行乎天上，素人间行乎人间。君子可以是达官贵人，也可以是贩夫走卒。万变不离其宗的是，君子具备悉心保持、恪守以仁义为标识的道义精神——君子之为君子的精神脊梁骨。富贵既不是目标，也不是必要的前提，只是偶然的际遇，君子既不轻忽之，更不予以特别关注。质言之，君子绝不自缚于此类物事而丧失精神脊梁骨。

"居易以俟命"，是君子对物质生活条件的基本态度。君子的随遇而安，蕴含着积极适应、徐图改造、超然物外、"修己以敬"的生命志趣。孔子曾告诫子夏曰："女为君子儒，无为小人儒。"（《论语·雍也》）君子以"上达"（守死善道）为趣向，小人以"下达"（利来利往）为生存模式（生命形态）。"君子儒"不为物化环境（条件）所左右，努力成长为物化环境的统御者、驾驭者，节制物欲（而非禁欲）是其基本特征。换句话说，"君子儒"对物化环境的态度是淡化之、统御之、驾驭之，也即做欲望的主人，而非欲望的奴仆。合理适度的欲望，被纳入德与法的框架内，与善同行；过度纵欲或过度压抑欲望，都会导致人性的扭曲。孔子一方面肯定"富与贵，是人之所欲也"，另一方面主张"欲而不贪"。儒家后学则提倡明天理，节（制）人欲，去兽欲。作为生命之主导的天理，就是仁义之心而已。仁义之心升华为现实生命运化的主导慧力，就是孔子所谓的"里仁为美"（《论语·里仁》），孟子所谓的"居仁由义""由仁义行"（《孟子·离娄下》）。"君子儒"所秉之天命，就是通过将生命之整体安顿在仁义这一内在的精神家园中，努力成长为仁义的化身（圣贤）。此即孔子所谓的"下学而上达"。（《论语·宪问》）贯穿于"上达"这一核心（根本）诉求的，是"修己以敬"的为己、求诸己、恭己、尚志、尽心（尽己）的内修理念。儒家的核心（根本）价值诉求，是人文生态与政治生态的总体性优化。就表象而言，儒家所推崇的君子文质彬彬，温润如玉，随遇而安。但是，这些表象并非君子人格之本真特质。毫不苟且、积极进取，才是君子人格的本质，甚至可谓其群体使命。孔子初到卫国，看到那里人口密度虽大，但人民尚不富裕，于是发出"富之""教之"的宣言。孔子胸有成竹地说："苟有用我者，期月而已可也，三年有成。"（《论语·子路》）在孔子看来，如果让自己治理卫国，三年就可以让卫国的民众在物质上和精神上都富裕起来。孔子的政治理想，岂能用随遇而安来形容？孔子周游列国十三四年，而在卫国的时间最长，卫灵公的礼遇固然是很重要的一个方面，但"苟有用我"的念想更为关键。随遇而安是指君子对物质层面（维度）的要求是合理的，但在精神层面（维度），君子那颗活泼泼的心始终躁动不已。质言之，君子必"苟日新，日日新，又日新"（《礼记·大学》）。此即孔子所谓"修己以敬"（《论语·宪问》）、孟子所谓"修身以俟"（《孟子·尽心上》）、《中庸》所谓"居易以俟命……反求诸其身"的真实况味。君子无论是"箪食、瓢饮、陋巷"（《论语·雍也》），还是"饭疏食饮水，曲肱而枕之"（《论语·述而》），之所以都能"不改其乐"，就是因为君子"里仁为美"（《论语·里仁》）且"居仁由义"（《孟子·尽心上》），在仁德这一广袤丰富的精神世界中安顿了生命之总体，物质生活仅剩下支撑肉身存续（物化基础）之基本价值，此外无他。①

综上所述，孔孟荀等先圣所创化的"君子儒"的生命理念，或可简单概括为"为己""为政"两条互为表里的线索。"为己"之内涵，前文已详述，这里主要就"为政"的广袤内涵略作开掘。孔子曰："《书》云：'孝乎！惟孝，友于兄弟，施于有政。'是亦为政，奚其为为政？"（《论语·为政》）在孔子看来，孝和友"是亦为政"，这个"亦"字很值得玩味。笔者将之理解为"也是"。所谓的"孝""友"，就是孝悌，它是规范、和谐家族内部人际关系的总原则，也是仁爱最日常的表达形式，更是"为政"的重要内容。孔子一再强调："为政以德，譬如北辰，居其所而众星共之。"（《论语·为政》）即政治管理必须以德治为主要（基本）方式，再辅以刑、政所表达的刚性约束与裁制。管理家庭（家族）事务，更要如此。"孝""友"所表达的仁爱精神，在家族中更具现实性与普遍性。若是进一步延伸，修身又何尝不是"为政"？人这一复杂而二元对峙（灵肉一体博弈）的特殊存在，更需要自我管理。从某种意义上来说，修身即是自我管理，即是以自我为管理对象的"为政"，而《大学》所谓的"格物""致知""诚意""正心"云云，则可视为修身这一"为政"（为己、修己、恭己、正己、尽己）的更深层（内在）的蕴涵。限于篇幅，兹不赘述。

三

"君子素其位而行……无入而不自得焉！"这是一段妙味无穷的话，值得重新翻译、诠释。本文将这段话精简为："君子素其位而行，不愿乎其外。……无入而不自得焉。……正己而不求于人……上不怨天，下不尤人……居易以俟命……反求诸其身。"这是本章的逻辑（基本线索），其他则可视为枝节（或举例论证）。用现代汉语来表达就是："君子对于所处的环境条件既不予特别在意，更不克求。一心一意志于道且践履笃行，在任何条件下都修己以敬、勇猛精进而自得其乐。不断地完善自我，不克求他者，因而也就无怨无悔。"此即所谓的"居易俟命"，绝不苛责于时运，绝不被外在环境所左右，虔诚修身（为己），等待时机（客观条件的具备）

———

① 笔者认为，如果具备且合于德与法，亦不妨分享，如《论语·乡党》篇所记，孔子"食不厌精，脍不厌细""唯酒无量"云尔。不沉溺，不贪婪，亦不禁欲。节制欲望，重在精神生命的完善与升华，即是"上达"之致君子之路。

而完成"为政"（齐家、治国乃至平天下）的神圣使命。

本文特别将"反求诸其身"这一承上启下的转语纳入"君子素其位而行……无入而不自得焉"一段，一是为了突出儒家的核心信仰在于讲究人伦日用，即从日常生活入手，来解决践履仁道而中庸的可能性与现实路径；二是强调修己而成仁取义，必须积极适应所遭遇的客观环境条件。因此，君子不苛责于他人及一切"他者"，而必"反求诸己"。一言以蔽之，"素其位而行，不愿乎其外"，就是君子虔诚信仰并践履仁义之道的精准表达。

周敦颐的君子视界与人格养成*

张舜清　阴子豪**

摘　要：周敦颐的身心性命之学，是对儒家君子之学的理论推进和生命境界的提升。周敦颐以太极生生诠释了儒家君子之学的本体依据，为君子的修养和生命境界的提升确立了终极本体依据和价值之源。周敦颐确立君子人格的本体之理，本质上是周敦颐对大易生生哲学的创造性诠释而形成的生生之理。由此周敦颐不仅诠释出君子以生生为本的生命情怀，也为君子人格的修养明确了方向。周敦颐还进一步结合《中庸》之"诚"，明确了君子的生生品性，从而将儒家追求的君子之德落实为具有明确道德内涵的"诚"，而"诚"在实际层面，即表现为仁义原则。"诚"与仁义贯穿的都是生成原理。因而君子的德行重在厚生、护生，以生生为生命伦理精神。生生即道，即宇宙本性，所以周敦颐追求的君子生命境界即与道合一的境界。

关键词：周敦颐　君子　太极　诚　生生

　　周敦颐是宋代理学的开创者之一，素有"宋理学之宗祖"之称谓。《宋元学案》尝曰："孔、孟而后，汉儒止有传经之学，性道微言之绝久矣。元公崛起，二程嗣之，又复横渠诸大儒辈出，圣学大昌。故安定、徂徕卓乎有儒者之矩范，然仅可谓有开之必先。若论阐发心性义理之精微，端数元公之破暗也。"① 周敦颐对于传承与发扬儒家的身心性命之学不仅有精微至本、开光破暗之功，他的君子理念与境界修

---

　　* 本文为国家社会科学基金重大项目"构建人类卫生健康共同体的伦理路径研究"（项目编号：21&ZD057）的阶段性成果。

　　** 张舜清，中南财经政法大学哲学院教授。主要从事中国哲学与伦理学方面的研究。阴子豪，中南财经政法大学哲学院中国哲学专业硕士研究生。

　　① ［清］黄宗羲：《宋元学案》第1册，中华书局，1986，第482页。

为，同样开拓了儒家君子人格的新境界，可堪后世典范。

一、太极生生

对于周敦颐而言，君子人格的确立，首先在于人要对自身的生命之本和价值之源有所认识，对生命的终极品性的洞察与体悟，构成了周敦颐修养君子人格的本根依据。周敦颐对生命的本体和价值之源的认识，在他的《太极图说》中，有着清晰的说明。这正如王夫之所说："濂溪周子首为太极图说，以究天人合一之源，所以明夫人之生也。"[1] 在《太极图说》中，周敦颐以"无极而太极"开篇明本，结合阴阳五行的观念，以简约精当的语言，为我们描绘了一幅生命产生的宇宙图式。他说："无极而太极。太极动而生阳，动极而静，静而生阴，静极复动，一动一静，互为其根，分阴分阳，两仪立焉。阳变阴合，而生水、火、木、金、土，五气顺布，四时行焉。五行一阴阳也，阴阳一太极也。太极本无极也。五行之生也，各一其性。无极之真，二五之精，妙合而凝，乾道成男，坤道成女。二气交感，化生万物，万物生生，而变化无穷焉。"

周敦颐的"太极"概念，就其实质内容而言，表述的是一种"生生"之理，是对《易经》"生生之道"的创造性诠释。《易·系辞传》曰："易有太极，是生两仪，两仪生四象，四象生八卦，八卦定吉凶，吉凶生大业。"这里的"太极"，传统上通常将之解释为宇宙创生万物过程的一个起始阶段或者天地四时万象产生之前的物质未分的混沌状态。太极生出阴阳两仪，两仪阴阳产生四时，四时则化生出天、地、风、雷、水、火、山、泽八种物象，以八种物象为基础，又生出宇宙万物。所以从《系辞传》所描绘的"易生万物"的过程和顺序来看，太极已经具有宇宙生成论和本体论的意蕴。陈来先生说："'易'在这里是指宇宙变异的总历程，这个变化历程的本始根源是太极，'极'本来是极尽极至之处，太极即最本元的开始，由太极而生阴阳和两仪，由两仪而生四时变化，由四时而演变出天地水火风雷山泽八种自然的基本事物，世界于是乎形成而发展，从此太极阴阳成为儒家宇宙论的最重要的概念。"[2] 不过，从《易传》整体观之，太极在《易传》中还不是一个明确的本体观念，先秦儒家亦未自觉围绕太极而建构其理论学说。从先秦到两汉，太极的基本涵义是

---

① ［清］王夫之：《船山全书》第 12 册，岳麓书社，1996，第 351 页。

② 贾磊磊、杨朝明主编：《第三届世界儒学大会学术论文集》，文化艺术出版社，2011，第 40 页。

指"天地未分时的混沌元气",并未获得根本的宇宙本体的地位。明确将太极作为宇宙化生的本原、始动力,并运用阴阳、动静等观念详细说明太极发动并创造宇宙万物这一过程的,还是周敦颐。

通过《太极图说》我们可以得知,周敦颐眼中的天道,也即阴阳之道,而阴阳之道也正是太极创生万物的内在机制和原理。太极图实际上已经较为形象地画出了阴阳作用的基本状态和其化生万物的过程:一阴一阳,阳中有阴,阴中有阳,阴阳互为其根,动静无穷,从而才有万物永恒的生之又生、生生不息。可见,在周敦颐这里,阴阳之道内蕴于太极之中。万物之所以产生并变化无穷,正是太极内蕴的阴阳机制作用的结果。阴阳本自太极,而太极显为阴阳,二者可为一体一用,而又体用不离。无太极,则无所谓阴阳;无阴阳则无以见太极。因而太极即阴阳之道,即所谓天道。故此刘蕺山从体用不二的角度,站在气学立场直接将"一阴一阳之谓道"视为"太极"。他说:"'一阴一阳之谓道',即太极也。"① 故在周敦颐那里,太极即为"道体"本身。朱熹门人黄榦曾言"濂溪周先生,不由师传,洞见道体",又言周敦颐"绍孔孟不传之绪,阐古今未发之机",于其看来,周敦颐所发现(实为对"易之本体"的创造性诠释)之"道体"、所阐古今未发之机,亦即太极生生之机、生生之道体。故其曰:"道丧千载,濂溪周子继孔孟不传之绪,其言太极者,道之体也;其言阴阳五行男女万物,道之用也。太极之静而阴体也,太极之动而阳用也。圣贤言道又安有异指乎?"② 元代吴草庐亦称周敦颐"默契道妙",此默契道妙,亦指周敦颐发现太极生生之理,道之妙乃在于一阴一阳之生生之妙。其曰:"太极者,何也? 道也……以其天地万物之所共由也,则名之曰道。"③

可见,在周敦颐那里,太极即道体,其实质即一阴一阳之恒久不已的生生之道。故王阳明曰:"太极生生之理,妙用无息,而常体不易。太极之生生,即阴阳之生生。"④ 由是可知,周敦颐是以"生生"提起儒家的性命之学,通过对宇宙生生之本质的揭示,来证成儒家积极入世的生命态度和追求天地大生广生的生命精神。而这样一种以生为本的生命伦理精神,也为周敦颐言说君子人格的修养境界和终极方向提供了本体说明。

① [清] 黄宗羲:《宋元学案》第一册,中华书局,1986,第498页。
② 四川大学古籍整理研究所编:《宋集珍本丛刊》,线装书局,2004,第775页。
③ [清] 黄宗羲:《宋元学案》第一册,中华书局,1986,第511页。
④ 张怀承注译:《传习录》,岳麓书社,2004,第180页。

二、诚建人极

周敦颐以太极为万物本原，意味着太极亦是价值之源。《太极图说》曰："惟人也得其秀而最灵，形既生矣，神发知矣，五性感动而善恶分，万事出矣。"这句话其实已经表明，太极亦是善恶伦理价值之本源。太极既是宇宙万物生化之本，亦有价值形而上学之意蕴。不过，周敦颐的太极观念重点还是通过有形可感的客观世界的本源及过程的揭示，来提示性命的大本大源，以及天道和人道的贯通性，虽然触及安立性命的价值及修养问题，但语焉不详，未能展开充分的说明和论证。如果天道只是宇宙自然的创生法则，这一法则如何与人性相勾连并成为人之为人的价值根本？显然，单纯地作为自然创生的物理法则的天道以及万物生生的自然状态并不能直接成为人性的根据，天道和人道之间无疑需要某种贯通的中介，亦即能够统一起天、人本质属性的东西，如此人道才能以天道为终极根据，并以天道法则作为行为圭臬和人生修养的终极方向。为此，周敦颐格外重视《中庸》的"诚"，通过将《中庸》的之诚与太极生生之理相结合的创造性诠释，从而明确回答了人的价值本质和根本内容，从而为君子人格之确立奠定了价值哲学的基础。

"诚"本身是一个伦理范畴、价值范畴，以"诚"沟通天人，实际上也就是把天道和人道价值同一化。这即是说，天之道的内在的根本属性即是"诚"，人之道的本质属性亦是诚。天地有诚，则天地永葆生机，恒生不已。人唯有诚，方能成就人生、成为顶天立地的人格存在。所以周敦颐强调，"诚，圣人之本"（《通书·诚上第一》）；"圣，诚而已矣。诚，五常之本，百行之源也"。（《通书·诚下第二》）在周敦颐这里，"诚"与"太极"实际上具有同一性，它们都指向生生之理。太极之道，天地阴阳生生之道也，而诚亦是天道的根本属性，它的实质亦是"生"。《通书·诚上第一》曰："'大哉乾元，万物资始'，诚之源也。'乾道变化，各正性命'，诚斯立焉。纯粹至善者也。故曰：'一阴一阳之谓道，继之者善也，成之者性也。'元亨，诚之通；利贞，诚之复。大哉《易》也，性命之源乎！"从这里可以看出，周敦颐所谓"诚"，也是基于乾道的创生原理，是对阴阳作用而赋予万物性命这一"生"之属性的概括。所以"太极"与"诚"，表达的均是生生之理，彰显的是天道之生的精神，所以我们不能将太极与诚截然断为二物。诚如余敦康所说，在周敦颐那里，"人极本于太极，心性本于天道，虽然分属两个领域，合而言之，仍然是一个一元论的体系。"① 同样的道理，我们说周敦颐的诚本体重点是为了彰显"人极"之本和安立之道，亦不否认太极亦可视为价值之源。诚与太极皆可视为万物生成之本，亦皆为价值之源。故从本体之同一性而言，"太极"与"诚"，"名虽不同，其实一也"。

"太极"与"诚"异名而一体的统一性主要在于二者皆出于天道之原的规定，是在不同层面对天道生生原理的揭示和概括，体现的都是"生"的原理和精神。这样，"诚"作为一个伦理范畴，它的价值品性就直接与体现天地之本性的"生德"同一起来，从而进一步论证了诚的价值本体地位。美国学者艾周思也指出："'诚'的本质或根源就是支持'生生'之宇宙进程不停变化的秩序和原则（'理'）。"也正是在这个意义上，周敦颐才把"诚"直接说成"纯粹至善者也"。将天地之"善生"继承并内化于心，亦即人之德性，人之生命由此确立。所谓"继之者善也，成之者性也"。如此，则人性大本于天，人之生命价值同一于天之本性，天道与人性也就贯通起来。这也即张载所谓的"性与天道合一存乎诚"。

值得注意的是，周敦颐不仅如《中庸》一样，以"诚"会通天人，并为确立人极找到价值根据，而且把"诚"与生命的发展过程相联系，从而说明人之生命的完整性和发展的脉络、方向或者说生长特性，从而表明了修养的必要性和方向性。在周敦颐那里，"诚"的观念也可谓"原始反终"的理念，反映着人们对事物始末和生死的通达与认识。有生有死，有始有终，有生有成，这是"太极诚体"本有的理论内蕴。从生命自起始到终成这一过程来看，《易经》将之表达为"乾元"创生万物的元、亨、利、贞四个阶段。元、亨是物之始生和蓬勃生长，利、贞是物之遂、物之成。周敦颐将"元亨"称为"诚之通"，将"利贞"称为"诚之复"，即是从诚本身蕴含的"生"与"成"之义概括之。这即是说，生命的生机涌动来自"诚"，而人性的成就、生命的完善亦皆归于"诚"。这样，从周敦颐追求的君子人格境界来看，君子修养生命的终极境界和道德成就，亦在于达于和实践此"诚"。

这样，周敦颐从本体之"诚"的角度，明确了君子人格的修养方向和终极境界，但是这种说法，从操作性上说，仍然缺乏实践的意义。为此，周敦颐结合儒家的仁义之教，以仁义规范为现实的"为诚"之路，进一步提出了要"定之以中正仁义"。《太极图说》曰："定之以中正仁义而主静，立人极焉。"周敦颐的《太极图

---

① 余敦康：《汉宋易学解读》，华夏出版社，2006，第 252 页。

说》主要是对"易理"的解读，故这里的"中正"当源自易理。在易理中，六爻所居位次，二、五位为中；阴爻居阴位，阳爻居阳位称为"正位""当位"。"'当位'之爻，象征事物的发展遵循'正道'、符合规律；'不当位'之爻，象征事物的发展背逆'正道'、违反规律"。[1] 爻位居中且正，称为"中正"，"在《易》爻中尤具美善的象征"。[2]《易经》推崇中正之德，强调"中正以通"（《易·节卦·象传》）、"中正以观天下"（《易·节卦·象传》），而要做到中正，在实际生活中，即以仁义为标准，由行义而行。故仁义实为人道之根本，是人之生命的本质内容。故《易·说卦传》曰："立人之道，曰仁曰义。"

之所以仁义可以发挥确立"人极"的意义，是因为在周敦颐那里，仁义本身反映的也是天地的生成原理。周敦颐曰："生，仁也；成，义也。"（《通书·顺化第十一》）如此看来，周敦颐通过一番太极诚体的本体论证，最终回归到孔孟儒家基本的价值立场，即以仁义确证人之生命本质、彰显人生价值，完善道德人格。仁义和宇宙万物之生成的联系，说明生命存在本身就是一种价值存在，其存在自身就具有仁的内涵在里边。所以真君子必然对一切生命都有一种感通能力，对生命的处境能反身而诚，从而体会到一切生命的求生之意志之当然合理性，从而滋生出厚待一切生命的道德意识。君子"悉有众善，无弗爱且敬焉"。（《通书·爱敬第十五》）

由上，周敦颐以诚贯通天道和人道，以仁生契合天道，这实际上是把人类生命的道德本质和宇宙存在的本性看成完全同一的事物，人类生命与宇宙生命并不是相隔绝的存在，二者完全是一体共生的。在原始儒家那里，天人合德的素朴认识至此被周敦颐转变为天人处于共同的命运共同体中的系统生命认识所取代。也正是如此，周敦颐在理论上将儒家的君子之学推进到了新的境界，这就是与道合一的境界。

三、与道合一

周敦颐以"太极"作为包括人类在内的万事万物的根源，以"诚"贯通天道人道，将人性与万物存在之性作统一性的理解，已经包含着万物一体、天人共生的系统生命的认识。万事万物同本同宗，皆出于太极阴阳之化生，且蕴含太极诚体之

① 黄寿祺、张善文：《周易译注》，上海古籍出版社，2001 年版，前言第 43 页。
② 黄寿祺、张善文：《周易译注》，上海古籍出版社，2001 年版，前言第 43 页。

性。万事万物虽形态不一，但在大本大源上，无不具有共同的生命本性，所以万事万物虽然生生各异，却又一体相连，你中有我，我中有你，共同构成了生生的宇宙生命之境。人与万物的这种联系性决定了人的生命价值和境界提升必须放诸这种整体的联系性中去考察、去追求。由此也形成周敦颐独特的生命境界论。周敦颐有关生命境界的思想，可以用"孔颜乐处"来概括。陈来先生说过，周敦颐的"'孔颜乐处'是一个人生理想，也是一个理想境界的问题"。[①]周敦颐对君子生命境界的说明，也蕴含在这一说法当中。

"孔颜乐处"的说法来自二程的追忆，而不见诸周敦颐的思想著作之中。二程尝言："昔受学于周茂叔，每令寻颜子、仲尼乐处，所乐何事？"[②]在周敦颐的著作中，直接涉及这一典故的是《通书·颜子第二十三》。其曰："颜子，一箪食，一瓢饮，在陋巷，人不堪其忧，而不改其乐。夫富贵，人所爱也，颜子不爱不求，而乐乎贫者，独何心哉？天地间有至贵至爱可求而异乎彼者，见其大而忘其小焉尔！见其大则心泰，心泰则无不足，无不足则富贵贫贱处之一也。处之一，则能化而齐，故颜子亚圣。"从这段话的字面意思来看，颜回之乐与富贵贫穷无关。富贵也好，贫穷也罢，都不构成引起颜回内心之乐的条件。颜回的乐，超越了富贵贫穷这一物质条件的限制，而达到了另外一层生命意境，正是在与另一层次的生命意境中神交心会的过程中，颜子才超凡脱俗，进入到圣人境界，由此，才有颜子之乐。相对于成圣的条件，富贵贫穷这种只能满足人之动物性生存需要的东西，只是"小"，而真正能确立人极、使人成圣的东西，才是"大"。颜子正是体悟到"大者"对于成就真正人之生命的根本意义，并自觉追求和培育使人之"大"者，故有异于常人之以物质满足为主的幸福观。那么，促使人成圣的条件是什么呢？周敦颐曰："天地间，至尊者道，至贵者德而已矣。至难得者人，人而至难得者，道德有于身而已矣。"（《通书·师友上第二十四》）这就是说，对于人的生命而言，真正彰显人之生命意义和价值的，即在于"道"和"德"，"道德"是决定人之生命的本质条件，是决定人生价值和意义的"大"者，故明了此点，自觉以道德充实其身，人也即走在成圣、确立人极的道路上。追求与生命本质合一的东西，故人心安意定，泰然而无不足。君子是现实的道德修养人格，对君子而言，其生命的终极境界也在于这种"道德有于身"的境界，所以，周敦颐说："君子以道充为贵，身安为富，故常泰无

---

① 陈来：《宋明理学》，华东师范大学出版社，2004，第34页。

② 王孝鱼点校：《二程集》，中华书局，2004，第16页。

不足。"（《通书·富贵第三十三》）

在这里我们也可以注意到，周敦颐对道德与富贵的对比性说明，并非把富贵与道德作功利性的比较。在周敦颐那里，富贵与道德是两种性质不同之"物"。道德是与生命合一的东西，从其作为人的生命的本质规定而言，道德就是人的生命，人无道德，如同动物。所以，人要有道德，不是因为道德的工具性价值。颜回能认识到这一点，所以暂时的贫穷并不能成为他求道成人的限制条件。是故居陋巷、疏饮食而不改其乐。"不改其乐"表明颜回有自己认为的乐。富贵亦为人乐，而颜回不慕其乐而已，非否定其乐。所谓"天地间有至贵至富可爱可求，而异乎彼者"。真正的乐，乃在于使人成人之道德之乐。颜回对此认识深刻，目标明确，因而不受富贵贫穷之身外条件之影响。

显然，颜子之乐是来自颜回对道德与生命本质和境界目标之体认之乐，是在追求与道合一过程中以及达致与道合一之境之乐。程颐认为，"使颜子而乐道，不为颜子矣"。[1] 意思是说，颜回之乐，是与道合一之乐，完全达到了道的境界，而不是把道作为一种外在的知识性对象而求道之乐。所以，"孔颜乐处"这个典故，表达的是在对人的道德生命的价值肯定基础上，对人的至高生命境界的追求。而这种至高生命境界，就是人对自身特殊的生命本质与宇宙之本性同一、对人在宇宙中的位置以及和万物之相荣共生之生命统一性的彻底认识和体悟，从而形成的一种与万有之生命通融共情的生命状态。它滋养了具有这种生命境界的人深沉的重生、厚生意识、维护众生和以天下苍生为己任的道德使命感和责任感，以及将宇宙生命纳入一体平等视之的审美意趣。周敦颐的这种思想，也可谓宋儒"万物一体"理论之先河，亦是宋代儒家以"万物一体"为中心讨论生命之学的内在组成部分，不仅在理论上具有重大意义，对于当今人类处理人与自然之关系、思考人类的命运，也有重大启发意义。

四、主静无欲

"与道合一"讲的是周敦颐有关生命境界的思想，这一思想则又联系到周敦颐追求生命境界的工夫方法问题。周敦颐在论述人的生命价值的过程中，已经触及工夫论、境界论的问题。人要实现自己的生命价值，须当定之以中正仁义。但这样说

---

① 王孝鱼点校：《二程集》，中华书局，2004，第395页。

还较为笼统大略，为此，周敦颐提出了一些具体的修养身心的工夫方法，就其工夫思想的大端而言，"主静无欲"说是周敦颐生命工夫论最有特色的思想，也是君子修为的主要工夫理论。

周敦颐的主静论，是儒家修身思想史上别有特色的一项主张。周敦颐之前，儒家并无明确"静修"的理论和思想倾向，因而周敦颐的主静论也具有某种理论开先的意义。虽然主静一说，因其与道家"守静笃"和佛教的"禅静"说似有瓜葛而纠缠不清，后世儒者亦有多訾之者，但亦可谓开启了后世儒家以静坐为核心的一种工夫路数。特别是心学一脉，受其影响为重。"明代心学一系诸大儒几乎均有静坐求入处之共同修道历程"，[①] 但是儒家向来重视以积极有为的姿态成就人生、实现生命的价值。那么，周敦颐的主静说是否与儒家那种刚健不已、自强不息的人生取向相悖，就颇值得分析。

理解周敦颐的主静说的关键，首先在于理解"主静"之"静"的意味所指。周敦颐曰："静无而动有，至正而明达也。"（《通书·诚下第二》）又曰："一为要。一者，无欲也。无欲，则静虚动直。静虚则明，明则通。"（《通书·圣学第二十》）周敦颐在《通书·动静第十六》中还特别强调："动而无静，静而无动，物也；动而无静，静而无静，神也。动而无静，静而无静，非不动不静也。物则不通，神妙万物。"由此我们可以感受到，除去一般意义上的动静之静止之静外，周敦颐提出的作为一种修养方法的主静之静乃和周敦颐对"太极诚体"的本性和存在状态的理解直接相关。如陈来先生认为，"动而无静，静而无静"是作为宇宙万物运动的内在本性和动源"神"的一种特殊的存在状态。[②] 故此，大概言之，周敦颐所讲之静，从其哲学体系来看，首先是对太极诚体之本性和存在状态的描述。太极的一般状态就是"静无"，其动则有，故曰"静无动有"。但太极的静是"静而无静"，它始终内蕴着生生不息的生命本性。"诚"亦如此。诚的一般状态是"无为""寂然不动"。"诚无为，几善恶"（《通书·诚几德第三》）；"寂然不动者，诚也"（《通书·圣第四》）。太极诚体是人的生命之本、百行之源，人的生命的终极境界无非至诚，故涵养德性的方法和目的，当如本体之"静无而动有"，如此为人则"至正而明达"。"静虚则明，明则通"，当是基于《中庸》"自诚明"而来。诚体静虚，故自诚明，亦可谓静虚则明。

---

① 陈立胜：《静坐在儒家修身学中的意义》，《广西大学学报（哲学社会科学版）》2014 年第 4 期。
② 陈来：《宋明理学》，华东师范大学出版社，2004，第 41 页。

可见，周敦颐讲主静，首先和他对本体之性的理解相关。从这个意义上说，不静则性体不立，人之生命的根基即不稳。故朱子有"静者，性之所以立也"之论。朱子曰："贞也者，万物之所成终而成始者也。故人虽不能不动，而立人极者必主乎静。惟主乎静，则其著乎动也无不中节，而不失其本然之静矣。"①不仅如此，周敦颐还联系实际，从主静之反面"擅动"的害处角度来论证主静的意义。周敦颐曰："邪动，辱也。甚焉，害也。故君子慎动。"（《通书·慎动第五》）又曰："'吉凶悔吝生乎动。'噫！吉一而已，动可不慎乎！"（《通书·乾损益动第三十一》）主静不是不动，而是要"不邪动""动而正"。"动而正曰道"（通书·慎动第五》)，而此道即依仁义中正而行。故周敦颐的主静和定之以中正仁义是相辅相成的关系，主静人才能更好地领会中正仁义，自觉行为中道，由仁义行；而定之以中正仁义，人也才能超脱物欲激动而心静，心静则亦保持性体之"中"。"性者，刚柔善恶，中而已矣"。（《通书·师第七》）总之，诚体处于不动的状态时是纯然本善的，一动则就有善恶产生。这正如朱熹所说："圣人全动静之德，而常本之于静也……然静者诚之复，而性之真也。苟非此心寂然无欲而静，则又何以酬酢事物之变，而一天下之动哉！故圣人中正仁义，动静周流，而其动也必主乎静。"②

周敦颐在强调主静这一修养方法时，还提到做到静的要旨，即"无欲"。圣学有要："一为要。一者，无欲也。无欲，则静虚动直。"（《通书·圣学第二十》）初看周敦颐这种主张，似显悖于先儒之教导。孔孟不言无欲，而只言寡欲。而从周敦颐的《养心亭说》来看，周敦颐明显认为寡欲不够。周敦颐针对孟子提出的"养心莫善于寡欲"指出："予谓养心不止于寡焉而存耳，盖寡焉以至于无。无则诚立、明通。"③从这里可以看出，周敦颐之所以主张无欲，和他的本体思想依然相关。无欲才能达于诚体。诚体无思无为，寂然不动。人也只有无欲方能保持性体之中，从而心泰神和，从容中道。一旦私欲充斥其心，则善恶亦起。故安神养性之道，在于无欲。无欲方能通过性体、天理。"无欲者，心体粹然无极之真"，④心底"纯然是个天理"，此论可谓抓住了周敦颐无欲说之主旨。

周敦颐的主静无欲之说，其实是借此体会和涵养太极诚体之品性，从而使人的

---

① 朱杰人、严佐之、刘永翔主编：《朱子全书》第 23 册，上海古籍出版社、安徽教育出版社，2002，第 3274 页。

② 陈克明点校：《周敦颐集》，中华书局，1990，第 7 页。

③ 陈克明点校：《周敦颐集》，中华书局，1990，第 7 页。

④ 黎德靖撰，王星贤点校：《朱子语类》六，中华书局，1986，第 2406 页。

道德修养通达于天道，这可以说是一种别具一格的"性达于天"的工夫路数，因而体现的还是儒家由人及天的工夫思想。但是周敦颐的这种论调显有别于原始儒家的工夫主张，因而引起后儒议论。但就其理论旨趣来看，周敦颐不但贯彻了儒家道德生命的价值立场，也极大提升了儒者君子之学追求的生命境界，是有其特殊的理论价值的。

君子观在黄道周的言行审视 *

孙君恒　关殷颖 **

摘　要： 黄道周作为晚明忠臣和思想家，非常强调儒家君子情怀，主张君子的仁爱在于忠君与忠社稷。他组织义勇军抗清、慷慨就义，展示了传统仁义追求。他关于礼仪、孝道等君子道德的论述和践行，强调君子的性格直率、仁慈胸怀、善待他人、知难而进。他提出了界定和区分"君子"与"小人"的五条标准，从理论和实践两个层面发扬光大了儒家的正统君子思想。黄道周作为典型的士大夫，对传统君子观有着系统深刻的认知和实践，但也存在一定的历史局限性，需要深入挖掘与理性分析。

关键词： 黄道周；君子；忠孝；气节

徐霞客曾高度赞扬黄道周："字画为馆阁第一，文章为国朝第一，人品为海内第一，其学问直接周、孔，为古今第一。"黄道周因抗清失败被俘，临刑前大呼："天下岂有畏死黄道周哉？"最后头已断而身"兀立不仆"。黄道周死后，人们从他的衣服里发现一封血书。上书："纲常万古，节义千秋，天地知我，家人无忧。"落款为"大明孤臣黄道周"。黄道周因抗清而死，乾隆却给予他至高评价，称他为"一代完人"！黄道周作为典型的科举文人、著名的政治家和书画家，对传统君子观有着系统深刻的认知和实践，但也存在一定的历史局限性，需要深入挖掘与理性分析。

---

　* 本文为湖北省教育厅哲社科重大项目"儒、墨、道、法的当代价值审视"（编号：18Z017）的阶段性成果。

　** 孙君恒，武汉科技大学国学研究中心主任、教授，主要从事伦理文化研究。关殷颖，武汉科技大学研究生，研究方向为传统文化与红色文化。

一、君子的美德涵养

黄道周在继承孔孟君子思想的基础上，结合自身所处的社会环境和政治实践，赋予"君子"以新的精神内涵，丰富了孔孟的君子人格理论。黄道周认为，"君子"应具备六种美德。

（一）君子仁爱，忠君爱国

作为孔孟学说的继承者，黄道周以"行王道、正儒术"为己任；作为唐宋以来科举文士的典范，他特别强调忠君、仁政的重要意义。黄道周的讣讯传至福京（今福州）后，隆武帝"震悼罢朝"，特赐谥"忠烈"，追赠"文明伯"，在福州为他立"闵忠"庙，树"中兴大功"坊；另在漳浦为他立"报忠"庙，树"中兴荩辅"坊，春秋奠祭。百年后，乾隆帝为褒扬黄道周忠节，又追谥其"忠端"。清代著名学者蔡世远将黄道周的一生概括为：严谨的治学精神和渊博的学问可比邵雍，忠贞为国直言敢谏可比李纲，慷慨赴难从容就义可比文天祥。福建漳浦县树立的"忠、孝、廉、节"四圣贤中，黄道周被视为"忠"的典范。

黄道周的赤胆忠心，集中体现在其呈给崇祯帝的奏疏中。而他关于君子的论述，多切中君子遭受排挤、小人得势的时弊，反复劝谏崇祯帝明辨君子与小人，重用君子、远离小人。如《放门回奏疏》曰："臣思天下明切之言，随试辄放者，莫若用君子、去小人。使用君子、去小人而犹不效，则无贵明切者矣。臣生愚迂，不能为明切之论。"《放门陈事疏》曰："自古迄今，决无数米量薪，可成远大之猷；吹毛数睫，可奏三五之治者。彼小人见事，智每短于事前，言每多于事后。"《黄漳浦文选》卷一曰："勿使党锢之端见于清时，营窟之情涸于君子，使天下后世见者有以颂帝德之广大，服明允于无疆。"

儒家强调，仁义是君子道德的根本，更是达到"至善"境界的关键。黄道周曰："至善说不得物，毕竟在人身中，继天成性，包裹天下，共明共新。"（黄道周《榕坛问业》卷一）又曰："学者须先认得至善；认得至善，自然知止。"（黄道周《榕坛问业》卷十六）在黄道周看来，只要遵循仁爱的根本道德，其他道德素养自然水到渠成。他曾谆谆告诫世人，唯有始终保持本心、仁心、初心，才能善待他人、贡献社会、报效国家，战胜一切艰难险阻。黄道周曰："君子平居不能安民定

志，临变不能逆折奸萌，虽有常山之蛇，成何首尾？"（陈寿祺《明漳浦黄忠端公全集·年谱》，道光十年刻本）

（二）君子举仁义之师，慷慨就义

黄道周在推崇仁义、践行道义方面，可谓不遗余力。组织抗清义勇军和慷慨就义，是其践行仁道精神的明证。黄道周有感于当时士大夫"不谈仁义，苟利其身"的现状，乃上《辨仁义功利疏》，提出"仁义者，天地之权衡，万物之纲纪也"，强调"行仁义者，即不谈功利，可收功利之实；谈功利者，即不丑仁义，亦已灭仁义之教"。在此基础上，黄道周将义利之辨提高到与天下兴亡密切相关的高度："天下之强弱，视于人材；人材之邪正，视于学术；学术之真伪，视于义利。"（黄道周《黄漳浦集》卷一）

在明朝生死存亡之际，黄道周积极筹措粮饷，招募抗清志士。据《明史》记载："当是时，国势衰，政归郑氏，大帅恃恩观望，不肯一出关募兵，道周请自往江西图恢复。以七月启行，所至远近响应，得义旅九千余人，由广信出衢州。十二月进至婺源，遇大清兵。"尽管军事实力无法与清军相提并论，但黄道周坚信自己所招募者"皆漳南子弟，君子之军"（黄道周《黄漳浦文选》卷二《将出关疏》）。在儒家思想的熏陶下，"吴越多君子，颜行属剑者何止三千？地水有大人，锡命师中者应从九二"。（黄道周《黄漳浦文选》卷三《弘光元年六月敷告万方檄》）黄道周和他的义勇军在"仁义之师必胜"信念的激励下，与清军展开了血战。

黄道周就义之日，其老仆哭之甚哀。黄道周劝慰道："吾为正义而死，是为考终，汝何哀？"临刑前仍然大呼："天下岂有畏死黄道周哉？"最后头已断而身"兀立不仆"。此情此景，不免让人肃然起敬。就连乾隆帝亦不禁赞叹道："黄道周立朝守正，风节凛然，其奏议慷慨极言，忠荩溢于简牍；卒之以身殉国，不愧一代完人。"

（三）君子注重礼仪规范

黄道周特别强调礼乐的作用，认为礼乐在涵养君子道德、规范社会秩序等方面，均发挥着至关重要的作用。他说："礼乐止是中和，致中谓礼，致和谓乐。……礼乐中和，于是见像，而诚明之义亦尽于此。"（陈寿祺《明漳浦黄忠端公全集》，道光十年刻本）因此，对于正统礼仪的衰落，黄道周感到痛心疾首，一生致力于复兴正统礼仪。黄道周曰："自以为文王君子，犹以谓为礼焉。礼义之丧也若此乎？然则执杀灭人有礼乎？"（黄道周《黄漳浦集》卷一十《春秋揆略》）崇祯十六年（1643），黄道周告病辞官，回到漳州府，在邺山书院讲学授业。据《邺山讲仪记》记载，黄道周每次开讲前，门人及宾客均须先到神堂拜谒先贤，然后进入讲堂。开讲前，鸣鼓升坛，率众宣读"忠信礼义""涤心立志"之类的誓言后就位，并在乐声中互相献酬歌诗，礼毕才正式开讲。讲课结束后，再次鸣鼓奏金，将门人及宾客送走。可见，黄道周对登门学子的道德品质和行为礼仪要求甚高。[①]

（四）君子重孝德，家教淳厚

据《明史·黄道周传》记载："黄道周，福建人。家贫业农，事亲以孝闻……道周以文章风节高天下，严冷方刚，不谐流俗。"黄道周的忠孝品格，与其父母的教育息息相关。据明洪思《黄子传》记载，黄道周"父青原公，母陈氏，皆通经史，深明忠孝大义，而教之有法"。明代中晚期，儒家的传统孝道观呈现出式微之态，为发明《孝经》经义，黄道周作《孝经集传》一书，力图从学术根基、思想理论与核心规范三方面拯救和重建儒家的孝道观。在《孝经集传序》中，黄道周开宗明义地指出："臣观《孝经》者，道德之渊源，治化之纲领也。六经之本，皆出《孝经》。"《庶人章》"自天子以至庶人，孝无终始而患不及者，未之有也"注云："'不敢毁伤'，孝之始也；'立身显亲'，孝之终也。谨身以事亲，则有始；立身以事亲，则有终。孝有终始，则道著于天下，行立于百世。"可见，黄道周把孝道作为立身之本和君子必备之德，对于孝道有着深刻的理解和体会。

黄道周不仅致力于重建儒家的孝道观，而且身体力行。黄道周在讲学过程中，积极传播弘扬儒家的孝道观，将孝道思想厚植于学生心中。如他教育学生："先做圣贤，后做孝秀；先做孝秀，后做官人。"（黄道周《榕坛问业》卷五）据明洪思《黄子传》记载："黄子之学起于漳海之滨，海内从之问业者几千人，教之皆必以忠孝。在思陵间，漳海之学，天下莫隆焉。"

此外，黄道周还将忠孝写入家训，作为后世子孙的行为准则。其《杖后示儿书》云："至于事亲当孝，事君当忠，事长当顺，处友当信，接人待物当诚敬有礼，此不待问而知也。"（黄道周《黄漳浦集》卷十九）

---

① 《漳州黄道周与"邺山讲堂"事迹：仕途隐退筑讲堂》，闽南网，2015 年 9 月 23 日。

（五）君子保持士大夫的气节

黄道周血书中的"纲常万古，节义千秋"，就是对君子气节的鲜明注解。《四库全书·黄道周儒行集传》序对黄道周的评价是："以直节清德，见重一时。"清李光地对黄道周的评价是："石斋虽当时用之，恐无益于乱亡，救乱须有体有用之人……明代士大夫如石斋辈，炼出一股不怕死风气，名节果厉。第其批鳞挦须、九死不回者，都不能将所争之事于君国果否有益盘算个明白，大都是意见意气上相竞耳，行有余而知不足，其病却大。"（李光地《榕村语录》卷二十二）

黄道周强调，君子应以忠信礼义仁作为自己终生的追求。黄道周曰："儒有忠信，以为甲胄，礼义以为干橹，戴仁而行抱义而处。虽有暴政，不更其所，其自立有如此者。智者君子之所不用也，君子处乱世值暴政而以智自全，则其道已下矣。忠信礼义仁，此五大宝者，贪贼之所不攫，凶人之所不取也。君子用之，以为甲胄干橹宫室城郭。故虽乱溃，不更其所，人君以是取，其臣则势涣者可守民，散者可聚也。"（黄道周《儒行集传·又自立章第八》）

黄道周主张，人际交往中，也须讲求君子之道。黄道周曰："儒有合志同方，营道同术；并立则乐，相下不厌；久不相见，闻流言不信；其行本方立义，同而进，不同而退。……君子之道，或出或处，或默或语，二人同心，其利断金。同心之言，其臭如兰。圣人之贵，同也如此。故同义者，君子之事；同利者，小人之道也。……《书》称，一德一心，又称同心同德，人主恶同亦于义利辨之耳。立义同，则方术无不同者，儒者不言方术而言志义，术圆而义方，内方谓之君子，内圆谓之小人，和同之间辨之此耳。"（黄道周《儒行集传·交友章第十六》）

（六）君子言行一致

黄道周治学脚踏实地，精益求精，其研治《周易》的态度和方法，实为学术界的楷模。他从年少开始研读《周易》，经过孜孜不倦的探研，终成一代易学大师。除易学外，他在儒学、医学等领域亦成就斐然。他不懈探究的治学精神，对于当前存在的照本宣科、不求甚解的治学之风，是一个警醒。[1]黄道周曰："所谓君子者，躬行忠信，其心不贾；仁义在己，而不害不志；闻志广博，而色不伐；思虑明达，而辞不争，君子犹然如将可及也，而不可及也。如此，可谓君子矣。"（黄道周《儒

---

[1]《黄道周：文章千古 节义千秋》，东南网，2015 年 3 月 19 日。

行集传·命儒章第十八》）

黄道周极为重视君子的道德，关于君子美德的论述几乎充满其所有著述中。《论语》将君子的美德概括为：仁、义、礼、智、信、恭、宽、信、敏、惠、忠、孝、廉、毅、和等，后世儒家又赋予君子以气节、慷慨、勤奋、节俭等美德。黄道周立足当时的社会形势，结合自身的经历，从理论和实践两个层面发扬光大了儒家的正统君子思想。

二、君子与小人势不两立

君子与小人，向来泾渭分明。黄道周结合自身的政治经历，在《放门回奏疏》中，集中阐述了君子与小人的五点根本区别。其文曰：

> 臣素不交游，于中外人材实未周知。然以臣所学，直亮刚方，必为君子，脂韦荏苒，必为小人；仁闵宽宏，必为君子，鸩鸷狡险，必为小人；乐善闻过，必为君子，好谗悦佞，必为小人；难进易退，必为君子，竞荣图宠，必为小人；非道不由，必为君子，他途借进，必为小人。持此五者，衡量天下，十不失一。……知其为小人而又以小人矫之，则小人之焰益张；知其为君子而更以小人参之，则君子之功不立。（黄道周《黄漳浦文选》卷一）

黄道周总结出的君子与小人的五点根本区别，既是儒家君子思想的智慧结晶，更是他自身的经验之谈。可谓切中要害，极具启发意义。

除《放门回奏疏》中所列的五点区别外，黄道周关于君子小人之辨的论述还有很多。如"君子之喜怒皆以拨乱，故争于其大，不争于其细"。（黄道周《黄漳浦文选》卷一《慎喜怒以回天疏》）"知败而引咎者，谓之君子；量成而要办精者，谓之小人"。（黄道周《黄漳浦集》卷一十《春秋揆略》）"君子有贤奸而无门户，小人无贤奸而有门户"。（黄道周《黄漳浦文选》卷三《请召刘宗周、姜曰广、高弘图、杨廷麟、刘同升以收人心笺》）

通过系统爬梳黄道周的著述，我们将其关于君子与小人的区别总结为十二个方面：一、君子直亮刚方，小人脂韦荏苒；二、君子仁闵宽宏，小人鸩鸷狡险；三、君子乐善闻过，小人好谗悦佞；四、君子难进易退，小人竞荣图宠；五、君子非道不由，小人他途借进；六、君子知败而引咎，小人量成而要办精；七、君子用听，小人用间；八、君子有贤奸而无门户，小人无贤奸而有门户；九、君子同义，小人同利；十、君子内方，小人内圆；十一、君子争于其大，小人争于其细；十二、君子言其所善，行其所善，思其所善；小人言其不善，行其不善，思其不善。

黄道周认为，君子小人之辨实关乎社稷安危。崇祯五年（1632），因厌倦朝中挤压倾轧的党争之风，黄道周向崇祯帝称病请辞。离京前，他特上《小人勿用疏》，指明"小人柄用，怀干命之心"，以致"士庶离心，寇攘四起，天下骚然，不复乐生"，并劝诫崇祯帝"退小人，任贤士"。此外，黄道周还提出，在朝廷官员中倡行君子之风，让小人无立锥之地，是重塑良好政治生态的关键。黄道周曰："君子讵有畸偏之谈？小人岂有虚公之论？今陛下仁智端竟甚明，而大臣引伸扩充不力。"（黄道周《黄漳浦文选》卷一《求言省刑疏》）

针对朝中挤压倾轧的党争现象，黄道周一针见血地指出，小人当道是国家的灾难，劝诫崇祯帝务必"退小人，任贤士"。黄道周曰："毋与小人而谋君子，毋与辱人而图贵士，监厂卫勾引之奸，怵阉寺开门之祸，仁义以考言，礼乐以询事，其有舍仁义、违礼乐者，虽捃藉富强，希冀事功，亦皆粪壤致之。"（黄道周《黄漳浦文选》卷二《恭慰圣怀疏》）对于小人自私自利、无所不为、败坏社会风气、危害江山社稷的行径，黄道周可谓深恶痛绝。他说："君子用听，小人用间。以听为间，故可以不战而战。"（黄道周《黄漳浦文选》卷二《拟中兴十三言疏》）又曰："亲小人而远君子，内外以偷，奸贼以生。"（黄道周《黄漳浦文选》卷二《拟中兴十三言疏》）

黄道周将孔门弟子视为儒家君子的典范。他说："故如子夏，可谓怀忠信者矣。"（黄道周《儒行集传·礼记之属》）君子注重内在修养，言行一致；小人则金玉其外，败絮其中。黄道周曰："孔子谓伯鱼曰：'鲤，君子不可以不学，见人不可以不饰。不饰则无根，无根则失理，失理则不忠，不忠则失礼，失礼则不立。夫远而有光者，饰也；近而逾明者，学也。'……是故君子德行成而容不知，闻识博而辞不争，知虑微达而能不愚。"（黄道周《儒行集传·容貌章第三》）

在君子的道德修养方面，黄道周继承了程颐、朱熹的"涵养须用敬"说。黄道周提倡"修己以敬"，将"敬"视为"本体工夫""中和之本，礼乐渊源"。用今天的话来说，"敬"是一种能产生神秘力量的主观精神。尤为值得一提的是，黄道周将"敬"和"安民""安百姓"联系起来阐述，从而使"修己以敬"和"君子事功""君子学问"一起，共同构成修身、齐家、治国、平天下的人生理想和志趣。他在《中庸》"诚者，天之道也；诚之者，人之道也"的基础上，将"诚"与"敬"结合起来，提出"诚是天道，敬是人道，修己便要修到诚处，便与天地同体"。如此一来，黄道周便将人的主观意识、道德观念的"敬""诚"，与客观事物、自然界的"天"的真实性混同起来，必然以主观意识代替客观世界，"诚便与天地合体"，最终达到天人合一的境界。黄道周的人性论思想，强调人性源于天，并通过将人性与天命沟通起来，赋予人性以神秘性，提高了人性的价值和地位。

在身心修炼方面，黄道周强调君子以治心养气为先。黄道周指出："言其所善，行其所善，思其所善，如此而不为君子者，未之有也。言其不善，行其不善，思其不善，如此而不为小人者，未之有也。"（黄道周《儒行集传·儒仕章第九》）可见，黄道周试图从身心修炼方面寻求道德本体论的根源，从而为传统君子的道德体系提供理论依据。

综上所述，黄道周的君子小人之辨，既高屋建瓴、切中时弊，又极富启发性和指导性。但是，由于时代和阶级的局限，他的君子思想不可避免地沾染上忠于帝王个人、维护封建礼教等消极因素。比如，他提出的君子的仁爱在于忠君和效忠社稷，就带有浓重的封建纲常色彩。

三、几点评论

黄道周的君子观，是传统儒家君子理论中的重要组成部分。在明清易代之际，黄道周仍然倡行传统君子的忠孝思想和美德体系，维护儒家传统思想的正统地位。洪思高度赞扬了黄道周在推广程朱理学方面所做的努力："黄子之学大则周孔，小则伊孟，亦不尽宗考亭。往在浙江讲堂时，与诸生复说《易象》《诗》《书》《春秋》《礼》《乐》新故异同之致，不能不与元晦抵牾。"（黄道周《黄漳浦集》卷二十一《王文成公集序》按语）清人对黄道周的评价是："道周以致知为宗而止宿于至善，确守朱熹之道脉而独邈宗传。"（黄道周《黄漳浦集》卷首《道光五年礼部奏表》）陈来先生提出，黄道周的思想"虽然是明代儒学的一支，但确非理学所能范围。而他的思想无论从哪个方面来看，都包含了他对晚明政治、社会、学术问题的思考和回应"。①

就中国思想文化史研究的现状来看，学界关于黄道周的研究虽然有所进展，但远远不够。专著方面，翟奎凤、郑晨寅、蔡杰共同整理的《黄道周集》全六册，直到 2017 年才由中华书局出版。整体而言，黄道周在中国思想文化史、中国古代哲学史、中国伦理道德史的地位和作用，仍没有得到应有的重视。其突出表现在：21 世纪以来出版的中国思想文化史、中国古代哲学史、中国伦理道德史方面的著作中，有许多著作都没有提及黄道周。如嵇文甫先生的《晚明思想史论》（东方出版社，2013）、张学智教授的《明代哲学史（修订版）》（中国人民大学出版社，2012）、樊树志教授的《晚明史》（复旦大学出版社，2003）、朱贻庭主编的《中国传统伦理思想史》（华东师范大学出版社，2009）。黄道周的伦理思想和君子观长期受到冷落的原因是多方面的，其中一个重要原因是：黄道周作为崇祯朝的文官领袖，其伦理思想和君子观侧重于"对晚明政治、社会、学术问题的思考和回应"，且多散见于其著述之中，故其哲学思想和伦理思想均不成体系，缺乏严密性和完整性。

由于时代和阶级的局限，黄道周的君子思想不可避免地沾染上忠于帝王个人、维护封建礼教等消极因素。他心目中的君子，无论是朝廷官员还是仁人志士，无不以忠君和效忠社稷为最高使命，带有浓重的封建纲常色彩。因此，我们在研究黄道周的君子思想时，必须用批判的眼光，取其精华，去其糟粕。

---

① 陈来：《黄道周的生平与思想》，载袁行霈主编：《国学研究（第十一卷）》，北京大学出版社，2003。

笃志而体

—— 荀子论君子人格

吴树勤 *

摘　要：荀子根据人们对礼义原则之落实程度，构建了士、君子、圣人三种道德人格形象。《荀子》曰："好法而行，士也；笃志而体，君子也；齐明而不竭，圣人也。"儒家以培养君子、圣人为教育的主要目标，"好法而行"是士人格的基本特征，"笃志而体"是君子人格的首要特征，"齐明而不竭"是圣人人格的突出特征。士、君子、圣人三者之中，唯有"笃志而体"的君子能将礼义原则内化于心，外化于行，真正实现"志""知""行"的合一。

关键词：笃志而体；君子人格；"志""知""行"合一

　　"君子"一词，在《诗》《书》中多指社会地位而言，偶尔兼指道德品格和社会地位，而无离地位而专指道德品格者。《论语》中的"君子"，有专指社会地位的，有专指道德品格的，也有兼指道德品格和社会地位的。《荀子》中的"君子"，亦是如此。

　　荀子论人，主要侧重于道德人格成就方面。他将人分为士、君子、圣人三个道德人格层次，学习须从"士"开始，最终目标是"圣人"。《荀子·礼论》曰："故学者固学为圣人也，非特学为无方之民。"《荀子·劝学》曰："其义则始乎为士，终乎为圣人。真积力久则入，学至乎没而后止也。故学数有终，若其义则不可须臾舍也。为之，人也；舍之，禽兽也。"荀子以"知道"为君子和圣人的根本特征，所谓的"道"，就是指人道、礼义原则而言；所谓的"知"，主要包括"志""知""行"

　　*　吴树勤，山东工商学院人文与传播学院教授、副院长。主要从事儒家文化、文化传播学研究。

三个方面。就人们对礼义原则之落实程度而言，普遍存在着"志""知""行"的差异，由此形成了不同的道德人格成就。荀子根据人们对礼义原则之落实程度，构建了士、君子、圣人三种道德人格形象。这三种道德人格形象层次分明且相互交叉，是一个动态的整体。可见，荀子论人，是符合孔孟论人的一贯原则的。

荀子既讲求圣凡之别，又注重圣凡相通。荀子认为，就人的自然本性而言，凡人与圣人、小人与君子都是相通的。《荀子·性恶》云："凡人之性者，尧、舜之与桀、跖，其性一也；君子之与小人，其性一也。"在此基础上，荀子进一步提出："今使涂之人者，以其可以知之质，可以能之具，本夫仁义法正之可知可能之理，可能之具，然则其可以为禹明矣。今使涂之人伏术为学，专心一志，思索孰察，加日县久，积善而不息，则通于神明，参于天地矣。故圣人者，人之所积而致矣。"（《荀子·性恶》）可见，在荀子看来，任何人都可以成为圣人，遑论君子！鉴于荀子论人，主要侧重于道德人格成就方面，故我们也着重从道德品格方面，探讨荀子理想人格体系中"君子"的内涵和特征。

一、好法而行：道德初步成就的人格特征

"士"是儒家道德修养的基础阶段。余英时先生对"士"的界定是："主要泛指各部门掌事的中下层官吏，为贵族阶级中的最底层，其下便是庶人了。"[1] 可见，"士"是比"庶民"地位稍高之低级贵族。贵族与平民之间有着极严密的区分，士仍有其有别于民之尊严。[2]

据清顾炎武《日知录》记载："三代之时，民之秀者乃收之乡序，升之司徒而谓之士，固千百之中，不得一焉。"[3] 春秋战国时期，由于诸侯争霸，社会动荡，礼崩乐坏，不同阶级之间的传统界限被打破，原本属于贵族最底层的士阶层从沉重的宗法制羁绊中解放出来，在社会身份上取得了独立的地位，其社会性格也为之一变。春秋战国时期的士阶层具有两个明显特征：第一，有知识，有技艺；第二，不受土地关系与宗法血缘关系的束缚，能够自由流动。他们对于社会人生皆抱持以道

---

[1] 余英时：《古代知识阶层的兴起与发展》，载氏著：《士与中国文化》，上海人民出版社，1987，第6页。

[2] 翁惠美：《荀子论人研究》，（台北）正中书局，1988，第30—31页。

[3] 栾保群、吕宗力校点：《日知录集释》，花山文艺出版社，1990，第336页。

自任的精神，并逐渐成为"知识分子"之代称。^①荀子生当战国末期，其书中所称之"士"，主要是指志于道德修养和功业成就的知识分子。

荀子认为，学者为学立志，应以士为第一目标。换句话说，学者应以道德修养为自己的首要任务，仅专注于技术性知识是有悖于儒家的为学宗旨的。因此，荀子曰："匹夫问学，不及为士，则不教也。"（《荀子·儒效》）清王先谦注曰："如樊迟问学稼学圃，孔子答以不如老农老圃。"^②据《论语·子路》记载，孔子对樊迟此问的评价是："小人哉，樊须也！上好礼，则民莫敢不敬；上好义，则民莫敢不服；上好信，则民莫敢不用情。夫如是，则四方之民襁负其子而至矣，焉用稼？"宋朱熹《论语集注》注曰："小人，谓细民……礼、义、信，大人之事也。……杨氏曰：'樊须游圣人之门，而问稼圃，志则陋矣，辞而辟之可也。待其出而后言其非，何也？盖于其问也，自谓农圃之不如，则拒之者至矣。须之学疑不及此，而不能问。不能以三隅反矣，故不复。及其既出，则惧其终不喻也，求老农老圃而学焉，则其失愈远矣。故复言之，使知前所言者意有在也。'"

荀子对"小人"的理解，可谓全面而深刻。如"其言也诒，其行也悖，其举事多悔，是小人之知也"。（《荀子·性恶》）"言无常信，行无常贞，唯利所在，无所不倾，若是则可谓小人矣"。（《荀子·不苟》）"乱生乎小人"。（《荀子·王霸》）可见，荀子认为，小人无视礼义原则，缺乏道德修养，唯利是图，是祸乱的制造者。

此外，荀子还用"无方之民"与"有方之士"的概念，来进一步说明士的特征：

> 好法而行，士也。（《荀子·修身》）
>
> 礼者，人道之极也。然而不法礼，不足礼，谓之无方之民；法礼，足礼，谓之有方之士。（《荀子·礼论》）
>
> 行法至坚，不以私欲乱所闻，如是，则可谓劲士矣。（《荀子·儒效》）

清王先谦注"好法而行"曰："法即礼也。"^③清王念孙注"行法至坚"曰："法者，正也。言其行正，其志坚。"^④荀子又提出，"士君子安行之"（《荀子·礼论》），

---

① 参考余英时：《古代知识阶层的兴起与发展》，《士与中国文化》，上海人民出版社，1987，第34—51页。

② ［清］王先谦：《荀子集解》，中华书局，1988，第98页。

③ ［清］王先谦：《荀子集解》，中华书局，1988，第33页。

④ ［清］王先谦：《荀子集解》，中华书局，1988，第130页。

"向是而务，士也"（《荀子·解蔽》）。联系前后文可知，"士君子安行之"之事为祭祀，祭祀属礼；"向是而务"之"是"，谓圣王之制，[①] 亦属于礼。因此，荀子所谓"法礼"，就是指按照礼仪规范行事；"好法而行""行法至坚"之"法"，均是指礼仪条文。在荀子看来，能否按照礼仪规范行事是士与庶民的重要分野之一。士能够坚定不移地按照礼仪规范来修养道德，成就功业。庶民则不能恪守礼义原则，其行为活动总是与道德相违背。

荀子言"法"，总与"类"相对举，突出了"类"所指称的礼仪规定所依据的原则义。因此，荀子所谓"法"，也可指具体的礼仪条文或仪式、器物之度数。"类"和"法"的关系，类似于"义"和"数"的关系。《荀子·荣辱》云："循法则、度量、刑辟、图籍、不知其义，谨守其数，慎不敢损益也；父子相传，以持王公，是故三代虽亡，治法犹存，是官人百吏之所以取禄秩也。"《礼记·郊特牲》中有一段类似的记载："礼之所尊，尊其义也。失其义，陈其数，祝史之事也。故其数可陈也，其义难知也。知其义而敬守之，天子之所以治天下也。"可见，《礼记》所谓的"义"即荀子所谓的"类"，《礼记》所谓的"数"即荀子所谓的"法"。《荀子·大略》直接把"类""义"与"法""数"的关系比喻为"本""末"和"左""右"的关系。其文曰："有法者以法行，无法者以类举。以其本知其末，以其左知其右，凡百事异理而相守也。""法""数"属于专业性技术或知识，"类""义"则是贯穿于各类技术或知识的原则和纲领。

荀子认为，能够谨守礼义原则，就可称作"士"了。《荀子·劝学》云："故隆礼，虽未明，法士也。"王先谦注曰："法士，即好礼法之士。"[②]《荀子·不苟》根据士对礼义的不同关注角度，进一步将"士"分为四等：

> 有通士者，有公士者，有直士者，有悫士者，有小人者。上则能尊君，下则能爱民，物至而应，事起而辨，若是则可谓通士矣。不下比以暗上，不上同以疾下，分争于中，不以私害之，若是则可谓公士矣。身之所长，上虽不知，不以悖君；身之所短，上虽不知，不以取赏；长短不饰，以情自竭，若是则可谓直士矣。庸言必信之，庸行必慎之，畏法流俗，而不敢以其所独甚，若是则

---

① 《荀子·解蔽》曰："故学者以圣王为师，案以圣王之制为法，法其法以求其统类，以务象效其人。向是而务，士也。"

② [清] 王先谦：《荀子集解》，中华书局，1988，第17页。

可谓悫士矣。

无论是通士、公士、直士还是悫士，都是在道德方面取得初步成就的人。"悫士"是慎行己身，通过随顺世俗以求获得生命的保全。"直士"不矜其长，不掩其短，效功于当世。"公士"公正无私，不结党营私。"通士"物至而应，事起而辨，应物治事皆得其中。《荀子·大略》云："君子处仁以义，然后仁也；行义以礼，然后义也；制礼反本成末，然后礼也。三者皆通，然后道也。"由此推知，所谓"通士"，就是"仁""义""礼"三者兼备之人。

荀子对"君子"的界定是"笃志而体"。清王念孙《读书杂志》注"笃志而体"曰："固其志以履道。"① 可见，"君子"就是具有远大坚定的志向，且能身体力行地践行礼仪规范的人。

荀子认为，"志意"最终决定着道德人格的实现程度。《荀子·正论》曰："志意修，德行厚，知虑明。"《荀子·荣辱》："志意致修，德行致厚，智虑致明。"《荀子·富国》曰："仁人之用国，将修志意，正身行。"可见，心志对行为原则的不同选择，决定了知和行的方向。

二、志于道：君子人格的首要特征

荀子论"君子"，常与"小人"对举。君子与小人的材性知能是相同的，二者可以互相转换。《荀子·性恶》曰："凡人之性者，尧、舜之与桀、跖，其性一也；君子之与小人，其性一也。"《荀子·荣辱》曰："材性知能，君子小人一也；好荣恶辱，好利恶害，是君子小人之所同也。"《荀子·性恶》曰："故小人可以为君子，而不肯为君子；君子可以为小人，而不肯为小人。小人、君子者，未尝不可以相为也，然而不相为者，可以而不可使也。"在荀子看来，小人虽然有成为君子的潜质，但之所以没有成为君子，完全是因为自己的选择，非外力可以改变（"不可使"）。

君子之所以成为君子，完全是自身修为的结果。《荀子·儒效》云："故人知谨注错，慎习俗，大积靡，则为君子矣。纵性情而不足问学，则为小人矣。"《荀子·性恶》云："今之人，化师法、积文学、道礼义者为君子；纵性情、安恣睢而违礼义者为小人。"《荀子·天论》云："故君子敬其在己者，而不慕其在天者；小

_____

① [清]王先谦：《荀子集解》，中华书局，1988，第33页。

人错其在己者，而慕其在天者。君子敬其在己者，而不慕其在天者，是以日进也；小人错其在己者，而慕其在天者，是以日退也。"梁启雄据此提出，君子务尽人治，小人务求天赐。[①] 君子内求，总是通过自身努力来不断提高道德修养；小人外求，总是祈求上天的恩赐，君子和小人的差距由此拉开。

荀子强调，君子与小人之别，并不在于形貌，而在于其所选择的立身处世方法和行为原则。荀子从"形"与"心"的关系入手，阐述了这一观点。《荀子·非相》曰："相形不如论心，论心不如择术。形不胜心，心不胜术。术正而心顺之，则形相虽恶而心术善，无害为君子也；形相虽善而心术恶，无害为小人也。"荀子的意思是，假如一个人的立身处世方法和行为原则是有悖于社会治理的，那么，无论他的相貌多么好看，都只能被称作"小人"；假如一个人的立身处世方法和行为原则是有利于社会治理的，那么，无论他的相貌多么丑陋，都可被称作"君子"。

荀子提出，君子之所以能自觉遵循礼义原则，是因为君子明辨礼义与非礼义之间的界限。《荀子·非相》曰：

> 凡言不合先王，不顺礼义，谓之奸言；虽辩，君子不听。……故君子之于善[②]也，志好之，行安之，乐言之，故君子必辩。凡人莫不好言其所善，而君子为甚。
>
> 小人辩言险，而君子辩言仁也。言而非仁之中也，则其言不若其默也，其辩不若其呐也。言而仁之中也，则好言者上矣，不好言者下也。故仁言大矣。起于上所以道于下，政令是也；起于下所以忠于上，谋救是也。故君子之行仁也无厌。志好之，行安之，乐言之，故言君子必辩。

在荀子看来，君子虽然善辩，但并不是无原则地论辩。由"小人辩言险，而君子辩言仁也"可知，士君子之辩是以"法先王，顺礼义，党学者"为前提的，故其辩言是"文而致实，博而党正"的"仁言"，"小人之辩"则是"诈而无功"的詹詹"奸言"。

---

① 梁启雄：《荀子简释》，中华书局，1983，第 226 页。
② "善"原作"言"，今根据王引之注改。王引之曰："志好之，行安之，乐言之。"三"之"字，皆指善而言。下文云"凡人莫不好言其所善，而君子为甚"，是其明证矣。下文又云"故君子之行仁也无厌、志好之、行安之，乐言之，故君子必辩。"今本"故"下衍"言"字。今本"善"作"言"，则下文三"之"字皆义不可通。参见 [清] 王先谦：《荀子集解》，中华书局，1988，第 83 页。

杨倞将"不合先王,不顺礼义"的"奸言",理解为公孙龙、惠施、邓析等名家所宣扬的那一套,[①]是符合荀子原意的。荀子提出,君子之"辩",有所止矣。《荀子·儒效》云:"君子之所谓知者,非能遍知人之所知之谓也;君子之所谓辩者,非能遍辩人之所辩之谓也;君子之所谓察者,非能遍察人之所察之谓也;有所止矣。"《荀子·修身》云:"夫'坚白''同异''有厚无厚'之察,非不察也,然而君子不辩,止之也。"《荀子·不苟》云:"'山渊平''天地比''齐秦袭''入乎耳,出乎口''钩有须''卵有毛',是说之难持者也,而惠施邓析能之。然而君子不贵者,非礼义之中也。"在荀子看来,公孙龙、惠施、邓析的言论是"不合先王,不顺礼义"的"奸言",君子固应"止之"。关于这些"奸言"的危害,荀子作出了深刻阐释。《荀子·儒效》曰:"若夫充虚之相施易也,'坚白''同异'之分隔也,是聪耳之所不能听也,明目之所不能见也,辩士之所不能言也,虽有圣人之知,未能偻指也。不知无害为君子,知之无损为小人。工匠不知,无害为巧;君子不知,无害为治。"《荀子·非十二子》曰:"不法先王,不是礼义,而好治怪说,玩琦辞,甚察而不惠,辩而无用,多事而寡功,不可以为治纲纪;然而其持之有故,其言之成理,足以欺惑愚众;是惠施、邓析也。"荀子由此提出,君子之所以坚决拒斥"奸言",是为了更好地践行礼义,不断提升自身的道德修养。

三、乐得其道:君子人格的又一特征

君子对于礼义原则的践行,完全出自内心的自觉。荀子从"义荣""势荣"与"义辱""势辱"的区别入手,说明君子之所以为君子,完全是自身选择和努力的结果。《荀子·正论》云:

> 有义荣者,有势荣者,有义辱者,有势辱者。志意修,德行厚,知虑明,是荣之由中出者也,夫是之谓义荣。爵列尊,贡禄厚,形势胜,上为天子诸侯,下为卿相士大夫,是荣之从外至者也,夫是之谓势荣。流淫污僈,犯分乱理,骄暴贪利,是辱之由中出者也,夫是之谓义辱。詈侮捽搏,捶笞膑脚,斩断枯磔,藉靡后缚,是辱之由外至者也,夫是之谓势辱。是荣辱之两端也。故君子可以有势辱,而不可以有义辱;小人可以有势荣,而不可以有义荣。

① [清]王先谦:《荀子集解》,中华书局,1988,第83页。

志向美好，德行淳厚，智慧明通，是为"义荣"；爵位尊贵，俸禄丰厚，权势煊赫，是为"势荣"；行为放荡，荒淫乱伦，骄横残暴，是为"义辱"；受责骂侮辱，被严刑拷打，乃至被当众斩首，是为"势辱"。君子可以有势辱，而不可以有义辱；小人可以有势荣，而不可以有义荣。究其原因，在于君子"敬其在己者，而不慕其在天者"；小人"错其在己者，而慕其在天者"。（《荀子·天论》）在荀子看来，"荣辱"不仅关乎个人的道德修养，更关乎个人的安危利害。荀子曰："先义而后利者荣，先利而后义者辱；荣者常通，辱者常穷；通者常制人，穷者常制于人，是荣辱之大分也。"（《荀子·荣辱》）"先义而后利者荣，先利而后义者辱"直截了当地指出，把道义放在利益前面，就能获得荣耀；把利益放在道义前面，必会遭受耻辱。

荀子以音乐能引导人的道德情感趋善趋美为例，说明君子以礼义为立身处世的基本原则，完全是出于自主选择。《荀子·乐论》云：

> 君子以钟鼓道志，以琴瑟乐心；动以干戚，饰以羽旄，从以磬管。故其清明象天，其广大象地，其俯仰周旋有似于四时。故乐行而志清，礼修而行成，耳目聪明，血气和平，移风易俗，天下皆宁，美善相乐。故曰：乐者乐也。君子乐得其道，小人乐得其欲；以道制欲，则乐而不乱；以欲忘道，则惑而不乐。

荀子提出，好的音乐能够引导人们的志向，陶冶人们的身心，涵养美好的德性。"人之性恶"，须以礼义法度、社会规范来教化和改变人的先天恶习性。由此可见，礼义和音乐不仅在本质上是统一的，而且在塑造理想人格的过程中获得了具体的统一。

荀子极为重视礼乐的教化作用。《荀子·乐论》曰："乐行而志清，礼修而行成，耳目聪明，血气和平，移风易俗，天下皆宁，美善相乐。"在荀子看来，礼乐不仅可以使人耳目聪明，血气和平，自觉按照礼义原则行动，还可节制规范人的情感欲望，涵养美好的德性，建立良好的伦理秩序。

《荀子·正名》云："有尝试深观其隐而难其察者，志轻理而不重物者，无之有也；外重物而不内忧者，无之有也；行离理而不外危者，无之有也；外危而不内恐者，无之有也。……欲养其欲而纵其情，欲养其性而危其形，欲养其乐而攻其心，欲养其名而乱其行。如此者，虽封侯称君，其与夫盗无以异；乘轩戴絻，其与无足无以异。夫是之谓以己为物役矣。"杨倞释"理"为"道之精微"，[①] 也就是礼义原则。人若是丧失礼义原则，"以己为物役"（如"养其欲""养其性""养其乐""养其名"等），就会陷入"内忧""外危"的境地。相反，人若是以礼义为立身处世的基本原则，就可不断提高自身的道德境界，最终达到活泼泼的自由境界。用荀子的话来说就是："人一之于礼义，则两得之矣；一之于情性，则两丧之矣。"（《荀子·礼论》）

《荀子·臣道》云："恭敬，礼也；调和，乐也；谨慎，利也；斗怒，害也。故君子安礼乐乐[②]，谨慎而无斗怒，是以百举而不过也。小人反是。"《荀子·儒效》云："敦慕焉，君子也。"清王先谦注曰："是慕为勉也。此承上文而言，言能行之，则为士；行而加勉，则为君子。"[③] 恭敬、调和、谨慎、敦慕等，均反映出君子既能够应时而动，作出正确的判断和选择；又在深刻把握礼义内涵的基础上，将其作为自己立身处世的基本原则。

总之，荀子论君子，坚持"志""知""行"的统一。面对战国末期礼崩乐坏、诸侯争霸的社会危局，荀子在批判性地继承孔孟君子思想的基础上，构建了士、君子、圣人三种道德人格形象。荀子论人，既强调道德修养，也重视功业成就，在塑造儒家理想人格的过程中，实现了内圣与外王的辩证统一。

---

① ［清］王先谦：《荀子集解》，中华书局，1988，第 431 页。

② "乐乐"原作"乐利"，据王念孙注改。王念孙曰："乐乐"与"安礼"对文。"安礼乐乐"承上"礼""乐"而言，"谨慎而无斗怒"，承上"斗怒"而言。今本作"乐利"者，涉上"利也"而误。转引自［清］王先谦：《荀子集解》，中华书局，1988，第 256 页。

③ ［清］王先谦：《荀子集解》，中华书局，1988，第 125 页。

论先秦君子"讷言"与"必辩"思想
转变及其后世影响

史哲文 *

摘　要："讷言"是评价君子的重要观点，孔子从言的本体、言与行的关系、言与礼的关系出发，系统阐发了"君子讷言"的意义。到战国时期，孟子、荀子完善和发展了孔子的观点，对"君子必辩"加以肯定，确立辩言的正统性和合理性，以是否好辩，是否好言、乐言作为评价君子的重要准则。"君子讷言"的积极影响在于重视君子谦虚谨慎的处事态度，提升君子重视行动的意义；其消极影响在于使得儒者自我拘束，为保全身家而缄默其口。"君子必辩"的积极影响在于确立言说交流的重要性，将善言、辩说作为治国应当具有的能力；其消极影响在于以无用清谈逃避世事，在争辩议论中消耗国力。

关键词：君子；讷言；君子必辩；言论观

先秦诸子争鸣，"君子"无疑是儒、道、墨、法等各家繁多议题中极为重要却又众说纷纭的核心概念之一。诸家先贤无不对"君子"以及君子人格、君子形象等相关话题表现出浓厚兴趣，其中儒家最为强调君子的内涵价值，《论语》《孟子》《荀子》等经典提到"君子"一词多达上百处。值得注意的是，在儒家话语体系中，对君子内涵的认知却出现了"君子讷言"与"君子必辩"这两种似乎截然相悖的观点，其文化内涵值得探讨。

---

　*　史哲文，安徽省社会科学院文学研究所助理研究员，主要从事明清诗学与地域家族文学方面的研究。

一、孔子君子"讷言"说的内涵

孔子在《论语·里仁》篇里说:"君子欲讷于言而敏于行。"讷言敏行成为孔子言论观中最为经典的论点。而在《论语》中,孔子还多次在不同语境下提到"讷言"的问题。孔子崇尚少说多做,尤其重视谨慎言说,反对巧言。如"巧言乱德"(《论语·卫灵公》)、"巧言令色,鲜矣仁"(《论语·学而》)、"刚、毅、木、讷近仁"(《论语·子路》)。将"讷言"与仁德紧密联系,表明了他对讷言的明确态度。

《说文解字》曰:"讷,言难也。""讷言"的字面意思是"不言说",但是杨国荣认为:"在对某一哲学概念进行分析时,追溯概念的原始语义虽然有助于理解概念本身的历史内涵,然而,却不能简单地走向词源学上的历史还原或者技术层面上的历史追溯,应当注意把握哲学概念和哲学问题自身的丰富性和复杂性。"①综观孔子对"君子讷言"的态度,大致可以归纳出三层意涵。

其一,从言的本体出发,指出君子讷言的必要性。孔子说:"君子一言以为知,一言以为不知,言不可不慎也。"(《论语·子张》)由于君子的言语能够直接反映自身的修为,所以讷言在这里就有两层意涵,一是言说须谨慎,二是言说须立诚,这与《易传》"修辞立其诚"的观点是一以贯之的,并影响到后世文学、美学理论的发展成熟。在孔子看来,君子除须"讷言"外,还须知敬畏。孔子曰:"君子有三畏:畏天命,畏大人,畏圣人之言。小人不知天命而不畏也,狎大人,侮圣人之言。"(《论语·季氏》)孔子从敬畏圣人之言的角度,强调了君子"讷言"的必要性。

其二,将言与行结合,指出君子讷言的目的性。古今中外,语言与行动的关系都是哲学关照的重要议题。谢良佐说:"放言易,故欲讷。力行难,故欲敏。"②无独有偶,西哲维特根斯坦曾说:"凡是能够说的事情,都能够说清楚,而凡是不能说的事情,就应该沉默。"③孔子曰:"君子食无求饱,居无求安,敏于事而慎言,就有道而正焉。可谓好学也已。"(《论语·学而》)孔子又曰:"故君子名之必可言也,言之必可行也。君子于其言,无所苟而已矣。"(《论语·子路》)孔子对于正名极为重视,一部编年史《春秋》,即是为了"正名"而作。杨伯峻对"名正言顺"的解

---

① 杨国荣:《道论》,华东师范大学出版社,2009,第3—4页。
② 程树德:《论语集释》,中华书局,2013,第322页。
③ [奥]维特根斯坦:《逻辑哲学论》,于平复译,中国社会科学出版社,2009,第25页。

释是："君子用一个词，一定（有它一定的理由）可以说得出来；而顺理成章的话，也一定行得通。君子对于措辞说话要没有一点马虎的地方才罢了。"① 也就是说，君子言说不仅要有目的性，还要有可操作性，言出必行。此外，孔子更是直接指出："君子耻其言而过其行。"（《论语·宪问》）这和《礼记·杂记下》所谓的"居其位，无其言，君子耻之；有其言，无其行，君子耻之"，《礼记·缁衣》所谓的"君子寡言，而行以成其信"等，是一气贯通的。

其三，将言与礼结合，指出君子讷言的合理性。孔子提出，君子言说的内容、时机，都要符合礼的要求。从言说的内容来说，孔子曰："非礼勿视，非礼勿听，非礼勿言，非礼勿动。"（《论语·颜渊》）孔子又曰："不知命，无以为君子也。不知礼，无以立也。不知言，无以知人也。"（《论语·尧曰》）从言说的时机来说，孔子曰："侍于君子有三愆：言未及之而言谓之躁，言及之而不言谓之隐，未见颜色而言谓之瞽。"（《论语·季氏》）

有学者认为："孔子的最高理想是不辩和无言。不辩和无言是理想的秩序。中国传统对言的态度在此既形成孔子的这一立场，但同时也为孔子的这一立场所加强和延续。"② 孔子以上天为例，说明不言的重要性。孔子曰："天何言哉？四时行焉，百物生焉，天何言哉？"（《论语·阳货》）老子也有类似的表达。《老子·第二十三章》曰："希言自然。故飘风不终朝，骤雨不终日，孰为此者？天地。天地尚不能久，而况于人乎？"《老子·第四十五章》曰："大真若屈，大巧若拙，大辩若讷。"在老子看来，真正的辩说要复归于讷言。可见，春秋时期，儒家和道家都朴素地以天地的无言之道为例，强调谨慎言说的重要性。

就言论观而言，孔子所推崇的"讷言"，是和"敏行"相对的。君子是否要在任何情况下都保持讷言的状态呢？回答是否定的。孔子强调："君子有三变：望之俨然，即之也温，听其言也厉。"（《论语·子张》）《论语集释》引郑玄注云："厉，严正也。"③ 又引李充注云："厉，清正之谓也。"④ 又引《集注》云："厉者，辞之确。"⑤ 质言之，"厉"就是正直严肃的言说态度与明确诚实的言说内容。由此可见，"讷言"与"厉言"是同一问题的一体两面，"厉言"可视为"讷言"表象之下所要追

① 杨伯峻：《论语译注》，中华书局，2018，第190页。
② 伍晓明：《〈论语〉中的"论辩"与孔子对言的态度》，《中国文化研究》2008年春之卷。
③ 程树德：《论语集释》，中华书局，2013，第1506页。
④ 程树德：《论语集释》，中华书局，2013，第1506页。
⑤ 程树德：《论语集释》，中华书局，2013，第1506页。

求的理想目标。

二、战国儒家言论观的改变与"君子必辩"说的意旨

战国时代，春秋大义逐渐被诸侯征伐所无视。国家形态由贵族封建的分权松散联邦体系向专制独裁的中央集权国家转型，社会制度的变革也影响了各阶层的利益诉求。这一时期，诸子百家一改春秋时期较为温和的传道态度，采用更为激进的话语方式，形成了百家争鸣的局面。名家、墨家、纵横家等均从各自所属的利益集团诉求出发著书立说，对儒家学说造成巨大冲击。

战国时代，"圣王不作……杨朱、墨翟之言盈天下，天下之言，不归杨则归墨"。(《孟子·滕文公下》)墨子直接向儒家发难："儒者曰：'君子必古服古言然后仁。'应之曰：'所谓古之言服者，皆尝新矣，而古人言之服之，则非君子也。然则必服非君子之服，言非君子之言，而后仁乎？'"(《墨子·非儒》)墨子又说："今天下之君子之名仁也，虽禹汤无以易之。兼仁与不仁，而使天下之君子取焉，不能知也。故我曰：天下之君子不知仁者，非以其名也，亦以其取也。"(《墨子·贵义》)在墨子看来，君子之所以不知道"仁"，是因为无法辨别择取"仁"。这就在逻辑上讽刺甚至否定了当时的儒者以古为尊的主张。

面对其他学派的攻讦，儒家不得不改变孔子"讷言"的传道方式。素以"好辩"著称的孟子自陈曰："我亦欲正人心，息邪说，距诐行，放淫辞，以承三圣者，岂好辩哉？予不得已也。"(《孟子·滕文公下》)从时代背景来看，孟子"不得已"而"好辩"的原因主要有两个。其一，战国时期，名家、墨家、纵横家等均从各自所属的利益集团诉求出发著书立说，对儒家学说造成巨大冲击。孟子认为，"能言距杨墨者，圣人之徒也"。面对其他学派的诘难攻讦，孟子"不得已"奋起反抗，使得儒家在百家争鸣中亦占有一席之地。其二，"讷言"是孔子评价君子的重要标准，而孟子作为子思的门人，必定继承了孔子的这一思想。因此，孟子一方面要"正人心，息邪说"，另一方面受到"讷言"的制约，这种两难境地造就了孟子"不得已"而"好辩"。

不同于孟子的"不得已"而"好辩"，荀子直截了当地提出"君子必辩"的主张。李贽认为："荀与孟同时，其才俱美，其文更雄杰，其用之更通达而不迁。"[1]"君

---

[1] [明]凌迪知：《太史华句》，陕西师范大学出版总社，2015，第299页。

子必辩"的观点，在《荀子·非相》中阐述得最为详细。其文曰：

凡言不合先王，不顺礼义，谓之奸言；虽辩，君子不听。法先王，顺礼义，党学者，然而不好言，不乐言，则必非诚士也。故君子之于言也，志好之，行安之，乐言之。故君子必辩。凡人莫不好言其所善，而君子为甚。故赠人以言，重于金石珠玉；观人以言，美于黼黻文章；听人以言，乐于钟鼓琴瑟。故君子之于言无厌。鄙夫反是，好其实，不恤其文，是以终身不免埤污庸俗。故《易》曰："括囊，无咎无誉。"腐儒之谓也。

…………

君子必辩。凡人莫不好言其所善，而君子为甚焉。是以小人辩言险而君子辩言仁也。言而非仁之中也，则其言不若其默也，其辩不若其呐也。言而仁之中也，则好言者上矣，不好言者下也。故仁言大矣。起于上所以道于下，政令是也；起于下所以忠于上，谋救是也。故君子之行仁也无厌。志好之，行安之，乐言之，故言君子必辩。小辩不如见端，见端不如见本分。小辩而察，见端而明，本分而理，圣人士君子之分具矣。有小人之辩者，有士君子之辩者，有圣人之辩者：不先虑，不早谋，发之而当，成文而类，居错迁徙，应变不穷，是圣人之辩者也。先虑之，早谋之，斯须之言而足听，文而致实，博而党正，是士君子之辩者也。听其言则辞辩而无统，用其身则多诈而无功，上不足以顺明王，下不足以和齐百姓，然而口舌之均，噡唯则节，足以为奇伟、偃却之属，夫是之谓奸人之雄，圣王起，所以先诛也。然后盗贼次之。盗贼得变，此不得变也。

在这里，荀子三次提到"君子必辩"，并提出了三对概念：一是"奸言"和"仁言"，二是"腐儒"（"鄙夫"）和"君子"，三是"小人之辩"和"士君子之辩"。荀子通过这三对概念构建起了"君子必辩"的理论框架。面对其他学派的诘难攻讦，荀子先是从儒家外部着眼，提出凡是和先王礼义相违背的论辩之言都是"奸言"，"君子不听"；然后从儒家内部着眼，对不善言说之人加以贬斥，斥其为"鄙夫""腐儒"。王先谦《荀子集解》对"腐儒"的解释是："如朽腐之物，无所用也。

引《易》以喻不谈说者。"①在荀子看来,"不好言,不乐言"的"讷言"之人,并非真正的君子。

那么,什么才是真正的君子呢?荀子曰:"君子之于言也,志好之,行安之,乐言之。故君子必辩。……凡人莫不好言其所善,而君子为甚焉。"荀子的意思是,唯有在"法先王,顺礼义,党学者"的前提下,坚持好言、乐言之人,才是真正的君子。此外,荀子还从君子与小人之辩入手,推导出"士君子之辩"和"小人之辩"的最大不同在于,"士君子之辩"是"文而致实,博而党正"的"仁言","小人之辩"是"诈而无功"的詹詹"奸言"。荀子在《正名》中对"士君子之辩"的解释是:

> 辞让之节得矣,长少之理顺矣,忌讳不称,祅辞不出,以仁心说,以学心听,以公心辩。不动乎众人之非誉,不治观者之耳目,不略贵者之权势,不利传辟者之辞,故能处道而不贰,咄而不夺,利而不流,贵公正而贱鄙争,是士君子之辩说也。

与孔子"刚、毅、木、讷近仁"的主张不同,荀子认为辩言也是仁的外显方式。荀子在强调"君子必辩"的同时,亦对孔子的"讷言"说进行了发挥,提出"言而非仁之中也,则其言不若其默也,其辩不若其呐也"。在荀子看来,君子应以"仁心"为出发点去言说,以公正之心去辩论。荀子有感于当时的儒家弟子将孔子的"讷言"说绝对化,对于其他学派的攻讦一味回避,致使儒家在百家争鸣中逐渐丧失话语权,故一方面高擎"君子必辩"的大旗,另一方面在坚持以仁言辩说的前提下,承认"讷言"的合理性,以求达到既"法先王,顺礼义"又"党学者"的效果。

因此,经由孟子和荀子的改造,战国时期儒家的言论观和君子观均发生了不同程度的变化。具体而言,一是改变孔子时代重行轻言的观念,强调"不好言,不乐言,则必非诚士也";二是将"辩"视作从小人到君子再到圣人的进步途径;三是将"辩"视为传达"仁"的重要手段,提出"小人辩言险,而君子辩言仁也";四是以是否好辩、好言、乐言,作为评价君子的重要准则。质言之,在孟子和荀子的

---

① [清] 王先谦撰,沈啸寰、王星贤整理,《荀子集解》,中华书局,2012,第84页。

改造下，儒家最终完成了从"君子讷言"到"君子必辩"的转向。

三、古代言论观对君子评价标准的影响

从"君子讷言"到"君子必辩"的转向，不仅体现了儒家言论观在不同时期的变化，也反映了春秋战国时期贵族阶级的没落和新兴士人阶层的兴起。从以"讷言"为君子，到以"必辩"为君子，充分反映了君子评价标准的历史变化。

首先，来看"君子讷言"的积极影响。一是重视君子谦虚为人、谨慎言说的处事态度。春秋时期，寡言、讷言、不辩、不争是儒家、道家的共同追求。老子说："夫唯不争，故天下莫能与之争。"（《老子·第二十二章》）孔子说："多闻阙疑，慎言其余，则寡尤；多见阙殆，慎行其余，则寡悔。"（《论语·为政》）重"讷言"的反面是"妄言"。宋人朱熹说："夫文与道果同耶异耶？若道外有物，则为文者可以肆意妄言而无害于道。惟夫道外无物，则言而一有不合于道者，则于道为害，但其害有深浅耳。"① 清人方东树说："凡著书立论必出于不得已而有言，而后其言当，其言信，其言有用。故君子之言，达事理，而止不为敷衍流宕，放言高论，取快一时。"② 著书立论不能轻易妄言，反映了清代重实学、轻议论的学风。二是强调"敏行"重于"讷言"。孔子主张，行先言后是君子的重要特质。因此，当子贡问什么是君子的时候，孔子回答说："先行其言而后从之。"（《论语·为政》）子贡亦曰："君子一言以为知，一言以为不知，言不可不慎也。"（《论语·子张》）宋人邵雍明确指出："君子常行胜言，小人常言胜行。"③

其次，来看"君子讷言"的消极影响。一是对人的自我拘束。阮籍《大人先生传》云：

> 世之所谓君子，惟法是修，惟礼是克。手执圭璧，足履绳墨。行欲为目前检，言欲为无穷则。少称乡党，长闻邻国。上欲图三公，下不失九州牧。独不见群虱之处裈中，逃乎深缝，匿乎坏絮。炎丘火流，焦邑灭都，群虱处于裈中而不能出也。君子之处域内，何异乎虱之处裈中乎！④

---

① ［宋］朱熹：《朱子全书·朱文公文集》，上海古籍出版社，2010，第1423页。
② ［清］方东树：《书林扬觯》，李花蕾点校，华东师范大学出版社，2015，第13页。
③ ［宋］邵雍：《邵雍全集》，郭彧、于天宝点校，上海古籍出版社，2015，第504页。
④ ［唐］房玄龄等：《晋书》，中华书局，1974，第1361页。

在阮籍看来,儒家所谓的"君子"拘于礼法,谨言慎行,如同裈中之虱。需要指出的是,阮籍所批判的"君子",是指被虚伪名教束缚和腐蚀的士君子。明人洪应明《菜根谭》说:"君子之心事,天青日白,不可使人不知;君子之才华,玉韫珠藏,不可使人易知。"在洪应明看来,君子应藏器于身,待时而动。这从一个侧面反映出,儒家君子的形象在世人眼中变得越来越圆滑。二是将"讷言"视作保全自身的不得已之举。清代,"迨文字狱兴,学者始钳口结舌,遁于声音考据之学"。①清代前期的实学思潮,无疑昭示着儒家"讷言"言论观的重新回归,其与明清以降官方对言论的高压钳制和社会自我审查意识的加重息息相关。有学者指出:"清代政治对文化领域之压制最大的影响,是因涟漪效应带来各种文化领域的萎缩、公共空间的萎缩、政治批判意识的萎缩、自我心灵的萎缩,形成一种万民退隐的心态,'非政治化'的心态。"②中央集权到达顶峰之后,权力往往不再满足于高层的发号施令,而是更沉迷于民众的"自我禁抑""自行检点""自行删削",③并通过文化上的权力寻租达到权力话语的渗透。

再次,来看"君子必辩"的积极影响。一是确立了言说交流的重要性。孟子从言说的角度,对"君子"所作的界定是:"言近而指远者,善言也;守约而施博者,善道也。君子之言也,不下带而道存焉。君子之守,修其身而天下平。"(《孟子·尽心下》)孟子对"善言"的描述是"言近而指远",并以"禹恶旨酒而好善言"(《孟子·离娄下》)为例,充分肯定了言说的重要价值。荀子在儒家信仰受到激烈挑战之际,明确提出"君子必辩"的主张,更是将言论对于君子的价值提升到了无以复加的高度。宋代,讲学风气尤盛,濂、洛、关、闽四大学派常常以书院为场所讲学、辩论、问难。其中,最著名者当属淳熙八年(1181),朱熹邀请陆九渊至白鹿洞书院,开讲"君子喻于义,小人喻于利"。宋代各学派、各书院之间的辩论、问难推动了学术进步和文化传播,而学术进步和文化传播又促进了学派的兴盛。二是将善言、辩说作为执政者必备的能力。汉代以降,儒家思想独受帝王青睐,成为官方意识形态。汉武帝虽然罢黜百家,独尊儒术,但其言论观却与孔子不同。据《汉书·儒林传》记载,武帝曾向名儒申公求教治国方略:"上问治乱之事,申公时已八十余,老,对曰:'为治者不在多言,顾力行何如耳。'是时上方好文辞,见

---

① 由云龙:《定庵诗话》,载张寅彭主编:《民国诗话丛编》,上海书店出版社,2002,第563页。
② 王汎森:《权力的毛细管作用:清代的思想、学术与心态》,北京大学出版社,2015,第406页。
③ 王汎森:《权力的毛细管作用:清代的思想、学术与心态》,北京大学出版社,2015,第379—386页。

申公对，默然。"①可见，汉武帝对"讪言"是持否定态度的。再如，据桓宽《盐铁论》载："中山刘子雍言王道，矫当世，复诸正，务在乎反本，直而不徼，切而不索，斌斌然可谓弘博君子矣。"②桓宽将"言王道，矫当世"的刘子雍尊称为"弘博君子"，充分表明汉人已将"辩说"作为君子人格的重要标志了。

最后，来看"君子必辩"的消极影响。一是以无用清谈避世。魏晋士人承袭东汉清议之风，"非汤武而薄周孔，越名教而任自然"。在嵇康看来，清谈、饮酒、癫狂等均是逃避世事的手段。嵇康指出：

> 老子、庄周，吾之师也，亲居贱职；柳下惠、东方朔，达人也，安乎卑位。吾岂敢短之哉！又仲尼兼爱，不羞执鞭；子文无欲卿相，而三登令尹，是乃君子思济物之意也。所谓达能兼善而不渝，穷则自得而无闷。……故君子百行，殊途同致，循性而动，各附所安。故有"处朝廷而不出，入山林而不反"之论。③

魏晋士人的"越名教而反自然"，与当时门阀倾轧、政争不止的社会现实息息相关。魏晋时期，上层门阀大族耽于谈玄，无所事事。据《抱朴子·外篇》载："三台九列，坐而论道；州牧郡守，操纲举领；其官益大，其事愈忧。"④下层士人无力改变社会现实，唯有借助清谈玄理以逃避现实。二是在争辩议论中消耗国力。宋代是理学最昌盛的时代，当时，很多学者都醉心于烦琐空疏的性命之学，不问国计民生。这种空谈性命、疏于实政的学风极大地消耗了两宋的国力。宋人欧阳修在阐述"学"与"道"的关系时指出：

> 君子之于学也，务为道，为道必求知古，知古明道，而后履之以身，施之于事，而又见于文章而发之，以信后世。其道，周公、孔子、孟轲之徒常履而行之者是也；其文章，则六经所载至今而取信者是也。其道易知而可法，其言易明而可行。……孔子之后，惟孟轲最知道，然其言，不过教人树桑麻、畜鸡豚，以谓养生送死为王道之本。夫二《典》之文，岂不为文？孟轲之言道，岂

---

① ［汉］班固：《汉书》，中华书局，1964，第3608页。
② ［汉］桓宽：《盐铁论》，载国学整理社：《诸子集成》，中华书局，1954，第62页。
③ ［晋］嵇康：《嵇康集校注》，戴明扬校注，中华书局，2014，第114—116页。
④ ［晋］葛洪：《抱朴子》，载国学整理社：《诸子集成》，中华书局，1954，第154页。

不为道？而其事乃世人之甚易知而近者，盖切于事实而已。①

欧阳修、苏轼、张栻、魏了翁等学者虽然竭尽全力纠正游谈无根的时弊，但依然未能扭转宋代的整体学风。到了明清之际，王夫之、顾炎武等学者明确提出，儒者的空谈义理、不尚实学是导致国力衰微的重要原因之一。顾炎武曰："不习六艺之文，不考百王之典，不综当代之务，举夫子论学论政之大端，一切不问，而曰'一贯'，曰'无言'，以明心见性之空言，代修己治人之实学。股肱惰而万事荒，爪牙亡而四国乱，神州荡覆，宗社丘墟。"②

综上所述，从"君子讷言"到"君子必辩"的言论观嬗变，呈现出两条相互纠缠摇摆的路径。这两种言论观对后世的影响是有利有弊的，但需要明确的是，无论是"讷言"所倡导的谦虚谨慎、行先言后，还是"必辩"所推崇的经世济民、言之有物，我们均应予以兼览而博照。

四、结语

思考辩论与言说的意义何在，一直是中国思想史上的重要议题，而在现代社会，尤应肯定言论的重要价值。有学者指出："儒家主导思想没有人格神的观念，并不代表它不具神圣的向度。在儒者看来，说话行为本身，就是在践行一种神圣行为，儒家强调的精神人格，也正通过这种行为表现出来。"③言说作为一种被赋予神圣色彩的行为、君子人格的重要标志，理应得到我们的重视。我们固然反对一切空话、假话以及无意义的玄谈争辩，但真正到了应当发声、辩说之时，无论是出于个人良知，还是出于社会道义，都需要"必辩"。为了明哲保身而一味缄默，必定会沦为乡愿、小人。

---

① 曾枣庄、刘琳主编：《全宋文》第 17 册，巴蜀书社，1991，第 67—68 页。

② [清] 黄汝成：《日知录集释》第 2 册，浙江古籍出版社，2013，第 410 页。

③ 张清江：《荀子的"辩说"论述及其精神性意涵》，《船山学刊》2013 年第 1 期。

嵇康君子论的儒道融合 *

张盈盈 **

摘　要： 历史上，嵇康既是名教的叛逆者，又是名教的坚守者。他对儒家"君子"的解构与建设，就是明证。从内涵来看，嵇康的君子人格型态既有儒家君子人格的品质，又通过"援道入儒"，赋予"君子"以新的内涵。嵇康的君子思想可概括为：以"真"驳"伪"，以"自然"解构"克己"，以"志"抗命。嵇康视野中的君子，具有"行不违道"的修养工夫。这种道德行为的发出，不是先思考、计量出"何为贤明"，然后去践行，而是顺着内心去行动，故其行为刚好与外在的道德规范相符合。从一定意义上来说，嵇康的君子思想儒道兼具，既打破了"名教"的束缚，又赋予了儒家"君子"以新的内涵，开创了儒家君子人格的新局面。

关键词： 嵇康；君子人格；儒道融合

嵇康生活在魏晋时期，一方面，由于其思想与传统儒家差异明显，故被称为儒家的"异端"；另一方面，嵇康又将君子人格作为自己毕生的追求，用生命践行儒家的君子之道。在嵇康的诗文中，"君子"一词出现了三十余次，就是明证。鲁迅提出，嵇康"表面上毁坏礼教，实则倒是太相信礼教"。嵇康的兄长嵇喜对嵇康的描述是："家世儒学，少有儁才，旷迈不群，高亮任性，不修名誉，宽简有大量。"《世说新语·言语》刘孝标注引嵇绍《赵至叙》云："（赵至）年十四，入太学观，时先君在学写石经古文，事讫去。"王隐《晋书·嵇康传》载，嵇康入狱期间，三

---

　　* 本文是安徽省哲学社会科学规划一般项目（国家社科基金孵化项目）"气论与嵇康乐教原理研究"（AHSKF2020D17）的阶段性成果。

　　** 张盈盈，安徽省社会科学院哲学与文化研究所助理研究员。主要从事魏晋玄学与地域文化研究。

千名太学生曾上书，请求拜他为师。上述史料表明，稽康与儒家之间始终存在着无法割舍的紧密联系。需要明确的是，稽康治学，并非"守一经""专一家"，而是儒道兼综。而稽康的君子人格虽然呈现出儒道融合的型态，但是万变不离其"儒"。

一、以"真"驳"伪"

历史上，君子人格一直是儒者孜孜追求的理想人格。君子人格模式发展到魏晋时期，受到当时崇尚自然的社会风气的影响，君子人格型态虽然发生一些变化，但其核心内涵并没有改变。稽康的君子观就是显例。稽康虽然"家世儒学"，但其诠释"君子"的路径却很特别。稽康《释私论》曰："夫称君子者，心无措乎是非，而行不违乎道者也。"[①] 在这里，稽康对"君子"作了两个方面的规定：一是"心无措乎是非"，二是"行不违乎道"。稽康在《释私论》中，将"君子"与"小人"对举："言君子，则以无措为主，以通物为美；言小人，则以匿情为非，以违道为阙。"所谓"匿"，就是隐藏、隐瞒，也就是伪匿、不真。稽康在《释私论》中进一步提出，君子"贵乎亮达"。所谓"亮达"，就是光明磊落，率性而为。可见，在稽康的视野中，"君子"最突出的本质内涵就是"真"。这一本质集中体现在他关于"公""私"的讨论中。

"公""私"分别指人们对待自己思想感情的态度是公开还是隐匿。稽康以"第五伦"为例，阐述了"公""私"之间的区别。据《后汉书·第五伦传》载，第五伦是东汉京兆长陵（今陕西咸阳东北）人，以清正廉洁著称。有人问第五伦："你有私心吗？"第五伦回答道："吾兄子常病，一夜十往，退而安寝；吾子有疾，虽不省视而竟夕不眠。若是者，岂可谓无私乎？"稽康认为，"私"是指隐匿内心真实的情感和想法，而第五伦公开承认自己有私心，实际上属于"无私"。因此，稽康提出："故论公私者，虽云志道存善，（心）无凶邪，无所怀而不匿者，不可谓无私。虽欲之伐善，情之违道，无所抱而不显者，不可谓不公。"[②] 心怀善念却秘而不宣，也叫作"私"；怀有不善之心却无所隐匿，也叫作"公"。可见，稽康所谓的"公"，就是指公开内心真实的想法和情感；所谓的"私"，就是指隐匿内心真实的情感和想法。换句话说，一个人只要不隐瞒自己真实的想法和情感，就是"无私"

---

① 戴明扬：《稽康集校注》，中华书局，2014，第 402 页。
② 戴明扬：《稽康集校注》，中华书局，2014，第 406 页。

之人。

"公私之辨"是先秦诸子关注的重要议题之一，其涉及政治、社会、伦理等诸多领域。"崇公抑私"是中国传统社会的主流价值观，主要表现为重义轻利、重理轻欲、崇君轻民、重国家轻个人。战国以前，"公"多用来指称统治者（如"天子""君主"等），"私"则多用来指称被统治者（如"庶民""人民"等）。"国家"的概念产生后，"公"与"国家""天下"联系起来，其内涵日趋复杂。"公""私"观念形成于春秋战国时期。据《礼记·仲尼闲居》载："子夏曰：'三王之德，参于天地。敢问：何如斯可谓参于天地矣？'孔子曰：'奉三无私以劳天下。'子夏曰：'敢问何谓三无私？'孔子曰：'天无私覆，地无私载，日月无私照。奉斯三者以劳天下，此之谓三无私。'"①《吕氏春秋·贵公》亦曰："昔先圣王之治天下也，必先公，公则天下平矣。平得于公。"②在古人看来，"公私之辨"是伦理道德的核心问题，"天下为公""立公灭私"则是通往大同世界的必由之路。

然而，嵇康的公私观却不同于传统。在嵇康的伦理序列中，"公私"比"是非"更为重要。究其原因，则在于"然事亦有似非而非非，类是而非是者，不可不察也"。③在嵇康看来，君子"以无措为主"，小人"以匿情为非"。"无措"为真，为公；"匿情"为"伪"，为私。从这个意义上来说，"公私之辨"就是真伪之辨。

嵇康之所以将"真"作为君子最核心的本质，是因为自身所处的时代充满了虚伪。这种虚伪性主要体现在两个方面，一是当权者的虚伪。司马氏集团为了巩固政权，利用名教铲除异己。司马懿标榜"以孝治天下"，却在"高平陵政变"后，以"不孝"之名诛杀了大批名士。司马氏废掉曹芳帝位的理由是"恭孝日亏，悖傲滋甚"，诛杀曹髦的罪名是"不能事母，悖逆不道"。对于司马氏集团以"名教"为旗号，大肆诛杀异己的行为，许多有识之士是深恶痛绝的。需要明确的是，名教所倡导的伦理纲常与君子人格中的儒家纲常伦理是重合的，嵇康所抨击的并非儒家的君子人格，而是被异化了的"名教"。

"名教"作为道德伦理规范的代名词，学者们从不同角度对其内涵提出了自己的见解。如陈寅恪先生认为："依魏晋人解释，以名为教，即以官长君臣之义为教，亦即入世求仕者所宜奉行者也。"④余英时先生认为："魏晋所谓'名教'乃泛指整个

① [清] 孙希旦：《礼记集解》，中华书局，2019，第 1277 页。
② [汉] 高诱注：《吕氏春秋》，毕沅校、余翔点校，上海古籍出版社，1996，第 20 页。
③ 戴明扬：《嵇康集校注》，中华书局，2014，第 403 页。
④ 陈寅恪：《金明馆丛稿初编》，上海古籍出版社，1980，第 182 页。

人伦秩序而言，其中君臣父子两伦更被看作全部秩序的基础。"①庞朴先生认为，西汉武帝时，把符合封建统治利益的政治观念、道德规范等"立为名分，定为名目，号为名节，制为功名"，用它对百姓进行教化，称"以名为教"。②"名教"的内容，则由汉武帝时的"三纲五常"发展到汉章帝时的"三纲六纪"。所谓"三纲"，即君臣义，父子亲，夫妇顺。所谓"五常"，即仁、义、礼、智、信。所谓"六纪"，谓诸父、兄弟、族人、诸舅、师长、朋友。所谓"纲纪"，《白虎通》曰："纲者，张也；纪者，理也。大者为纲，小者为纪，所以张理上下，整齐人道也。人皆怀五常之性，有亲爱之心，是以纲纪为化，若罗网之有纪纲而万目张也。"③可见，"三纲六纪"从"心性论"的角度，进一步丰富了"名教"的内涵。自从白虎观会议确立了"三纲六纪"的伦理规范后，"名教"便与帝位正统性和功名利禄联系在一起。东汉末年推行的"察举制"，就是依据乡里的清议向朝廷推荐人才。这样一来，社会上便出现了许多沽名钓誉的"名士"。据《后汉书·陈蕃传》记载："民有赵宣，葬亲而不闭埏隧，因居其中，行服二十余年，乡邑称孝，州郡数礼请之。"事实上，赵宣却在服孝的二十余年间生了五个子女。东汉范晔《后汉书·方术传论》对"名士"的刻画，可谓入木三分："汉世之所谓名士者，其风流可知矣。虽弛张趣舍，时有未纯，于刻情修容，依倚道艺，以就其声价，非所能通物方，弘时务也。"由此可见，汉世的"名士"，就是后世所谓的"伪君子"。

随着东汉政权的灭亡，一批有识之士对"名教"危机进行了反思，这就为汉魏之际的思想和社会变革奠定了基础。以人才选拔与评价标准为例，曹操按照"治平尚德行，有事赏功能"的原则，提出"明扬仄陋，唯才是举"的用人政策。即一个人不管出身如何卑微、品德如何恶劣，只要有治国用兵之术，都会得到重用。人才选拔与评价标准的变化，使传统的君子人格模式受到严重挑战。

稽康对司马氏集团所倡导的虚伪匿情的"名教"极为反感，主张"越名教而任自然"，让人的本性得到自由伸展。因此，稽康所谓的"真"，与道家所倡导的"自然"极为接近。从人格论的角度来说，"越名教而任自然"的提出，发展了儒家君子人格的理论品格。

① 余英时：《士与中国文化》，商务印书馆，2005，第358页。
② 庞朴：《庞朴文集》，山东大学出版社，2005，第391页。
③ 陈立疏证，吴则虞点校：《白虎通疏证》，中华书局，1994，第375页。

二、以"自然"解构"克己"

"伪君子"、名士的出现固然有其时代的因素，但也与儒家君子人格的发展机制有关。儒家君子人格讲求"克己""慎独""约之以礼"。对于不合"礼"之事，则要"勿视""勿听""勿言""勿动"。这就将"一切言行举止纳入礼的规定之中，意味着礼成了人为的、非出于自愿的、强制性的绝对命令"。如果违背主体意愿而强行克己复礼，那么，循礼而行就会蜕变为虚伪的矫饰。究其原因，在于不是出于自愿，就没有真诚性可言。若由此勉强而行，就会不可避免地产生表面与礼契合而实际与礼背离的"伪君子"。[①] 嵇康认为，"名教"所提倡的道德伦理规范束缚了人的自然本性，于是提出了"越名教而任自然"的主张。嵇康说："夫气静神虚者，心不存于矜尚；体亮心达者，情不系于所欲。矜尚不存乎心，故能越名教而任自然。"[②] "越名教而任自然"，是嵇康伦理思想的总纲。

在嵇康看来，"克己"违背了人的自然本性。据《难自然好学论》记载："六经以抑引为主，人性以从欲为欢。抑引则违其愿，从欲则得自然。"[③] 用今天的话来说，就是"六经"倡导的仁义之行、礼法之施，是限制、压抑、改变人的本然性情的。嵇康提出，儒家所谓的"君子之学"，实际上是"为己之学"。《论语·宪问》曰："古之学者为己，今之学者为人。"荀子对"君子之学"与"小人之学"进一步区分道："君子之学也，以美其身；小人之学也，以为禽犊。"（《荀子·劝学》）"为学"既是古代儒生修身、入仕的必要途径，也是统治阶层推行教化、维护统治的必要工具。贾谊《新书·劝学》、徐幹《中论·治学》，均旗帜鲜明地提出"以学为本"。汉武帝创立太学的宗旨是"广施教化"，曹魏集团和司马氏集团，亦是如此。嵇康的《难自然好学论》对"为学"进行了全面而深入的反思。在他看来，"学"违背了人的自然本性，而世人之所以"积学明经"，是为了"以代稼穑""学以致荣"。张邈《自然好学论》提出"六经为太阳，不学为长夜"，[④] 嵇康针锋相对地提出"六经为芜秽""仁义为腐臭"。"六经""仁义"均是"名教"的代名词。"六经以抑引为主"，若盲目尊崇"六经"，撷取其只言片语作为修身法典，必将沦为"伪君子"。

---

① 陈卫平：《孔子君子理论的二重性》，《上海师范大学学报》2009 年第 4 期。

② 戴明扬：《嵇康集校注》，中华书局，2014，第 402 页。

③ 戴明扬：《嵇康集校注》，中华书局，2014，第 447 页。

④ 戴明扬：《嵇康集校注》，中华书局，2014，第 407 页。

稽康十分向往美好和谐的上古之世:"洪荒之世,大朴未亏,君无文于上,民无竞于下,物全理顺,莫不自得。"① 洪荒之世,虽然没有礼义律令,但是人人平等,万事万物处于和谐的状态。阶级、礼义产生后,人类开始"作文墨""造仁立义""制为名分""劝学讲文,以神其教"。这些行为虽然促进了人类文明的进步和社会的稳定,但也给人类自身戴上了"紧箍咒"。稽康《五言诗三首·其一》曰:"仁义浇淳朴,前识丧道华。留弱丧自然,天真难可和。"② 老子《道德经》曰:"前识者,道之华,而愚之始。"王弼释"前识"为"前人而识也",这里是指制礼作乐之人所具有的"先见之明"。在稽康看来,礼乐教化以及伦理道德规范是对人的自然性的束缚和异化,"名教"更是对人的本性的严重戕害,由此提出"越名教而任自然"的思想主张。康中乾先生提出,"自然"有两重含义:"一是人自身的自然之性;二是天地的自然本质。"③ 稽康所谓的"自然",就是"人自身的自然之性"。"任自然"就是尊重人的自然本性,也就是"自然而然"地开展其生命活动。"越名教而任自然"还可表述为"越名任心"。此"心"是"心无措乎是非"之"心"。稽康的"任自然"理念,汲取了道家的思想资源。道家理想的人格形象是"居九夷,游八蛮,浮沧海,践河源""泊然纯素""以天道为一指"。需要明确的是,稽康所谓的"自然",并非指人的自然性或动物性,而是指人作为社会性存在之自然本质。稽康提出:"夫行私之情,不得因乎似非而容其非;淑亮之心,不得蹈乎似是而负其是。"④ 有的人之所以是非不辨、善恶不分,就是因为丧失了自己的自然本质。

与"任自然"相应,稽康在"为学"方面主张"适性而学"。所谓"适性",就是尊重人的自然性情。在稽康看来,"好安恶危""好逸恶劳"是人类的自然性情,"适性而学"就是"为学"要遵循人的自然性情,而非抑制人的自然性情。稽康肯定人的基本生理欲望,"口思五味,目思五色,感而思室,饥而求食,自然之理也"。⑤ 但是,人若为外物所役,即为不合理的欲望所累,就会不可避免地陷入"役身以物,丧志于欲"的困境。有鉴于此,稽康提出"循性而动,各附所安"的思想主张,"循性"就是对"嗜欲"的超越。可见,稽康的君子观以"任自然以托身"为指导思想,以"心无措乎是非"为重要途径。

---

① 戴明扬:《稽康集校注》,中华书局,2014,第447页。
② 戴明扬:《稽康集校注》,中华书局,2014,第137页。
③ 康中乾:《魏晋玄学》,人民出版社,2008,第144页。
④ 戴明扬:《稽康集校注》,中华书局,2014,第403页。
⑤ 戴明扬:《稽康集校注》,中华书局,2014,第296页。

嵇康认为，心"知"受到外物的影响，会产生是非、好恶等价值判断。其积存于心既久，就会形成成见。而有了成见之后，就会产生功利之心、竞逐之心。嵇康曰："今之学者，岂不先计而后学？苟计而后动，则非自然之应也。"[①]在嵇康看来，"先计而后学"就是为了名利而学，而"为学"一旦充满名利与欲望，就违背了人的自然本质。

三、君子以"志"抗"命"

儒家提倡"不知命，无以为君子也"，"知命"是养成君子人格的必要条件。"知命"之"命"，就是人力达不到的极限之处。它不以人的意志为转移，是人无法超越的客观限制。对于"命"的追问，源于先民对周遭事件发生原因的探寻。人们或归为天，或归为某种神秘的力量，或归为宇宙运动的规律等。不同的解释产生了不同的命运观，如儒家的命运观是"死生有命，富贵在天"，道家的命运观是"知其不可奈何而安之若命"。孔子所谓的"知命"，就是"知其不可而为之"。也可理解为人在感知、体悟命运后所形成的人生态度。

嵇康关于"命"的阐述，主要集中在他与阮德如互为宾主，讨论"宅有无吉凶摄生"的四篇文章中。阮德如在《宅无吉凶摄生论》中提出"宅无吉凶，惟重摄生"的主张。这一主张来自王充的自然命定论。《论衡·命义》云："人生性命当富贵者，初禀自然之气，养育长大，富贵之命效矣。"阮德如在此基础上提出："夫命者，所禀之分也；信顺者，成命之理也。故曰：君子修身以俟命，知命者不立于岩墙之下。"嵇康将阮德如的观点归结为"命有定数，寿有定期，不可改变"[②]的宿命论。嵇康对此提出批驳："然唐虞之世，命何同延？长平之卒，命何同短？"然而，阮德如并没有作出正面回复。嵇康认为，孔子尚且"慎神怪而不言"，普通人更无法断言"宅有无吉凶摄生"了。对于未知的事物，要勇于窥探其深奥幽隐之理，但不可"妄求"。因此，嵇康的命运观由两个基本要素构成：一是时命，一是性命。嵇康因吕安事被系狱中时，曾作《幽愤诗》。该诗曰："穷达有命，亦又何求？"在这里，嵇康把自己一生的穷达看成是命运的捉弄，"惩难思复，心焉内疚"，不可摆脱。

"知其不可而为之"的精神，在孔子身上体现得淋漓尽致。孔子一生席不暇暖，

---

① 戴明扬：《嵇康集校注》，中华书局，2014，第407页。
② 戴明扬：《嵇康集校注》，中华书局，2014。

却始终怀才不遇。《荀子·宥坐》记孔子之言曰："夫遇不遇者，时也；贤不肖者，材也；君子博学深谋不遇时者多矣！由是观之，不遇世者众矣，何独丘也哉？"在孔子看来，贤与不贤是由自身决定的，君子应"求在我者"。

《庄子·德充符》曰："虽死生穷达，千变万化，淡然自若而和理在身矣。"稽康继承了庄子的这一思想，在《养生论》中提出："似特受异气，禀之自然，非积学所能致也，至于导养得理，以尽性命，上获千余岁，下可数百年，可有之耳。"[1]稽康认为，人禀阴阳二气以生，而"禀命有限，故导养以尽其寿"。何谓"导养得理"呢？稽康的答案是："'上药养命，中药养性'者，诚知性命之理，因辅养以通也。"[2]可见，稽康的养生观集中体现了道家无心无意、顺其自然的思想。

在力命关系上，稽康强调的是人力，并从"志"的角度，阐述了人力的作用。《说文解字》释"志"曰："从心之声。志者，心之所之也。"孔子极为重视"志"。《论语·子罕》曰："三军可夺帅也，匹夫不可夺志也。"此外，孔子还规定了"志"的方向——志于道，志于仁。稽康吸收并改造了儒家之志。《家诫》曰："人无志，非人也。但君子用心，有所准行，自当量其善者，必拟议而后动。若志之所之，则口与心誓，守死无贰，耻躬不逮，期于必济。"[3]在稽康看来，"志"是人之为人的基本条件。《幽愤诗》曰："托好老庄，贱物贵身。志在守朴，养素全真。"[4]由此推知，稽康以守朴、全真作为自己毕生的志向。《庄子·缮性》曰："古之所谓得志者，非轩冕之谓也，谓其无以益其乐而已矣。今之所谓得志者，轩冕之谓也。"在庄子来看，古之"得志"是指出自本然的无以复加的快乐，而今之"得志"专指获得高官厚禄。稽康在融合儒道思想的基础上，提出"守志"的主张。《家诫》曰："若志之所之，则口与心誓，守死无贰。"[5]可见，"守志"之"志"，是发自内心、无须外力规范与强制的"志"。稽康进一步提出，唯有常"守志"，才可"遂志"。

四、"行不违道"的修养工夫

稽康既向往"游心太玄"的自由境界，又坚守儒家的仁义道德。儒家的君子人

---

① 戴明扬：《稽康集校注》，中华书局，2014，第253页。
② 戴明扬：《稽康集校注》，中华书局，2014，第252页。
③ 戴明扬：《稽康集校注》，中华书局，2014，第544页。
④ 戴明扬：《稽康集校注》，中华书局，2014，第543页。
⑤ 戴明扬：《稽康集校注》，中华书局，2014，第544页。

格是以道德实践为基点，由内向外扩充的，强调的是生命的道德内涵和道德意义。因此，君子以"弘道"为己任，以自己全部的生命活动来自觉地践行仁义之道。道德是人类内心自愿自觉的行为准则，它既是自觉的，也是自愿的。袁济喜先生提出，嵇康"从本体论上，力主人性以澄明为本"；嵇康的人生观"将人性中最高的道德境界作为人的普遍性加以规定"。① 嵇康强调，君子要"任心"而行："君子之行贤也，不察于有度而后行也；任心无穷，不识于善而后正也。显情无措，不论于是而后为也。"② 因此，从一定意义上说，嵇康的"越名教而任自然"也可以理解为"越名任心"。"任心"之"心"，与道家的"自然"密切相关。据《嵇康传》记载，嵇康"长大而好老庄之业"。嵇康的诗文中，充满了对道家"游心太玄"的生命境界的向往。"遗物弃鄙累，逍遥游太和""比翼翔云汉，饮露餐琼枝""目送归鸿，手挥五弦"等诗句，就是明证。在嵇康的伦理道德思想中，道家的"自然"是君子行道的出发点。嵇康在《卜疑》中，以"宏达先生"为例，对君子行道进行了详细阐释。其文曰：

> 有弘达先生者，恢廓其度，寂寥疏阔。方而不割，廉而不刿。超世独步，怀玉被褐。交不苟合，仕不期达。常以为忠信笃敬，直道而行之，可以居九夷，游八蛮。浮沧海，践河源。甲兵不足忌，猛兽不为患。是以机心不存，泊然纯素，从容纵肆，遗忘好恶，以天道为一指，不识品物之细故也。然而大道既隐，智巧滋繁。世俗胶加，人情万端。利之所在，若鸟之追鸢。富为积蠹，贵为聚怨。动者多累，静者鲜患。尔乃思丘中之隐士，乐川上之执竿也。③

嵇康将"宏达先生"的特征概括为"方而不割，廉而不刿""忠信笃敬，直道而行之"，即方正而不孤傲，言行忠信。在嵇康看来，"忠和佞""义和利""诚和伪""正和邪"是区分君子与小人的重要标准。嵇康因吕安案牵连下狱，其间曾作《家诫》，再三叮嘱儿子要守志立身，宏行寡言，慎备自守。嵇康在《家诫》中，一反在其他论著中抨击"名教"的态度，字里行间蕴涵着深厚的儒家底蕴。鲁迅据此推断，嵇康"表面上毁坏礼教，实则倒是太相信礼教"。

---

① 戴明扬：《嵇康集校注》，中华书局，2014，第 209 页。
② 戴明扬：《嵇康集校注》，中华书局，2014，第 403 页。
③ 戴明扬：《嵇康集校注》，中华书局，2014，第 235 页。

　　儒家极为重视孝道，孔子把孝作为实行"仁"的根本。稽康的孝悌思想，集中体现在其《思亲诗》中。该诗曰："奈何愁兮愁无聊，恒恻恻兮心若抽。愁奈何兮悲思多，情郁结兮不可化。奄失恃兮孤茕茕，内自悼兮啼失声。思报德兮邈已绝，感鞠育兮情剥裂。嗟母兄兮永潜藏，想形容兮内摧伤。"① 《思亲诗》是稽康悼念母兄的作品，情真意切，字字肺腑，感人至深。稽康的交友观，集中体现在《与吕长悌绝交书》中。稽康与吕安私交甚深，吕安欲揭发兄吕巽（字长悌）恶行，被稽康以保全门第清誉为由制止。不料吕巽担心丑行暴露，反而诬告吕安"不孝"，致使吕安被官府收捕。稽康义愤填膺，遂作《与吕长悌绝交书》，并在该诗末句提出"古之君子，绝交不出丑言"。② 这一主张与稽康在其他论著中鼓吹的"竹林之游""越名任心"等主张大相径庭，体现出其对儒家伦理思想的坚守。此外，儒家思想对稽康的深刻影响还反映在《声无哀乐论》中。稽康在该文中以"和声"的特质否定了儒家的"声有哀乐"论，提出"声无哀乐"的主张。在稽康来看，"心之与声，明为二物"，音乐只有从政治功利中剥离出来，才能达到"合于天地"的最高境界。

五、结语

　　稽康的君子观关注的重点是道德动机以及如何行道，而德行伦理学关注的重点也是人的行为、情感、道德习惯。这就为二者之间的对话提供了良好的契合点。亚里士多德视野中的"德行"，一部分来自生活中好的行为习惯，另一部分则来自灵魂中的"理性"部分。"德行"必须出于自觉自愿，而非强迫。道德行为不是"盲从"的，而是经过"理性"的考量，因此更加契合人的内心。此即稽康所谓的"忽然任心，而心与善遇；傥然无措，而事与是俱也"。③ 这就意味着，道德行为的发出并不是先思考、计量出"何为贤明"，然后去践行，而是顺着内心去行动，故其行为刚好与外在的道德规范相符合。可见，君子的道德行为是"任心"的结果，是行为动机与行为结果的统一。从一定意义上来说，稽康的君子思想儒道兼具，既打破了"名教"的束缚，又赋予了儒家"君子"以新的内涵，开创了儒家君子人格的新局面。

---

① 戴明扬：《稽康集校注》，中华书局，2014，第 87 页。
② 戴明扬：《稽康集校注》，中华书局，2014，第 231 页。
③ 戴明扬：《稽康集校注》，中华书局，2014，第 235 页。

君子文化的当代实践

新时代背景下的"君子中国"形象建构刍议

宫承波 *

改革开放四十余年来,中国已成功崛起,党的十九大报告中明确作出中国特色社会主义进入新时代的重大政治论断。今天,党的面貌、国家的面貌、人民的面貌、军队的面貌、中华大地的面貌均已焕然一新。立足新的起点,踏上新的征程,中华民族正在创造新的辉煌。面对世界百年未有之大变局和中华民族伟大复兴的历史性交汇,我们亟须解决一个问题:中国、中华民族应当以什么样的本质、身份确立自我?换句话说,中国、中华民族应当以什么样的角色、形象屹立于世界民族之林?

放眼世界,英国人以绅士风度著称,法国人以浪漫风格闻名,美国人以个性自由名世,俄罗斯人以战斗精神冠群。那么,我们中国人(尤其是今日之中国人)、中国、中华民族应该以什么样的身份和形象屹立于世界民族之林呢?地球人都知道,古老的东方有一个历经磨难的礼仪之邦,如今正焕发出勃勃生机。那么,用什么样的概念表述它才是最合适的呢?在这里,我尝试推出一个"君子中国"的概念。

一、"君子中国"的历史与现实资源

"君子"文化在中国古代源远流长,可以追溯到先秦之远。"君子"一词的本义,是特指"君之子",到了孔子手中,这一概念实现了从"有位者"到"有德者"

---

* 宫承波,中国传媒大学艺术研究院教授、博士生导师,兼任中央文史研究馆特约研究员。长期从事传播学、文艺学及文化产业等领域的教学与研究工作。

的转换。自此以后，"君子"的内涵积淀越来越深厚。

在儒家文化体系中，"君子"与"小人"是一组对立的范畴，"君子"的具体规定，首先通过与"小人"的比较而得到展示。如"君子和而不同，小人同而不和"；① "君子泰而不骄，小人骄而不泰"；② "君子喻于义，小人喻于利""君子坦荡荡，小人长戚戚"；③ "君子成人之美，不成人之恶。小人反是"；④ "君子上达，小人下达"；⑤ 等等。通过学识修养、思想道德、人格境界等一系列的对比，"君子"重利轻义、安贫乐道、胸怀天下的形象得以凸显出来。

尤其需要指出的是，在中国古代，既有"君子"之称，也有"君子国"之谓。所谓"君子"，是对"有德者"的尊称；所谓"君子国"，则是对理想社会的美誉。在"君子国"里，"君子"是整个社会的人格楷模和理想追求；可谓"君君，臣臣，父父，子子"，长幼有序；可谓"老者安之，朋友信之，少者怀之"；⑥ 可谓"天下为公，选贤与能，讲信修睦。故人不独亲其亲，不独子其子，使老有所终，壮有所用，幼有所长，鳏寡孤独废疾者皆有所养"。在"君子国"里，"君子"个体塑造的指向是建构君子群体、君子社会，并最终建立起理想化的君子国度。

众所周知，近代以来，由于西方列强的坚船利炮和西方文化的破门而入，封闭、稳定的封建社会结构逐渐失去平衡，中国一步步沦为半殖民地半封建社会。随着社会的变迁，以儒家思想为核心的宗法文化逐步失去生存的土壤，所谓的"君子"文化也不可避免地步入危机之中。

如今，中国人的生活总体上已经达到小康水平，许多有识之士已经敏锐地认识到，重建"君子"文化恰逢其时。2014 年 6 月 13 日，《光明日报》头版头条刊发了安徽省社科院研究员钱念孙先生的《君子文化与社会主义核心价值观》一文。文章从贯彻落实习近平总书记"培育和弘扬社会主义核心价值观必须立足中华优秀传统文化"的高度，阐述了君子文化是中华民族的深层精神追求和独特精神标识，体现了中华文化的优秀基因；他呼吁，要采取有效举措激活和倡兴君子文化，在社会逐步形成崇尚君子品格、大兴君子之道、争做正人君子的风尚。如今，许多地方在

---

① 杨伯峻：《论语译注》，中华书局，1980，第 141 页。
② 杨伯峻：《论语译注》，中华书局，1980，第 143 页。
③ 杨伯峻：《论语译注》，中华书局，1980，第 77 页。
④ 杨伯峻：《论语译注》，中华书局，1980，第 129 页。
⑤ 杨伯峻：《论语译注》，中华书局，1980，第 154 页。
⑥ 杨伯峻：《论语译注》，中华书局，1980，第 65 页。

地域文化建设方面已经迈出有力步伐。如山东省威海市将"君子之风，美德威海"确定为城市名片；安徽省将蒙城和桐城两座文化古城确定为君子文化推广试点县；等等。

在这样的资源和背景下，推出"君子中国"的概念可谓恰逢其时也。拙见以为，在重拾君子文化精髓的基础上，进一步推陈出新，建设一个新时代的君子社会、"君子中国"，既是必要的，也是可行的。

二、"君子中国"的两个层次及其基本内涵

众所周知，今日世界不同于昨日世界，今日君子不同于昨日君子，因此，今日"君子中国"的内涵自然不同于封建时代的"君子国度"。那么，今日"君子中国"的具体内涵是什么呢？

首先，我们需要明确的是，同古代中国一样，今日之"君子中国"也包括两个层次，分别是"君子"个体（"中国君子"）和"君子"群体（"君子中国"）。两者既有联系又有区别，毕竟"中国君子"针对的是个体，而"君子中国"指向的是群体，二者的侧重点是有所不同的。

先看"中国君子"。所谓"中国君子"，是不是应当偏重于个体的现代性人格的完善层面，应当具有如下特点？

如自强不息，厚德载物；诚实守信，重情重义；君子爱财，取之有道；勇于担当，顾家爱国；尊师重教，尊老爱幼；遵纪守法，洁身自爱；热爱公益，自觉保护环境；等等。此外，《论语》说："质胜文则野，文胜质则史。文质彬彬，然后君子。"也就是说，质朴多于文采就难免显得粗野，文采超过质朴就难免流于虚浮，只有外在仪表与品格、学识等内涵完美地结合在一起，才能成为真正的君子。因此，当代"中国君子"在仪表风度、装束谈吐方面，即使不必如六朝人那样"朗朗如玉山上行"，也应适当讲究。

再看"君子中国"。所谓"君子中国"，是不是应当偏重于当代世界格局中大国责任的担当层面，应当具有如下特点？

从国内视野来说，首先要办好自己的事。如奉行和谐社会理念，重视人民的幸福感；维护公平、正义，关注、关怀弱势群体；既要重视经济发展，也要重视政治进步；民主与法制共抓共进，坚持德法并举；等等。其次要坚持绿色发展，建设生

态文明。直到今天，中国是世界最大发展中国家的国际地位并没有变，我们应从人类整体着眼，坚持科学发展、绿色发展、可持续发展。我们曾热烈欢呼工业文明的到来，并尽情品尝工业文明所结出的累累硕果，而今却不得不品尝工业污染这杯苦酒。从宏观角度来看，从农业文明到工业文明再到生态文明，是人类文明发展的一般规律，生态文明可谓人类文明发展的新形态。作为"君子中国"，我们理应走在世界前列。

从全球视野来说，要树立勇于担当、敢于负责的大国形象。

一方面是勇于扶弱。崇拜强者是人类的天性，而扶助弱者则是人类一种深广的大爱。扶弱济贫既是"中国君子"的美德，也应当成为"君子中国"的美德。人类生活在同一个地球村里，共同走向富裕美好的生活，是地球村之大幸。扶弱济贫、合作共赢，就是"君子中国"的风范。长期以来，我们与广大发展中国家的互助合作，如今我们正在实施的共建"一带一路"，构建人类命运共同体等，无不是其具体表现。

另一方面是敢于抗强。孔子的"忠恕之道"明确反对以武力和强权征服天下，而是提倡以仁德治理天下。当今世界并不太平，霸权主义、强权政治依然存在，敢不敢抗强抗暴、主持公道，就成为检验一国是否为负责任大国的试金石。因此，我们应当始终站在和平稳定一边，站在公道正义一边，做世界和平的建设者、全球发展的贡献者、国际秩序的维护者。这才是"君子中国"应有的国际形象。

总之，"君子中国"的两个层次（"中国君子"和"君子中国"）虽然各有偏重，却是紧密联系、相互贯通的。从一定程度上来说，"中国君子"就是"君子中国"。究其原因，在于"君子中国"的实现依靠每一位"中国君子"的确立，而每一位"中国君子"都代表了"君子中国"。这就要求每一位中华儿女都以"君子"的标准要求自己，人人争做君子。每一位中国人都成为君子后，"君子中国"不就自然实现了吗？

三、"君子中国"的实现路径

人人争做君子，这是"君子中国"实现的基本路径。具体来说，可从如下方面入手：

其一，从官员、知识精英阶层抓起。

《论语》说:"君子之德,风;人小之德,草。草上之风,必偃。"① 也就是说,具有"君子"风范的官员、知识精英阶层,其人格品行好比是"风",普通民众的行为道德好比是"草",风向哪边吹,草就会向哪边倒。

其二,自塑与他塑并重。

所谓"自塑",是指本国民众、本国媒体围绕本国的客观存在、主观认知和自我意志来塑造本国形象。所谓"他塑",是指一个国家,尤其是他国媒体基于自身的意识形态架构、情感意志和利益关系等塑造他国形象。"自塑"虽然是建构国家形象的主要渠道,但"他塑"也不容忽视。众所周知,一国的国家形象是"自塑"和"他塑"博弈的动态存在。目前,我们尤须重视和加强的应是"他塑"。山东农村有句俗语:"自夸千言,不如人夸一句。"

其三,重视视听传播。

视听传播是一个国家的经济发展、政策体制、民族精神、文化传承、外交事务、民众生活的形象记录和真实呈现,实际上传达的是一种政治理念和价值观。因此,视听传播是建构国家形象的重要手段,其艺术感染力和视听震撼力是传统的文字传播无法比拟的。近年来,我们一直在致力于向世界讲好中国故事,传播好中国声音。有了好的故事,再辅以生动而多元的影像传播,不就可以向世界展现一个更加鲜活生动、包容多元的"君子中国"吗?

---

① 杨伯峻:《论语译注》,中华书局,1980,第129页。

君子启蒙：与天地同游，与时代同行

黄建平 *

摘　要：先秦经典是中华民族历史上的华彩乐章。品读先秦经典，体验超越道德的价值，与天地同游，与时代同行，能使我们的理性更成熟、意志更坚强、品质更高贵。中华民族的理想人格是君子。君子百姓，百姓儒道，孔学和道家益乎庶民。君子启蒙融入新时代，外化天地，内修于心，寂寞追天，恩典照人。是以诗书礼乐、忠信廉洁、谦谦博雅、诚敬坦荡、忠直宽恕，成为中华民族生生不息的文化基因。对于先秦经典这一绵绵不绝的圣贤教化，我们要抱持虔诚、敬畏之心。唯有如此，才能达到"品读先秦经典，体验超越道德的价值"的效果——君子启蒙随记。

关键词：天地化育；生命涵养；德行天下；君子启蒙

一、天意甲子，人文初心

中华文化博大精深、源远流长，其独具特色、极具魅力的文化符号及概念，已成为中华文化的恒久标志。无极、太极、阴阳、两仪、三才、四象、五行、八卦、十天干、十二地支、六十甲子、六十四卦等，均蕴藏着"天地人生"的玄妙哲理，传递出"家国天下"的神奇命运。

西方历史学者认为，上帝之子的降临乃是世界历史的轴心。对中华文化来说，实际上就是"天垂象，见吉凶，圣人象之；河出图，洛出书，圣人则之"的先秦时期。天地人生、家国天下，百花齐放、百家争鸣，写满天意于甲子。先秦经典之

---

* 黄建平，铜陵市铜官区人大常委会委员、教科文卫工委主任，三级调研员。

"易有太极、国有四维，有无相生、大象无形，致虚守静、见贤思齐，任重道远、温故知新，上兵伐谋、兼爱非攻，养性事天、舍生取义，天地人和、积善成德，静退为宝、天下为公，修身齐家、至诚无息，精神内守、食饮有节"，彰显人文之初心。是故上古神话、先秦经典等，可谓中华文明"人文初心"的集中承载。

天意甲子，人文初心，生生不息的精神故园。距今两千五百年前的春秋末期有一个甲子，即公元前 597 年至公元前 538 年，在世界的东方，诞生了老子、孔子、释迦牟尼等伟大的精神导师。在这一甲子，还诞生了毕达哥拉斯、赫拉克利特、巴门尼德等一批古希腊哲学家，为古希腊三哲——苏格拉底、柏拉图、亚里士多德的出现奠定了学术基础。由此可见，世界历史的轴心不仅仅是上帝之子的降临，还有老子、孔子、释迦牟尼等东方圣人的降临。

回望春秋末期，老子、孔子并不寂寞。诞生于同一甲子的贤良之士，如宋国贤臣子罕、郑国名相子产、齐国名相晏婴、吴国外交家季札、宋国经济学家计然、吴国军事家孙武等，同样书写了历史的华章。其后有颜回、子贡、子游、曾参、子思等孔门弟子，墨子、列子、孟子、庄子、荀子、韩非子等先秦诸子，以及"诗魂"屈原等，与老子、孔子等携手开启了世界历史的轴心，共同滋养了中华文明的初心。

二、先秦观止，天道未济

有知者曰，茫茫天地，不知所之；有无相生，先秦观止；一阴一阳，天道未济；日月循环，周而复始。《道德经》说："道生一，一生二，二生三，三生万物。"《周易》说："易有太极，始生两仪，两仪生四象，四象生八卦。"人面对"自然世界""人类世界""内心世界"三个世界，形成了三个相对可知的思维维度。一是"人所认知"，需要科学思维，需要历史观察，需要唯物主义；二是"人所反知"，需要哲学，需要信仰，需要与唯物主义相适应；三是"人所不知"，需要科学假设，需要艺术想象，需要逻辑推理。"天道观"旨在阐明人与世界的关系，它是先秦诸子思想的逻辑起点和终极归宿。发展之天道观认为，宇宙生成，则无有开、阴阳开、时空开、因果开……生命诞生，则精气开、营魄开、虚实开、生灭开……天道达观，需要有阴阳新解、时空新论、三爻新意、八卦新说。

阴阳新解。《周易》从复杂的自然现象中抽象出阴（--）阳（—）两个基本范畴，并将"天地之乾坤"视为最大的阴阳体。阴，《说文解字》曰："暗也。山之北，水之南也。"阳，《说文解字》曰"高明也，对阴言也。"《黄帝内经》云："阴阳者，天地之道也，万物之纲纪，变化之父母，生杀之本始，神明之府也。"发展之阴阳，则是将全部世界"无有之乾坤"视为相对可知的最大阴阳体。至此，我们对于"阴阳"形成了全新的解读。从阴阳符号来看，"阳（—）"可直观理解为完整、闭合、潜在、蕴藏等，可谓"无爻"，即"0"；"阴（--）"可直观理解为断开、发生、彰显、释放等，可谓"有爻"，即"1"。无爻（—）之潜在性、蕴藏性，有爻（--）之彰显性、释放性，就是笔者所理解的两种爻性。传统阴阳认为，天为阳，地为阴。发展之阴阳认为，世界之无为阳，世界之有为阴。"无爻"即"0"，"有爻"即"1"，分别与阳（—）、阴（--）相应，并有完整与断开、闭合与发生、潜在与彰显、蕴藏与释放之爻性解读，是谓阴阳新解。

时空新论。"时空"就是空间和时间，它是人类文明的古老概念。中国自古就有"上下四方曰宇，古往今来曰宙"之说。"空间"的内涵是无界永在，其外延是一切物件占位大小和相对位置的度量。"时间"是表达事物生生灭灭的概念，其内涵是无尽永前，其外延是一切事件过程长短和发生顺序的度量。大千世界，无界永在，无尽永前。受认知能力的限制，人类尚未完全掌握物质世界的时空规律。太初之道，大道缘起，无极爆发，宇宙生成，阴阳演变，时空挪移，我们尚无法得知其全貌。我们身处的世界既包括客观世界，还包括客观不尽的世界。世间万物，浩瀚宇宙，皆因大道而生成。从逻辑推理来说，我们可按从无到有、从阳到阴、从时空不分到时空分明的逻辑顺序，来阐述形而上之大道状态。第一，"无空间、无时间"之时空状况，是谓无极存在，大道寂静；第二，"有空间、无时间"之时空状况，是谓太极存在，大道至简；第三，"无空间、有时间"之时空状况，是谓天命存在，大道乘空；第四，"有空间、有时间"之时空状况，是谓宇宙存在，大道漫远。此外，宇宙中还存在大量的暗物质、暗能量等。时空不明，是谓暗藏空间，大道隐忍。需要指出的是，这里的"天命"，是宇宙的先决因素和根本命运，而非传统意义上的"天命"。无极为绝对存在，太极为抽象存在，宇宙为客观存在。道生一，一生二，从无极到太极再到宇宙，即道生两天。"域中四大"——无极、太极、天命、宇宙分别对应"天垂四象"——太阳、少阳、少阴、太阴。道生两天、天垂四象，阴阳演变、时空挪移，是谓时空新论。

三爻新意。《道德经》曰："人法地，地法天，天法道，道法自然。"老子所谓的"域中四大"，分别是道、天、地、人，与笔者时空新论中的"域中四大"（无极、太极、天命、宇宙）之间既有区别，又有联系。无极爆发、宇宙生成之后，逐渐形成了一个极特殊的世界——天地人"三才世界"。就本质而言，"三才世界"就是地球生命空间。46亿年前，地球出现。5.3亿年前，寒武纪生命大爆发。人类在地球上出现的时间，不过二三百万年而已。古人所谓的"天"，一般是指地球生命圈层之天。天地人"三才"合，大道勃发，有空间，有时间，有生命气息，是谓地球生命存在。相较"域中四大"而言，地球生命存在为"域中之小"。《易经》云："道有变动，故曰爻。"易卦的下、中、上三爻，抑或分别对应空间爻、时间爻、生命气息爻。"生命气息"的内涵是无息永驻，一阖一辟，梵悠悠而万物寂静，谷绵绵而生命灵动。从"域中四大"来看，无极、太极、天命、宇宙，均无通常意义上的生命气息。因此，无空间、无时间、无生命气息，为无极（☷）；有空间、无时间、无生命气息，为太极（☶）；无空间、有时间、无生命气息，为天命（☵）；有空间、有时间、无生命气息，为宇宙（☴）。从"域中之小"来看，有空间、有时间、有生命气息，为地球生命存在（☰）。一卦三爻，自上而下按二进制编码：无极为000，太极为001，宇宙为011，地球生命存在为111，与"道生一，一生二，二生三，三生万物"相对应。

八卦新说。《易经》云："易有太极，始生两仪，两仪生四象，四象生八卦。"阴阳八卦，是以天地为最大的阴阳体。以天、地为父母，产生雷、风、水、火、山、泽六个子女。《易经》云："天地定位，山泽通气，雷风相薄，水火不相射。"笔者基于阴阳新解、时空新论、三爻新意，将全部世界"无有之乾坤"视为相对可知的最大阴阳体。可见，所谓"道生两天，天垂四象，象悬八卦"，就是由阴阳八卦发展为时空八卦。"天"拓展为无极，"地"发展为地球生命存在。阴阳八卦，参赞天地之化育；时空八卦，演绎本末与终始。由三爻之变可知，时空八卦除包括乾若无极（☰）、风若太极（☴）、火若天命（☲）、山若宇宙（☶）"域中四大"外，还应包括"域中四小"。《道德经》所谓的"万物负阴而抱阳，冲气以为和"，表明"域中四大"开启了"域中四小"。泽通悦之幽微（☱）、水习坎之灵溪（☵）、雷崇正之机缘（☳）、地势坤之生命常在（☷），是古人基于地球的时空环境而形成的对于"域中四小"的认知。因此，所谓"象悬八卦"，既包括无极、太极、天命、宇宙这"域中四大"，又包括幽微、灵溪、机缘、生命这"域中四小"。宇宙是个大现象，生命是个小现象。幽谷灵溪，是生命之灵性、精神之内守。太初之无，是时空不分、混沌不开的无极存在；天下之无，是波粒不分、营魄不开的幽微存在；天下之有，是阴阳冲气、有机合成的生命存在。梵谷悠绵，时空开合，无极大玄象，太极大法象，天命大乘象，宇宙大现象。从无极到太极，经天命而到宇宙；从幽微到灵溪，乘机缘而到生命。大小四象、时空八卦进入循环，是谓八卦新说。

三、立命安身，立教开先

有知者曰，道生上天，继生宇宙，衍生万物。天降灵性，地载理性，人养德性。夫大人者，与天地合其德，与日月合其明，与四时合其序，与鬼神合其吉凶。君子终日乾乾，公道奋进，与时偕行。百姓立命安身，君子泰而不骄。智者参伍不失，君子和而不同。圣人齐明不竭，君子贞而不谅。侯王应天行罚，君子舍生取义。是故易有太极，世有忠恕，国有四维，君子固本也。

天地开化，众生平等，阴阳相推，因果相应。大道之行，天下为公。与天地同游，与时代同行。公为民纲，民为法纲，法为利纲。天生我，地载我，群帮我，亲养我，师教我。我学习，我发现，我敬畏，我感恩，我能行。为天地立心，为生民立命，为往圣继绝学，为万世开太平。是故立泰而忠，齐贞而仁，行义而礼，君子修道也。

人生在世，俯仰之间，静躁不同。格物致知，诚意正心，修身齐家，治国安邦。众生接地气，君子开天目，圣人定乾坤。是以致良知，致中和，而尚和合。涤除玄览，天道无亲。立教开先，心空神领。至诚无息，大象无形。寂寞追天，恩典照人。志载家国天下，心耕天地人生。是故无始之始，上天之天，不神之神，君子玄鉴也。

茫茫天地，不知所之；有无相生，先秦观止。一阴一阳，天道未济；日月循环，周而复始。立命安身，奋发图强。达观至善，化育成美。明心见性，返璞归真。君子德行天下，圣贤道理天下，侯王法治天下，名士逻辑天下，百姓耕耘天下。易儒道法墨，修齐治平开。神州大地，普适乐土。谦谦君子，卑以自牧。是故德行天下，道法自然，生死齐一，君子风范也。

四、天地化育，生命涵养

天行健，地势坤，阴阳之道，善行之本。人生在世，俯仰之间。客观天下，诸行无常。玄览上天，则天行有常。辨析人间之苦，众生多因无穷无尽之欲望，君子则因无边无际之寂寞，根本在于无知无解天之象，无意无得天之理。

天地相合，风水相宜，火雷相照，泽山相应，构成一个整体。参赞天地之化育，礼赞生命之涵养，幽赞营魄之抱一。天地有大美，众生有机缘，人间有灵秀，心中有天堂。太初有道，无以为神，志载家国天下，心耕天地人生。志气与灵魂，是上天赐予的恩典，是圣人拯救天下的信仰力量。

天地人生，家国天下。好学近乎知，勤勉近乎善，明辨近乎信，知耻近乎勇，力行近乎仁。中华传统文化之好学、勤勉、明辨、知耻、力行，亦是上天赐予的恩典，启迪圣贤之教化，对应当代学生发展核心素养之学会学习、健康生活，人文底蕴、科学精神，责任担当、实践创新。子以四教，文行忠信。现代教育，依然需要天地化育、生命涵养。是以开展学校教育、家庭养育、社会培育、天地化育，遵循圣贤教化，必能实现君子养成。

圣贤教化，君子养成，文明以健，中正而应。不偏于上大之真诚，不易于大下之仁爱，寂静而雍容，诚意而泰然，灵动而超越，是对生命的禅思，是对玄德的冥想，是对天命的觉悟。上古神话，青铜神圣，先秦圣哲，是君子启蒙之基、涵养之本、修行之魂。

仰望星空，顺天道，守玄德，致真诚，求大同，其文武周公、老庄孔孟，生生不息的精神故园，点燃心中光明。脚踏实地，讲仁爱，重民本，崇正义，尚和合，则诗书礼乐、忠信廉洁，绵绵不绝的圣贤教化，润泽天下文明。执古御今，天之道，利而不害；圣人之道，为而不争。象天法地，敬业乐群，孝老爱亲，尊师重教，是君子基本遵循。革故鼎新，继往开来，君子正位，谋幸福伟业，担复兴大任，做时代新人；君子凝命，教而求精，学而求优，文而求美，化而求成。

茫茫宇宙，银河猎户摇悬臂；朗朗乾坤，生生不息备天养。与天地同游，与时代同行，人生不能碌碌无为。积善之家，善在忠孝诚信、礼义廉耻。达学之人，学在天地风雷、水火山泽。君子百姓，百姓儒道，孔学和道家益乎庶民。君子百姓之学，百姓儒道之理。传统君子祖述尧舜、宪章文武，上律天时、下袭水土。君子启蒙融入新时代，外化天地，心系乾坤。具体表现为尊重劳动、崇尚科学、珍爱生命、追求真理、敬畏上天。君子学而深思，温而启迪，行而效慕，是以励志，则以铸魂。新时代文明实践，重在民主激荡智慧，团结汇聚力量；推动实践创新，促进个性解放。君子之品，儒道侠，玉琴剑，真善美，精气神。君子与天地同游，与时代同行，体验超越道德的价值，追求美好崇高的道德境界。人唯如是，而后始能善心至也，圣心备焉。

五、教育当家，经典修行

进入新时代，弘扬中华优秀传统文化，培养担当民族复兴大任的时代新人。诗书济世，礼乐修身，忠信进德，廉洁齐家，可谓教育当家。诗书礼乐，彰施中华传统经典。教育当家，需要经典修行。我们要立志成为君子，进而成为贤人，要养成善心，修成圣心。经典修行，并非为了功名利禄，而是为了修身养性。

围绕天地人生，家国天下，君子启蒙融入新时代，笔者提出五点忠告：

第一，推崇极简生活。"简食"是相对于精美食物而言的。它所表达的，是崇尚简约、追求朴素的生活理念。大厦千顷，眠七尺之躯；珍馐百味，不过一饱而已。君子食无求饱，居无求安。吉莫吉于知足，苦莫苦于多愿。当代人大多欲望满身，应大力提倡极简的生活方式。

第二，用心阅读。中华传统经典博大精深，是中国人精神世界的精髓。阅读经典，关键在于深刻领悟其思想精髓。品味经典，可帮助我们养成善心、修成圣心，树立君子风范。

第三，胸怀敬畏。经典是先民智慧的结晶，是中华文化的总源头。君子有三畏：畏天命，畏大人，畏圣人之言。敬畏经典，就是不消费古典，不娱乐古典，不篡改经典。经典庄严神圣不可侵犯，更不容颠覆。

第四，热心慈善。上善若水，厚德载物。一阴一阳之谓道，继之者善也，成之者性也。慈善是道德的积累，人人皆可慈善。我们应在慈善中积累道德，在帮助别人中完善自己。传统社会提倡，穷则独善其身，达则兼济天下。而当代社会，穷则兼济天下，达则独善其身。

第五，稳步健行。天行健，地势坤，人以善德立身。当代社会充满竞争和压力，无论何时何事，都要戒骄戒躁，稳步健行。稳步健行既是建设公道人间的时代呼唤，也是提升人生境界的必要途径。

君子启蒙融入新时代，需要抬头向前看、来回左右看、回头向上看，需要深刻领会唯物主义历史观、科学主义生命观、与唯物主义相适应的天道观。与天地同游，与时代同行，是教育当家、经典修行的天地照应。

君子启蒙，沟通天地，弘扬大学之道，家国担当而致真诚，仁爱奉献而尚和合。君子养成，心有乾坤，形神兼备，雍容大方而道不息，泰然自若而志不灭。理性面对自然、人类社会、内心世界，自强不息，稳步健行。蒙以养正、里仁为美、道法自然、天下为公、至诚无息，是为修行之"五行"。

天地是个大宇宙，人体是个小宇宙。木火土金水，春夏暑秋冬，风热湿燥寒。教育当家，经典修行，需要突出学和做，深入化改行。其一，"学"犹如养肝。东方青色，和肝相应，肝开窍于目，肝主升发。学习要像春天的树木那样，条达舒畅，充满生机。其二，"做"犹如养心。南方赤色，和心相应，心开窍于舌，心主疏布。做人做事是对大道和良知的一种抒怀，是对家国和天下的一种责任。对待朋友要像春天般温暖，对待工作要像夏天般火热。其三，"化"犹如养脾。中央黄色，和脾相应，脾开窍于口，脾主运化。天地化育，生命涵养，精神内守。运化就像长夏时节的开花结果，真学真懂，只是开花；真信真用，才是结果。其四，"改"犹如养肺。西方白色，和肺相应，肺开窍于鼻，肺主肃降。谦谦君子，卑以自牧。整改要像秋天那样，具有清爽之气、清和之力。秋风扫落叶，满地尽黄昏，一切都要向下向内有所收敛。其五，"行"犹如养肾。北方黑色，和肾相应，肾开窍于二阴，肾主封藏。肾藏精纳气，给生命提供原动力。修行要像冬天那样，只有经历天寒地冻、万物蛰伏，才能积蓄力量，弃旧图新，从而踏上新征程，再出发，再成长。

新时代文明实践，好学近乎知，勤勉近乎善，明辨近乎信，知耻近乎勇，力行近乎仁。突出学和做，倡导君子风，培育"爱学爱家爱劳动"的道德情怀，启迪我们修善心、立正业；深入化改行，铸就中国梦，厚植"爱党爱国爱人民"的思想情怀，启迪我们行大道、致良知。

格物致知，博物通达，万物和谐。我们身处的世界既包括客观世界，还包括客观不尽的世界。植根于内心世界的能动反映、理性反知，昭示有无相生、难易相成的宇宙哲理，激越天人合一、道法自然的自由意志，启迪见贤思齐、和而不同的中庸智慧，修省养性事天、至诚无息的内心觉悟。君子客观天下，达观天道。天道就是世界的本体、宇宙的规律、天地的灵性、自然的法则。

天地人生，家国天下。物以类聚，人以群分。君子与天地同游，与时代同行，民本、仁爱、诚信、正义、和合，求大同于乾道（☰），闻道而自强；好学、勤勉、明辨、知耻、力行，立忠恕于坤德（☷），厚德而载物。执古御今，人人平等、人人自由、社会公正、万物和谐、人民民主，群方咸遂；大众爱国、万众敬业、公民诚信、天下文明、国家富强，群山四应。

孔子君子人格思想的政治伦理价值探析 *

丁成际　郑　娟 **

摘　要：文化与民族向来都具有密切的关联性，自人类社会出现政治现象后，政治与伦理的联系日益紧密。在不断挖掘优秀传统文化丰厚价值的基础上，搭建出传统文明与现代政治发展的对话桥梁。立足伦理与政治的价值关联性，从政治伦理学的角度出发，探讨孔子君子人格思想中丰富的政治伦理价值意蕴具有深远意义。明德至善的政治伦理理念、礼法之制的政治伦理原则和慎于治身的政治伦理规范构成了其思想的内核，在思想先行的价值导向下规范政治伦理制度，提高政治行为主体的治道底蕴，为当代中国政治文明建设提供新的发展思路。

关键词：孔子；君子人格；政治伦理；价值

在中国哲学中，人格存于义理、人伦关系之中，离不开社会价值体系、自然环境、人际关系的制约与调节。先秦儒家对君子的论述最为充分，据统计，"君子"一词在《论语》中出现了一百余次，孔子君子人格理想在儒家思想中的重要位置可见一斑。

众多学者分别就孔子君子人格思想的形成背景、基本内涵、修养途径、当代价值等进行了论述，并取得了丰硕的研究成果。在孔子君子人格思想内涵方面，许多学者围绕孔子对于君子人格的描述，归纳总结了君子人格所具备的丰富内涵、基本特征、崇高境界等。李长泰认为，君子作为孔子的理想人格，除具备智仁勇三达

---

　　* 本文为国家社科基金项目（15BZX064）、中华君子文化基金资助项目。

　　** 丁成际，安徽大学马克思主义学院暨科学发展观研究中心教授、博士生导师，主要从事中国哲学、政治哲学、中国思想与文化研究。郑娟，安徽职业技术学院马克思主义学院教师，主要从事马克思主义中国化与优秀传统文化研究。

德、事君孝亲的伦理道德、心怀天下的情怀、重视自我修德外，还从政治管理、做人处事、涵养践履等方面凸显了君子的精神风貌。在孔子君子人格思想的养成方法方面，王齐州将"兴于诗，立于礼，成于乐"视为儒家君子人格养成的三条行为准则。[①] 在孔子君子人格思想的当代价值方面，许多学家都将其与不同的社会群体结合起来论述，如当代大学生人格培养、行政官员道德培养等。整体而言，孔子君子人格思想研究主要集中在道德层面、哲学层面。君子人格作为儒家理想人格的典范，离不开儒家政治思想的影响。政治伦理是"社会政治生活中调节、规范人们政治行为及政治关系的道德规范和准则"。[②] 由孔子君子人格思想的丰富内涵可知，中国传统政治伦理关注的是对人性的探讨、对人与自然以及社会关系的思考。有鉴于此，本文将从政治伦理学的视角出发，对孔子君子人格思想的政治伦理价值略作探究。

一、孔子君子人格思想的传统政治伦理价值意蕴

在分析孔子君子人格思想的政治伦理价值时必须明确一个前提，即政治与伦理向来都不是独立存在的，"政治伦理的本质是反思与把握含在政治问题和现象背后的价值底蕴"，[③] 其核心问题是"公共善问题"。孔子站在系统建构伦理政治的逻辑起点，以自己对中国古史的全面关注和深刻领悟，历史而又系统地揭示了伦理与政治的内在关涉性。[④] 作为社会政治与伦理规范的周代礼乐之制，是中国古代政治伦理的思想资源和历史前提，孔子则将仁与礼结合，以仁收拾人心，以礼规范举止，实现了伦理与政治之间的互动。孔子塑造了一个理想性与现实性相统一的君子形象，这种理想人格承担着"教人成圣"与"治国安邦"的双重功能，影响着中国古代政治伦理的发展走向。

---

① 王齐州：《"立于礼"：儒家君子人格养成的行为准则——孔子文学教育思想探论之二》，《社会科学研究》2017 年第 3 期。
② 贾红莲：《中国传统政治伦理思想的架构及现代价值》，《中国哲学史》2004 年第 2 期。
③ 高汝伟、殷有敢：《政治伦理学》，南京大学出版社，2016，第 7 页。
④ 任剑涛：《伦理政治研究：从早期儒学视角的理论透视》，吉林出版集团有限责任公司，2007，第 45 页。

（一）明德至善与和合天下：君子人格思想具有政治伦理理念

儒家将政治与伦理规范统一于政治生活之中，"斯有仁心，故有仁政"的政治伦理主张既是儒家内圣外王之道的外在表现，也是公共道德的政治伦理目标。孔子作为儒家的代表人物，其思想内核中的"仁"影响着中国传统文化的发展脉络。儒家通过对人性的深刻探究，提出人性既有"性本于善"的善端发源，也有"化性起伪"的后天去恶，这种人性向善的本体论贯穿了孔子思想的始终。孔子曰："苟志于仁，无恶也。"（《论语·里仁》）朱熹将"仁"释为"爱之理，心之德"。李泽厚认为，"仁"具有使人从善如流或改恶从善的特殊功效，[①] 孔子在这里肯定了立定志向实行仁德是"无以尚之"的。《周易·系辞》曰："天地之大德曰生。"[②] 君子本性承天地之德，不断立志修身，上达而下作。《礼记·乐象》曰："德者，性之端也。"可见，"德"即是"得"，德性就是心性的延续。[③] 德性需要在现实生活中化为德行。孔子曰："为政以德，譬如北辰。"统治者用德性来治理国家，以仁来化育万物，就会达到"众星共之"的良政局面。这种明德至善的政治指向，一直影响着中国古代社会的政治建设。君子敬畏天命，顺天应时，和而不同，以"修身、齐家、治国、平天下"为担当抱负。"和合理念"作为中国传统文化的基本价值取向之一，对构建以"仁"为内核的和谐健康的善治环境具有重要的借鉴意义。

（二）礼法之制与名实一致：君子人格思想内含政治伦理原则

政治伦理原则体现着政治伦理价值，为政治活动提供行为准则。孔子曰："君子之于天下也，无适也，无莫也，义之与比。"（《论语·里仁》）《说文解字》对"礼"的解释是："履也，所以事神致福也。从示从豊。"[④] 朱熹曰："礼者，天理之节文，人事之仪则也。"夏、商、西周三代的国家模式以血缘关系为纽带，以血缘关系为纽带的"家国同构"蕴含着血亲人伦的礼制规范价值体系。孔子又曰："君子无所争。必也射乎！揖让而升，下而饮。"子贡欲去告朔之饩羊，孔子感慨道："尔爱其羊，我爱其礼。"（《论语·八佾》）君子广泛地学习文献，用礼节约束自身的行

---

① 李泽厚：《论语今读》，生活·读书·新知三联书店，2004，第109页。
② ［魏］王弼，［唐］孔颖达：《十三经注疏》，中华书局，1980，第86页。
③ ［魏］王弼，［唐］孔颖达：《十三经注疏》，中华书局，1980，第205页。
④ ［东汉］许慎：《说文解字注》，［清］段玉裁注，上海古籍出版社，1983，第2页。

为，才不至于离经叛道。① 在孔子看来，礼乐制度不仅是形式上的框架制约，更是礼乐文明下的德性之道。礼乐秩序既是一种外显的制度制约，更是人内心道德律的自我约束。因此，唯有建立一套仁与礼相统一的政治伦理秩序，礼乐制度才能发挥维护社会秩序的作用。为了纠正当时社会政治伦理中的名分混乱现象，孔子提出"正名"说。子路提出为政之问后，孔子回答说："必先正名乎！"名不正容易招致言不顺，事不成容易导致礼乐不兴，所以君子说话均有其理由和依据。② 孔子又曰："其身正，不令而行；其身不正，虽令不从。"（《论语·子路》）君子坚守中正之道，以礼行道，有助于形成仁德至善的政治伦理原则。

（三）怵于待禄与慎于治身：君子人格思想提供政治伦理规范

政治活动在一定程度上是人们实践政治善的行为，而政治伦理规范则为评判政治行为人的道德提供了参考标准和价值准则。孔子称赞颜回具有君子四德，即践行德义时坚定，接受劝谏时谦逊，得到官禄时戒惧，修养自身时谨慎。这四者既是君子修身的必然要求，也是君子所追求的人格境界。孔子十分重视官德修养，一方面认为君子应以天下为己任，"学而优则仕"；另一方面提出君子应"怵于待禄"，要有"一箪食，一瓢饮"也能"不改其乐"的为政之德。这是制度美德外化为政治主体德性的指向与要求，也是政治制度之善与政治主体之德良性互动的重要保证。政治诚信是一种重要的政治道德，是指政治理念和政治制度所具有的诚信品格和政治活动主体在其活动中对诚实信用原则的遵循。《大学》说："诚于中，形于外，故君子必慎其独也。"③《中庸》曰："莫见乎隐，莫显乎微，故君子慎其独也。"因为人在独处时，很容易滋生不正当的私欲，所以君子在独处时更加谨慎谦卑，戒骄戒躁。因此，曾国藩才会说："慎独则心泰，主敬则身强，求仁则人悦，思诚则神钦。"

二、孔子君子人格思想的当代政治伦理价值构成

政治伦理源于人的向善目的和内在需要的实践驱动，体现出一种公共理性精神。政治伦理根植于国家的政治生活中，反映出人们对于政治生活的理性反思与政

---

① 杨伯峻：《论语译注》，中华书局，2006，第71页。

② 杨伯峻：《论语译注》，中华书局，2006，第151页。

③ ［宋］朱熹：《四书章句集注》，中华书局，1983，第7页。

治道德实践的建构。深挖传统价值与现代社会之间的内在关联，有助于焕发孔子君子人格思想中的政治伦理底蕴在当代中国政治生活中的新价值。

（一）君子"追求和善"，有利于坚定现代国家的政治价值理念

传统君子的和善追求与现代社会政治理念相契合，君子追求和善天下与社会主义和谐社会思想有着天然的联系。和谐社会是对人类社会发展理想状态的一种描绘，指的是社会安定、团结的发展状态，主张人、自然、社会的和解与平衡。杜维明认为，儒学关于人性的根本观点是"不把人看作一个孤立绝缘的个体，而强调人和人，人和自然、社会、天合起来的全面形象"。[①] 这也是孔子君子人格思想中固有的价值导向，与培育和践行社会主义核心价值观、推动构建人类命运共同体之间是一脉相承的。

政治和道德的社会性、实践性，决定了政治伦理的实践性和现实反思性。[②] 政治理论源于政治实践，又指向政治实践。因此，在政治生活中，政治理念的贯彻落实十分重要。社会主义核心价值观把涉及国家、社会、公民三个层面的价值要求融为一体，深入回答了我们要建设什么样的国家、建设什么样的社会，培育什么样的公民的重大问题。因此，十九大报告把坚持社会主义核心价值体系作为新时代坚持和发展中国特色社会主义的基本方略之一。君子敬天爱人的气质，体现了天地人和的和谐气象，这种形上的天道观、形下的实践论赋予孔子君子人格思想以理想性与现实性的双重特征。此外，孔子所推崇的"仁"作为一种道德品质，决定了政治生活的价值导向。孔子曰："君子无终食之间违仁，造次必于是，颠沛必于是。"（《论语·里仁》）荀子亦曰："仁之所在无贫穷，仁之所亡无富贵。"在儒家看来，"仁"能够贯穿人的一切行为活动以及人生态度。[③]

（二）君子"德法兼顾"，有利于完善法治社会的政治伦理制度

传统君子的礼法规范与现代法治主张相契合。经过孔子、孟子、荀子的发展，儒家逐步建构起一套以人道—人性—天道为基本架构的理论体系。这个理论体系以现实的人道为出发点，以内在的人性为媒介，追寻超越的天道根源。它强调只有

---

① 杜维明：《儒家精神取向的当代价值：20 世纪访谈》，北京大学出版社，2016，第 45 页。
② 高汝伟、殷有敢：《政治伦理学》，南京大学出版社，2016，第 5 页。
③ 李泽厚：《论语今读》，生活·读书·新知三联书店，2004，第 110 页。

以仁德为核心，才能形成一套公平、自由、和谐的政治制度。孔子曰："道之以德，齐之以礼，有耻且格。"（《论语·为政》）意指在国家治理方面，唯有将德政与礼法有机结合，民心才能归服。在孔子看来，对国家忠诚、对民族自信、对他人礼让宽容等品德的养成，都离不开礼教的引导。

社会主义法治理念发展了孔子君子人格思想中的政治文明理念，并不断赋予其新的时代内涵。社会主义政治文明更加注重维护人民利益、保障人民权利以及发挥社会成员的个性与能力。中国共产党成立之时，就树立了全心全意为人民服务的宗旨意识。人民代表大会制度作为我国的根本政治制度，有利于保证国家权力体现人民的意志。民主集中制原则有效推动了政治行为主体间的双向互动，可以使为政者更好地合民意、集民智、聚民心。因此，深入挖掘孔子君子人格思想中的民主成分，进一步将民主与法制结合起来，对于推动我国社会主义政治文明建设健康有序发展具有重要的作用。

（三）君子"慎独修德"，有利于提高政治行为主体的治道底蕴

传统君子的慎独修德与现代政治人的品德素养相契合。孔子君子人格思想中的"仁、智、勇"等道德品质铸就了君子德才兼备的形象，为筑牢群众基础提供了道德支撑，为加强我国社会主义政治文明建设提供了道德动力。

孔子君子人格思想在当代仍具有重要的价值。具体而言，一是以君子之风加强和改进党的作风建设。中国共产党是中国人民和中华民族的先锋队，其人格力量深深根植于延绵数千年的优秀传统文化之中。习近平总书记高度重视党员干部的修身立德，要求党员干部时刻以"君子检身，常若有过"的谦诚态度，常修为政之德，常思贪欲之害，常怀律己之心，在实践中把做人与做官统一起来。二是有利于强化公民的责任道德意识。公民权利意识与责任意识的失衡，势必导致政治生态的失衡。因此，建设良好的政治生态，必须切实重视公民教育，培育公民的责任意识。孔子曰："君子义以为质，礼以行之，孙以出之，信以成之。"（《论语·卫灵公》）当今社会是一个物欲横流、价值多元的社会，孔子君子人格思想中所蕴含的爱国敬业、诚实守信的精神品质和价值内核，有助于提升公民的责任道德意识。

三、孔子君子人格思想的当代政治伦理价值实现

唐凯麟指出："政治伦理研究通过揭示政治道德的本质和发展规律、确立合理的政治道德规范，奠定我国依法行政、依法治国的道德基础。"[①]面对新时代的挑战和发展机遇，我们更要汲取中华优秀传统文化中所蕴含的价值资源，推动中华优秀传统文化的创造性转化、创新性发展。

（一）树"君子之性"，确立科学的政治伦理价值理念

政治与伦理是相互作用、相互影响的，伦理道德的价值导向影响政治制度的确立，政治制度则为伦理道德提供有力的制度保证。中国传统政治伦理强调德性，主张从"道德的自我修身开始"。[②]以德修身的内圣外王思想，在儒家文化中体现得尤为明显。首先，要培育和践行社会主义核心价值观。道德律有助于增强人们的价值判断力和道德责任感，从而为践行社会主义核心价值观奠定了坚实的精神根基。其次，要坚定理想信念，树立文化自信。理想信念是人们对于自身及国家、社会未来发展状况的设想和目标所持有的坚定不移的态度，集中反映了人们的世界观、人生观、价值观。2020 年 6 月，习近平总书记在宁夏考察时指出："坚定的理想信念，永远是激励我们奋勇向前、克难制胜不竭的力量源泉。"中国文化的根本价值立场是人民性，也就是要发展为人民群众所喜闻乐见的大众文化，不断满足人民群众多样化、多层次、多方面的精神文化需求。最后，要努力肩负起实现中国梦的历史使命。习近平总书记指出，实现中华民族伟大复兴这个梦想，"体现了中华民族和中国人民的整体利益，是每一个中华儿女的共同期盼"。[③]2012 年 11 月，习近平总书记在参观《复兴之路》展览时指出，每个人的前途命运都与国家和民族的前途命运紧密相连。实现中华民族伟大复兴是一项光荣而艰巨的事业，需要一代又一代中国人共同为之努力。

（二）以"君子之道"规范政治伦理原则与制度体系

因为政治是建立在伦理的基础之上的，所以伦理的原则规范可以直接转化为政

---

① 杜维明：《儒家精神取向的当代价值：20 世纪访谈》，北京大学出版社，2016，第 45 页。
② 李晓南：《当代中国政治伦理的基本价值》，《岭南学刊》2004 年第 2 期。
③ 习近平：《全面贯彻落实党的十八大精神要突出抓好六个方面工作》，《求是》2013 年第 1 期。

治的原则规范，政治伦理原则对社会政治生活的健康发展具有一定的调节作用。君子所崇尚的践行礼法、敬身省察、躬身力行等行为准则，成为当代政治建设不可或缺的思想因子。十八大以来，党中央提出并形成了"四个全面"战略布局。在"四个全面"战略布局中，全面从严治党具有"灵魂"作用。十九大强调，必须把党的政治建设摆在首要位置，并将党的政治建设和纪律建设纳入党的建设总体布局。孔子曰："政者，正也。子帅以正，孰敢不正？"（《论语·颜渊》）在孔子看来，为政者能够做到正己，就可以不令而行，使天下人都归于正道。此外，还要坚持依法治国和以德治国的统一。腐败问题是世界政治一直都在关注的问题，解决这一难题的根本途径是筑牢拒腐防变的思想道德防线，并辅之以必要的监管体系和法律惩治措施。习近平总书记指出，"核心价值观，其实就是一种德，既是个人的德，也是一种大德，就是国家的德、社会的德。国无德不兴，人无德不立"。新型"德治观"强调坚持马克思主义道德观、社会主义道德观，倡导共产主义道德，以为人民服务为核心，以集体主义为原则，引导人们明大德、守公德、严私德，在全社会形成崇德向善、见贤思齐、德行天下的浓厚氛围。

（三）扬"君子之风"，加强政治行为主体的道德培养

美国哲学家威尔·杜兰特指出："有什么样的公民，就有什么样的国家。"[①] 有人问孔子为什么不参政？孔子回答说："《书》云：'孝乎惟孝，友于兄弟，施于有政。'是亦为政。"在孔子看来，将孝悌精神推广到政治领域也是一种从政的方式。孔子称赞子产具备君子的四种美德："其行己也恭，其事上也敬，其养民也惠，其使民也义。"（《论语·公冶长》）有鉴于此，培养君子式公民需要从三个方面入手。一要树立主体意识。君子式公民具有强烈的社会责任感和历史使命感，通过不断强化主体意识，自觉肩负起新时代赋予的使命任务。二要培养新时代的君子人格。子夏说："博学而笃志，切问而近思，仁在其中矣。"（《论语·子张》）新时代君子应广学立志，脚踏实地，坚守自己的志向。三要重视道德实践。孔子提出："君子耻其言而过其行。"（《论语·宪问》）曾子曰："君子博学而孱守之，微言而笃行之，行必先人，言必后人，君子终身守此惕惕。"（《大戴礼记·曾子立事》）君子以夸夸其谈为耻，广泛地学习知识并小心谨慎地加以践行。

---

① [美] 威尔·杜兰特：《探索的思想》，武国强、周兴亚等译，文化艺术出版社，1991，第28页。

四、结语

中国政治发端于家族伦理情感，经过孔子、孟子、荀子的发展，儒家形成了一套以为政以德、仁爱民众、为国以礼为核心的政治伦理体系。这种家国同构下的政治伦理，集中体现了儒家的价值取向与人文关怀。孔子君子人格思想一方面强调提升个体自身的道德境界，另一方面强调将道德人格日常生活化和实践化，这一价值取向为我国政治文明的现代化建设注入了道德底蕴。当前，我国进入了决胜全面建成小康社会的关键时期，政治体制改革也随着经济社会的发展而不断深化，在此背景下，培养现代政治所需要的政治伦理、文化价值观念，有利于促进社会的发展和政治文明的进步。

儒家君子理想人格的八大社会气象解读[*]

涂可国^{**}

摘　要： 儒家塑造了君子理想人格的社会气象，其是儒家人学及其人格思想不可或缺的重要构成。对儒家来讲，君子气象表现为八个方面。一是忠恕君子。儒家认为作为具有较高才智、德性和能力的君子，要模范遵循关爱他人的忠恕之道。二是宽厚君子。儒家所倡导的君子具有厚德载物、不知不愠、求诸自己、宽以待人和赦人之过的博大胸怀。三是仁德君子。儒家主张，作为仁智兼具的君子，要重仁、近仁、向仁和行仁，做到以仁制欲和事君志于仁。四是情义君子。儒家所倡导的君子，是义以为上、坚守人间大义和重义轻利的人。五是谦谦君子。儒家认为，君子应礼貌谦逊、行为文明、彬彬有礼。六是诚信君子。儒家所倡导的君子是讲求诚信伦理的人，具备讷言敏行、口惠实至和能为可信的品格。七是中和君子。儒家从贵和尚中的理念出发，要求君子和而不同、和而不流、不争不斗。八是亲民君子。儒家强调，君子应坚持"以民为本"的理念，具有爱民、为民、利民、利国和心忧天下的利他主义情怀。

关键词： 儒家君子；理想人格；社会气象

儒家阐发的君子之学内容丰硕，包括君子人格理想的本体依据、君子的构成要素、君子的外在表征、君子的社会地位、君子的规范准则、君子的胸怀境界、君子的存在形态、君子的价值观念、君子的精神情感等。其中，君子的社会气象是君子

---

　* 本文系国家社会科学基金项目"中西伦理学比较视域中的儒家责任伦理思想研究"（项目编号：14BZX046）的阶段性成果。原文刊于《学术界》2020年第12期，内容有改动。

　** 涂可国，山东社会科学院国际儒学研究与交流中心主任、研究员。主要研究方向为儒学、中国哲学和中国文化。

之学的重要组成部分。儒家君子理想人格具有八大社会气象，分别是忠恕君子、宽厚君子、仁德君子、情义君子、谦谦君子、诚信君子、中和君子和亲民君子。下面，笔者将分别予以解读。

一、爱人：忠恕君子

儒家把仁视为人的道德本源和本根，而仁的本质规定就是爱人，仁最为充分地体现了利他主义的责任伦理。儒家一方面提出德才兼备的君子应该承担起关爱他人的道德义务，另一方面承认君子也有不讲仁爱的时候。孔子从君子与小人对比的角度提出："君子而不仁者有矣夫，未有小人而仁者也。"（《论语·学而》）孔子甚至承认，君子也有憎恶的事情："恶称人之恶者，恶居下流而讪上者，恶勇而无礼者，恶果敢而窒者。"（《论语·阳货》）

君子不仁、君子恶人与君子爱人之间是不是存在矛盾呢？答案是否定的。首先，儒家认为人非圣贤，孰能无过？君子并非完人，也会由于种种原因而犯下过错。其次，孔子曰："唯仁者能好人，能恶人。"（《论语·里仁》）君子明辨是非，爱憎分明，并不会仁爱坏人、恶人。最后，君子通权达变，具有既爱人又恶人的双重属性，尤其憎恶到处宣扬别人过错的人、处于卜位而毁谤上位的人、勇敢却不懂礼节的人、刚愎自用的人。整体而言，儒家着重强调的是君子的仁爱精神。

1. 以孝悌为本

有子曰："君子务本，本立而道生。孝弟也者，其为仁之本与？"（《论语·学而》）君子应当致力于抓住做人的根本，根本既立，自然就能把握为人处世的道理。孝悌与仁爱就是做人的根本，而孝悌又是仁爱的根本。

2. 成人之美

笔者在《儒家成己成人说新解》一文中，对儒家成人之学关于"君子成人之美，不成人之恶"（《论语·颜渊》）的责任伦理思想进行了探究，[①] 这里侧重于从君子人格气象的维度对其加以阐释。

《礼记·坊记》记孔子之言曰："君子贵人而贱己，先人而后己，则民作让，故称人之君曰君，自称其君曰寡君。"[②] 孔子这句话阐述的就是君子舍己为人的道德价

---

① 参见涂可国：《儒家成己成人说新解》，《甘肃社会科学》2018年第3期。

② 《礼记·表记》，载李学勤主编：《十三经注疏·礼记正义（下）》，北京大学出版社，1999，第1405页。

值取向。孟子称大舜"善与人同，舍己从人，乐取于人以为善"。(《孟子·公孙丑上》)孟子就是由尧、舜、禹等古圣先贤的与人为善品质，推导出"故君子莫大乎与人为善"(《孟子·公孙丑上》)的道德责任戒律。

荀子提出了"君子崇人之德，扬人之美"(《荀子·不苟》)的责任伦理。《荀子·不苟》曰："君子崇人之德，扬人之美，非谄谀也；正义直指，举人之过，非毁疵也；言己之光美，拟于舜、禹，参于天地，非夸诞也……以义变应，知当曲直故也。"在荀子看来，君子推崇别人的德行，赞扬别人的优点，并非出于献媚；公正地指出他人的过错，并非出于诽谤挑剔；赞美自己并非出于浮夸、欺骗。君子不论是扬人之善还是责人之过，均是出于正义、公心、责任心，均是为了帮助他人自我完善、自我进步。

3. 修己安人

儒学在本质上是为己之学与为人之学的辩证统一，这一点在君子的责任观上得到了充分体现。孔子的君子之学固然将修己责任置于重要的地位，但又强调君子修己的根本目的是使他人得到安乐。《论语·宪问》载：

> 子路问君子。子曰："修己以敬。"曰："如斯而已乎？"曰："修己以安人。"曰："如斯而已乎？"曰："修己以安百姓。修己以安百姓，尧舜其犹病诸？"

由修己以敬、修己以安人和修己以安百姓构成的君子之道，充分诠释了君子利他主义的道德伦理和担责意识。天下之大、世道之繁，即使尧舜之类的圣贤也难以做到。

4. 敬以直内

《周易·坤卦》载："君子敬以直内，义以方外。"君子以敬心矫正内在的思想，以道义规范外在的行为。需要指出的是，儒家既讲君子敬己的责任，也讲君子敬事、敬人的责任。子夏曰："君子信而后劳其民，未信，则以为厉己也。信而后谏，未信则以为谤己也。"(《论语·子张》)在子夏看来，君子使民、事君，都要以信为先。没有信任，民众就会把劳役当成虐待他们，君主就会把忠言进谏当成毁谤。可见，不论是"信而后劳"还是"信而后谏"，均反映了君子凡事以信为先、尊重他人人格的道德责任。

二、容人：宽厚君子

《周易·坤卦》曰："地势坤，君子以厚德载物。"这一命题从"天人合一"的思维角度，阐发了君子博大宽厚的情怀。《大学》在阐述"治国必先齐家"时，提出了"君子有诸己而后求诸人，无诸己而后非诸人"的"絜矩之道"。可见，儒家尤为重视君子宽以待人、善待他人的处世责任。

1. 不知不愠

儒家认为，对人宽容既是君子的优秀品格，也是君子的道德责任。因此，《论语》首章就提出了"人不知而不愠，不亦君子乎"的道德情感。在孔子看来，面对他人的不了解甚至误解，只有具备宽容之心和博大胸怀的君子才能做到不怨恨恼怒。朱熹释"人不知而不愠"曰："不知而不愠者逆而难，故惟成德者能之。"[①] 君子之所以能够做到"人不知而不愠"，主要是因为君子厚于责己而薄责人。此即孔子所谓的"君子病无能焉，不病人之不己知也"。(《论语·卫灵公》)

2. 求诸自己

孔子曰："君子求诸己，小人求诸人。"(《论语·卫灵公》)君子遇到问题、陷入困境，总是从自身寻找原因和应对之策，勇于自我担责；小人出现差错、碰到挫折，总是撇清自己、推卸责任，缺乏自我承担的勇气和魄力。董仲舒在《春秋繁露·仁义法》中提出了"以仁安人，以义正我"的观点，"仁之法，在爱人，不在爱我；义之法在正我，不在正人。我不自正，虽能正人，弗予为义；人不被其爱，虽厚自爱，不予为仁"；[②]"爱在人，谓之仁；义在我，谓之义。仁主人，义主我也"；[③]"故自称其恶谓之情，称人之恶谓之贼；求诸己谓之厚，求诸人谓之薄；自责以备谓之明，责人以备谓之惑"，[④] 着重强调君子要注重"求仁义之别，以纪人我之间，然后辨乎内外之分，而著于顺逆之处也"。[⑤] 在董仲舒看来，君子唯有坚持"以仁治人、以义治我，躬自厚而薄责于外"，才能做到"攻其恶，无攻人之恶"(《论语·颜渊》)。

---

① [宋]朱熹：《四书章句集注·论语集注》，中华书局，2011，第50页。
② 张世亮、钟肇鹏、周桂钿译注：《春秋繁露·仁义法》，中华书局，2012，第314页。
③ 张世亮、钟肇鹏、周桂钿译注：《春秋繁露·仁义法》，中华书局，2012，第320页。
④ 张世亮、钟肇鹏、周桂钿译注：《春秋繁露·仁义法》，中华书局，2012，第321页。
⑤ 张世亮、钟肇鹏、周桂钿译注：《春秋繁露·仁义法》，中华书局，2012，第320—321页。

3. 宽以待人

《周易·师卦》曰："君子以容民畜众。"子张进一步发挥了这一思想："君子尊贤而容众，嘉善而矜不能。我之大贤与，于人何所不容？我之不贤与，人将拒我，如之何其拒人也？"（《论语·子张》）子张认为，君子应当尊敬贤人、容纳众人、赞美比自己优秀的人、怜悯比自己能力差的人。

荀子对君子宽以待人品格的阐述，可谓见解独到。

> 君子能则宽容易直以开道人，不能则恭敬繜绌以畏事人；小人能则倨傲僻违以骄溢人，不能则妒嫉怨诽以倾覆人。故曰：君子能则人荣学焉，不能则人乐告之；小人能则人贱学焉，不能则人羞告之。是君子小人之分也。（《荀子·不苟》）

> 故君子之度己则以绳，接人则用抴。度己以绳，故足以为天下法则矣。接人用抴，故能宽容，因众以成天下之大事矣。故君子贤而能容罢，知而能容愚，博而能容浅，粹而能容杂，夫是之谓兼术。（《荀子·非相》）

在荀子看来，君子时刻用仁义道德来约束自己，是天下人效法的楷模；君子宽容大度，能够依靠众人来成就天下大业；君子聪明而能容纳愚昧的人，见闻广博而能容纳肤浅的人，心灵纯洁而能容纳品行驳杂的人。在这里，荀子着重强调的是君子宽宏大量、平易正直、兼爱众人的美好品格，而非君子应当怎么做的诫命。

在如何对待小人的问题上，朱熹根据自身的政治实践，一方面提出"君子之于小人，未能及其毫毛；而小人之于君子，其祸常大"[1]，因而主张君子应当远离小人；另一方面提出"圣人亦有容小人处，又是一截事。且当看正当处"[2]，因而主张君子应根据礼法适当地宽恕小人。

4. 赦人之过

《周易·解卦》云："君子以赦过宥罪。"君子应多施恩泽，赦免过失，宽恕有罪之人。子贡对"君子之过"的描述是："君子之过也，如日月之食焉；过也，人皆见之；更也，人皆仰之。"（《论语·子张》）在子贡来看，君子敢于直面自身的问题，勇于改正自身的错误；对于别人的过失，君子总是给予宽容，而不是一味苛

---

① [宋] 黎靖德编，王星贤点校：《理学丛书·朱子语类》，中华书局，1994，第3092页。

② [宋] 黎靖德编，王星贤点校：《理学丛书·朱子语类》，中华书局，1994，第3092页。

责。《论语·微子》曰：

> 周公谓鲁公曰："君子不施其亲，不使大臣怨乎不以。故旧无大故，则不弃也。无求备于一人。"

在这里，周公对长子伯禽提出了三条政治伦理原则：一是不要怠慢、疏远自己的亲族，不要让大臣理怨不任用、信任他们；二是旧臣老友如果没有很大的过失，就不要舍弃他们；三是对任何人都不要求全责备。上述三条政治伦理原则充分体现了君子宽以待人的政治胸怀，其中，"故旧无大故，则不弃"尤为彰显了君子赦人之过和善待他人的气度。

三、尚仁：仁德君子

仁是儒家伦理的核心，儒家赋予君子以重仁、近仁、向仁和行仁的责任伦理。孔子和孟子分别提出了君子以仁制欲的个人品性伦理和事君志于仁的社会公共伦理。曾子从如何交友的视域，提出了"君子以文会友，以友辅仁"（《论语·颜渊》）的观点。荀子则从语言伦理的角度，提出了"君子之行仁也无厌"（《荀子·非相》）的观念。

1. 以仁制欲

孔子说："富与贵，是人之所欲也；不以其道得之，不处也。贫与贱，是人之所恶也；不以其道得之，不去也。君子去仁，恶乎成名？君子无终食之间违仁，造次必于是，颠沛必于是。"（《论语·里仁》）追求富贵与规避贫贱是人的本性，但君子之所以为君子，就在于其始终按照仁道原则来对待富贵与贫贱，无论处于何种境地都按照仁德办事。因此，"以仁制欲"既是君子超然于世的优秀品质，又是其毕生践行的修养路径。

2. 事君志于仁

孟子在仁义思想方面的原创性贡献有两个，一是提出"君子之于物也，爱之而弗仁；于民也，仁之而弗亲。亲亲而仁民，仁民而爱物"（《孟子·尽心上》）的"仁爱"说；二是提出了著名的"仁政"说。孟子在阐述君子应当如何侍奉君主时提出："徒取诸彼以与此，然且仁者不为，况于杀人以求之乎？君子之事君也，务引其君以当道，志于仁而已。"（《孟子·告子下》）在孟子看来，君子的政治伦理责任之一，就是引导国君实行仁义之道。为此，孟子主张运用君子治国，推行尧舜之道："今居中国，去人伦，无君子，如之何其可也？陶以寡，且不可以为国，况无君子乎？欲轻之于尧舜之道者，大貉小貉也；欲重之于尧舜之道者，大桀小桀也。"（《孟子·告子下》）

四、重义：情义君子

儒家所倡导的君子，是始终坚持义以为上原则、坚守人间大义和重义轻利的人。

1. 义以为上

孔子不仅从社会治理的视域，提出"君子喻于义，小人喻于利"（《论语·里仁》）的观点；还从德性伦理学的角度，提出"君子之于天下也，无适也，无莫也，义之与比"（《论语·里仁》）的主张。换言之，君子依据道义行事，具有唯义是从的道德责任担当。此外，孔子还从行为责任的角度，要求"君子义以为质，礼以行之，孙以出之，信以成之"。（《论语·卫灵公》）可见，孔子把义作为一切行为的根本，把礼作为践行道义的准则，用诚信的态度推行道义。此外，孔子还将道义作为判断君子是否勇敢的重要尺度。《论语·阳货》曰："君子义以为上，君子有勇而无义为乱，小人有勇而无义为盗。"子路主张，君子应通过出仕的途径，来履行弘道的历史使命："君子之仕也，行其义也。"（《论语·微子》）

曾子认为，君子既具有仁义的内在品德，又讲究诚信，是可以托付重任的人。曾子曰："可以托六尺之孤，可以寄百里之命，临大节而不可夺也。君子人与？君子人也。"（《论语·泰伯》）可以将幼小的君主和国家社稷托付给君子，而君子为了完成托付，即使付出生命也在所不惜。

2. 皆适于义

对于宋王、薛王、齐王赠送的黄金，孟子接受与否，"皆是也。皆适于义也"。他接着以反问的方式提出"焉有君子而可以货取乎"（《孟子·公孙丑下》）的观点。可见，在孟子看来，君子应承担起以义为重、义以为上、见得思义的道德责任。否则，就会降格为伪君子、假道学。

3. 重视道义

《荀子·修身》曰："志意修则骄富贵，道义重则轻王公，内省而外物轻矣。"

《朱子语类·训门人八》释此句曰："身劳而心安，为之；利少而义多，为之。"可见，在荀子看来，士君子志向远大，以道义至上、重义轻利为价值取向，绝不会因为贫穷困厄而改变对道义的追求。此即荀子所谓的"故良农不为水旱不耕，良贾不为折阅不市，士君子不为贫穷怠乎道"。（《荀子·修身》）

五、尚礼：谦谦君子

自古至今，人们对君子的第一印象通常是礼貌谦逊、文质彬彬、与世无争。可见，儒家所塑造的"谦谦君子""淑人君子"形象早已深入人心。

1. 无争揖让

毋庸置疑，谦让是儒家君子最突出的人格特质之一。《周易·谦卦》曰："谦谦君子，卑以自牧。"儒家一贯重礼、尊礼，主张"不学礼，无以立"。（《论语·季氏》）《礼记·曲礼上》亦曰："君子恭敬撙节，退让以明礼。"[①]孔子进一步提出："君子无所争，必也射乎！揖让而升，下而饮。其争也君子。"（《论语·八佾》）君子在射箭比赛时，也讲究射箭的仪容、射艺的礼节。

2. 文质彬彬

儒家特别强调君子的"礼文"修养。孟子强调："恭敬而无实，君子不可虚拘。"（《孟子·尽心上》）君子应注重内在德性的修养，不可被虚伪的礼文所拘持。孔子则主张君子应在文与质之间保持中道："质胜文则野，文胜质则史。文质彬彬，然后君子。"（《论语·雍也》）《礼记·表记》亦曰："君子服其服，则文以君子之容；有其容，则文以君子之辞；遂其辞，则实以君子之德。"[②]可见，在儒家看来，君子应实现内在德性与外在仪容的完美统一。

3. 恭而有礼

受孔子"恭而无礼则劳"（《论语·泰伯》）思想的影响，子夏对司马牛说："君子敬而无失，与人恭而有礼，四海之内皆兄弟也。"（《论语·颜渊》）君子只要做事认真，对人恭敬有礼，何愁没有朋友呢？君子作为礼仪的践行者，其一言一行都合于礼的规定。《礼记·聘义》曰："日莫人倦，齐庄正齐，而不敢解惰，以成礼节，

---

① 李学勤主编：《十三经注疏·礼记正义（上）》，北京大学出版社，1999，第15页。
② 李学勤主编：《十三经注疏·礼记正义（下）》，北京大学出版社，1999，第1477页。

以正君臣，以亲父子，以和长幼。此众人之所难，而君子行之，故谓之有行。"① 由此可见，君子恭谨行礼的目的，是达到君臣正、父子亲、长幼和的理想境界。

六、重信：诚信君子

1. 讷言敏行

孔子特别重视君子的诚信伦理。子贡问孔子什么是君子之道，孔子回答道："先行其言，而后从之。"（《论语·为政》）孔子的为政之道，也以"正名"为先。孔子认为，"名不正，则言不顺。言不顺，则事不成"，因此，"君子名之必可言也，言之必可行也"（《论语·子路》），"君子耻其言而过其行"。（《论语·宪问》）

2. 口惠实至

《礼记·表记》借孔子之口阐述了儒家的仁义之道和君子的诚信责任。例如，"君子隐而显，不矜而庄，不厉而威，不言而信"。②"君子不失足于人，不失色于人，不失口于人。是故君子貌足畏也，色足惮也，言足信也"。③"君子恭俭以求役仁，信让以求役礼。不自尚其事，不自尊其身，俭于位而寡于欲，让于贤，卑己尊而人，小心而畏义，求以事君"。④"君子不以辞尽人"。⑤"君子不以口誉人"。⑥"君子不以色亲人"。⑦ 此外，孔子还指出了言行不一致的后果："口惠而实不至，怨菑及其身。是故君子与其有诺责也，宁有已怨。"⑧ 君子与其因轻易许诺而难以实现，以致受到责备，宁可一开始就不允诺而被人怨恨。

3. 能为可信

荀子在《非十二子》中详细阐述了君子的己他观，提出"能为可贵""能为可信""能为可用"等责任伦理：

> 士君子之所能不能为：君子能为可贵，不能使人必贵己；能为可信，而不

① 李学勤主编：《十三经注疏·礼记正义（下）》，北京大学出版社，1999，第 1668 页。
② 李学勤主编：《十三经注疏·礼记正义（下）》，北京大学出版社，1999，第 1468 页。
③ 李学勤主编：《十三经注疏·礼记正义（下）》，北京大学出版社，1999，第 1468 页。
④ 李学勤主编：《十三经注疏·礼记正义（下）》，北京大学出版社，1999，第 1480 页。
⑤ 李学勤主编：《十三经注疏·礼记正义（下）》，北京大学出版社，1999，第 1493 页。
⑥ 李学勤主编：《十三经注疏·礼记正义（下）》，北京大学出版社，1999，第 1494 页。
⑦ 李学勤主编：《十三经注疏·礼记正义（下）》，北京大学出版社，1999，第 1495 页。
⑧ 李学勤主编：《十三经注疏·礼记正义（下）》，北京大学出版社，1999，第 1494 页。

能使人必信己；能为可用，而不能使人必用己。故君子耻不修，不耻见污；耻
不信，不耻不见信；耻不能，不耻不见用。是以不诱于誉，不恐于诽，率道而
行，端然正己，不为物倾侧，夫是之谓诚君子。《诗》云："温温恭人，维德之
基。"此之谓也。

荀子所谓的"耻不信，不耻不见信"，"耻不信"之"信"可释为"信誉""信
用"，"不见信"之"信"可释为"信任""相信"。在这里，荀子从己他关系的
角度，阐述了社会主体在人际关系中的自主性和制约性。别人是否"贵己""用
己""信己"，并不由自己决定，更不能强人所难。但是君子以不修、不信、不能为
可耻，不被浮名所诱，不因诽谤而感到恐惧，始终按照道义行事。从责任伦理学的
角度来说，义务与责任与人的能力和自由意志相匹配，能为可以推导出应为，应然
出乎实然。如此一来，荀子的"能为可信"中就内含着"应为可信"的责任。

七、贵和：中和君子

儒家主张"以和为贵"，并从不同层面开创性地提出了与"和"有关的和谐、
和合、和同以及太和、乐和、政和、德和、人和、群和、中和等一系列范畴。在人
际关系方面，儒家更是从人格理想的角度，强调君子有责任推进人际和谐。

1. 和而不同

儒家推崇的"和"，就是《礼记·礼运》所谓的"大同"，并反对小人的"小同"
和墨家的"尚同"。在孔子看来："君子和而不同，小人同而不和。"（《论语·子路》）
这句话的大意是说，君子注重从事物差异和矛盾中去把握统一和平衡，小人则追求
绝对的同一。在人际关系方面，君子主张人与人之间只有互济互补，才能实现人际
和谐。这与小人偏重于"同而不和"的处世态度形成鲜明的对照。

2. 和而不流

习近平同志在浙江主政时曾深刻指出，"贵和尚中"的中和文化这一"伟大的
思想"是"中华文化的精髓"。笔者认为，儒家所倡导的"中和"既指自然中和、
政治中和，也指心性中和、人伦中和。[1]《中庸》对"中""和"的界定是："喜怒哀
乐之未发，谓之中；发而皆中节，谓之和。"尤为重要的是，《中庸》在儒学史上开

---

[1] 涂可国：《儒学与人的发展》，齐鲁书社，2011，第308—340页。

创性地提出了"中庸之道"。一方面，《中庸》从君子修道、慎独的角度，阐述了中和之道，建构了君子的中和人格。《中庸》曰："喜怒哀乐之未发谓之中，发而皆中节谓之和。中也者，天下之大本也。和也者，天下之达道也。致中和，天地位焉，万物育焉。"另一方面，孔子从"过犹不及"的辩证理性入手，阐发了君子的中庸人格。《中庸》曰："君子中庸，小人反中庸。君子之中庸也，君子而时中。小人之中庸也，小人而无忌惮也。""君子依乎中庸，遁世不见，知而不悔，唯圣者能之。"

《中庸》借孔子之口，从三个层面阐述了君子与人相处的责任伦理。其一是和而不流。孔子曰："故君子和而不流，强哉矫；中立而不倚，强哉矫；国有道，不变塞焉，强哉矫；国无道，至死不变，强哉矫。"在孔子看来，君子主张与人和睦相处，但绝不同流合污。其二是忠恕而行。孔子曰："故君子以人治人，改而止。忠恕违道不远，施诸己而不愿，亦勿施于人。"君子按照中庸的忠恕之道，来履行人道的责任。其三是不怨天尤人。孔子说："君子无入而不自得焉。在上位不陵下，在下位不援上。正己而不求于人，则无怨。上不怨天，下不尤人。"君子处于上位时，不欺侮在下位的人；处于下位时，不攀附在上位的人。君子注重责己，薄责于人。

3. 反对好斗

儒家认为，好斗是影响社会安定和谐的主要因素，因此，要想维护社会的稳定、和谐，必须遏制好斗之心，抵制好斗行为。

《礼记·乡饮酒义》曰："君子尊让则不争，絜敬则不慢。不慢不争，则远于斗辨矣。"[①]《荀子·荣辱》详细探讨了斗殴的后果和原因。"斗者，忘其身者也，忘其亲者也，忘其君者也。行其少顷之怒而丧终身之躯，然且为之，是忘其身也；家室立残，亲戚不免乎刑戮，然且为之，是忘其亲也；君上之所恶也，刑法之所大禁也，然且为之，是忘其君也"，是说斗殴有"忧忘其身""内忘其亲""上忘其君"三大弊端。"凡斗者，必自以为是而以人为非也。己诚是也，人诚非也，则是己君子而人小人也"，是说大凡爱争斗的人，一定认为自己是正确的，而对方是不正确的。

---

① 李学勤主编：《十三经注疏·礼记正义（下）》，北京大学出版社，1999，第1627—1628页。

八、振民育德：亲民君子

1. 为民

《周易》提出了一系列的君子责任伦理，如"君子以振民育德"（《周易·蛊卦》）、"君子以教思无穷，容保民无疆"（《周易·临卦》）、"君子以常德行，习教事"。（《周易·坎卦》）孟子不仅提出了"善政不如善教之得民"的理念，还进一步阐述了君子的五种教民之道："君子之所以教者五：有如时雨化之者，有成德者，有达财者，有答问者，有私淑艾者。"（《孟子·尽心上》）此外，孟子还提出君子"以佚道使民，虽劳不怨。以生道杀民，虽死不怨杀者"（《孟子·尽心上》）的主张。意指只要以仁义之道治理民众，民众自然就会心悦诚服、无所抱怨。

王阳明从儒家责任伦理的维度，提出"世之君子，惟务致其良知"的观点。[1]王阳明认为，"良知"是不虑而知、不学而能的，是"无间于圣愚，天下古今之所同"的，因此，君子"致其良知，则自能公是非，同好恶，视人犹己，视国犹家，而以天地万物为一体"。[2]具体而言，"致良知"就是"视民之饥溺，犹己之饥溺"。"生民之困苦荼毒，孰非疾痛之切于吾身者乎"？[3]

2. 治国

《大学》建构了一套修身、齐家、治国、平天下的君子责任体系。程颢、程颐均认为，《河南程氏粹言·君臣》："当为国之时，既尽其防虑之道矣，而犹不免，则命也。苟惟致其命，安其然，则危塞险难无足动其心者，行吾义而已，斯可谓之君子。"[4]二程认为，君子若是竭尽全力仍无法挽救国家的衰亡，便只好听天由命了，但是为了"行吾义"，君子可以"见危致命"（《论语·子张》）。

3. 平天下

孟子赋予君子以修身、平天下的责任担当。他指出："言近而指远者，善言也；守约而施博者，善道也。君子之言也，不下带而道存焉；君子之守，修其身而天下平。人病舍其田而芸人之田，所求于人者重，而所以自任者轻。"（《孟子·尽心下》）在孟子看来，君子之言为善言，虽然语言浅近但是意义深远；君子所守之道

---

① 吴光等编：《王阳明全集·传习录上》，上海古籍出版社，2011，第90页。

② 吴光等编：《王阳明全集·传习录上》，上海古籍出版社，2011，第90页。

③ 吴光等编：《王阳明全集·传习录上》，上海古籍出版社，2011，第90页。

④ 王孝鱼点校：《二程集·河南程氏粹言》，中华书局，2004，第1245页。

为善道，体现了修身以使天下太平的宏伟理想。笔者认为，"舍己之田而芸人之田"
看似体现了舍己为人的利他主义精神，实则是"舍身不治，而欲责人治，是求人
太重，自任太轻"。因此，君子只有像孔子所要求的那样，"笃信好学，守死善道"
（《论语·泰伯》），才能真正承担起治国、平天下的政治责任。

　　"天下兴亡，匹夫有责。"君子作为道德精英和政治精英，更应"以治国平天下
为己任"。因此，荀子提出了"君子理天地"的主张："天地者，生之始也；礼义者，
治之始也；君子者，礼义之始也。为之、贯之、积重之、致好之者，君子之始也。
故天地生君子，君子理天地。君子者，天地之参也，万物之总也，民之父母也。无
君子，则天地不理，礼义无统，上无君师，下无父子，夫是之谓至乱。"（《荀子·王
制》）在这里，荀子通过梳理天地、礼义和君子之间的关系，阐释了君子治理天地
的责任。具体而言，天地是生命的本源，礼义是天下治理的本源，而君子是礼义的
本源。天地创造了君子，君子制作、践行、推广礼义，并用礼义修身、齐家、治
国、平天下。荀子所谓的"无君子，则天地不理"固然带有浓厚的精英主义倾向，
却彰显了君子平定天下的政治责任。正如东方朔所言："'无君子则天地不理'之言
说，一方面将安顿社会秩序的政治主体作了明白无误的表述，另一方面也强化了君
子在整顿世道方面所必具的能力和承担的责任。"①

　　二程将天下观与君子观融会贯通，提出君子"以义治国"的主张。程颢和程颐
说："君子有为于天下，惟义而已，不可则止，无苟为亦无必为。"②在二程看来，君
子"惟义所在"，绝不做不合乎道义的事情，始终按照道义治国理民。如果说"有
为于天下"是君子的责任伦理，那么，"惟义所在"就是君子的德性伦理，君子的
责任必须建立在其德性的基础之上。

---

① 东方朔：《差等秩序与公道世界》，上海人民出版社，2016，第 141 页。
② 王孝鱼点校：《二程集·河南程氏粹言》，中华书局，2004，第 1243 页。

君子之志在于天下归仁

——论孔子的公共性思想[*]

朱　承^{**}

摘　要： 公共性是孔子哲学思想的一个重要指向，"仁爱"是孔子公共性思想的核心。"仁"既是个体内心存有也是其在公共交往、政治活动中所需要贯彻到底的原则。在"仁"的原则主导下，为政者以德性与德行谨慎地运用公共权力并为公众谋取福利。君子在公共生活中恪守"礼"的准则，并将其运用到各种生活场景之中。孔子主张，怀有"仁"德的君子应积极发挥自己的才能与品德，努力实现社会大同团结和个体自适其性的公共生活理想。

关键词： 孔子；公共性；仁

孔子作为充满现实关怀的哲学家，其思想的核心问题有：何为理想生活？如何实现这一理想生活？个人在实现理想生活的过程中应该发挥什么样的作用？为了促进共同体的大同团结与优良秩序，个人应该如何做？上述问题都指向另外一种表达：对于君子而言，何为理想的公共生活？如何实现理想的公共生活？众所周知，在传统社会中，公共生活包括政治活动、社会交往活动、公共空间的礼仪祭祀等。按照儒家的理想，参与这些活动的主体应该是心怀道德原则、价值理念，并按照一定的准则行事的个体。因此，实现公共生活的理想化需要具备两个前提：一是理想的个体，二是理想的公共规则。按照孔子的哲学理念，理想的个体需要树立"仁"

---

　*　原文刊于《中国哲学史》2020年第5期，有改动。

　**　朱承，华东师范大学哲学系暨中国现代思想文化研究所教授、博士生导师。主要从事中国哲学、政治哲学、中国思想与文化研究。

的基本原则，理想的公共准则就是"礼"。孔子以"仁"和"礼"为中心，提供了一种理想公共生活的范型。孔子对于理想公共生活的思考及设计，构成了后世儒家应对这一问题的基本立场。公共生活是人类生活的基本样态，它超越历史时段和民族种族而存续，直到今天，如何过一种理想的公共生活依然是哲学的核心问题。由此而言，对孔子的公共性思想予以重新阐释以及分析评议，进而思考儒家哲学对于现代社会的思想意义依然有其必要性。

一、公共生活的仁爱原则

孔子的公共性思想首先体现在为公共生活、人际交往确定了基本原则，这一原则既具有普遍性，是人之为人的内在根据；又具有现实意义上的公共性，是公共权力运行、公共交往开展的现实准则。孔子出于对所处时代"礼坏乐崩"的无序公共生活的担忧，试图为权力运行、人际交往建构应然的原则。孔子提出的这一原则，就是"仁"。

从字面上来说，"仁"意味着人际情感关系。"樊迟问仁。子曰：'爱人。'"（《论语·颜渊》）"爱人"就是关心、尊重他人，其既适用于私人性的家庭生活，也适用于公共性的社会生活。孔子曰："弟子入则孝，出则悌，谨而信，泛爱众，而亲仁。"（《论语·学而》）在家庭生活里，"仁"表现为孝、悌、亲等德目；在公共生活里，"仁"表现为恭、敬、忠、友、宽、惠、信等德目。在孔子看来，理想的公共生活就是"仁"的原则得到公开而广泛的遵守，为了遵循和落实"仁"的原则，志士仁人甚至可以牺牲生命。"志士仁人，无求生以害仁，有杀身以成仁"。（《论语·卫灵公》）孔子又清楚地认识到，虽然"民之于仁也，甚于水火。水火，吾见蹈而死者矣，未见蹈仁而死者也"。（《论语·卫灵公》）因此，孔子提出君子应始终"以仁为己任"，"君子无终食之间违仁，造次必于是，颠沛必于是"。（《论语·里仁》）在孔子的哲学体系里，就参与公共生活的个体而言，"仁"的原则体现在诸多方面。

首先，要在个体心中确立"仁"的原则。儒家认为，良好的个体品德是一切公私生活的基石。换言之，公共生活的仁爱原则能否得到落实，关键取决于个体是否具有"仁"的品德。据《论语》载："颜渊问仁。子曰：'克己复礼为仁。一日克己复礼，天下归仁焉。为仁由己，而由人乎哉？'颜渊曰：'请问其目。'子曰：'非礼勿视，非礼勿听，非礼勿言，非礼勿动。'颜渊曰：'回虽不敏，请事斯语矣。'"

（《论语·颜渊》）在孔子看来，"天下归仁"是一种理想的公共生活状态，而这一理想生活状态的实现，主要取决于个体自身的"克己复礼"。用今天的话来说，就是社会整体的道德状态取决于个体的道德素养。正是在这个意义上，孔子进一步提出："仁远乎哉？我欲仁，斯仁至矣。"（《论语·述而》）良好的公共生活建基于良好的个体道德品质，那些具有一定影响力的人的品德对于公共生活的影响更大。子贡曰："如有博施于民而能济众，何如？可谓仁乎？"子曰："何事于仁，必也圣乎！尧舜其犹病诸！夫仁者，己欲立而立人，己欲达而达人。能近取譬，可谓仁之方也已。"（《论语·雍也》）因此，在儒家看来，"博施济众""立人""达人"既是"仁"的效果，又是"仁"的动机。换句话说，个体参与公共生活时怀有"仁"的情怀，并达到了"博施济众""立人""达人"的效果，就是具备了仁德。正是在这个意义上，孔子主张参与公共生活的个体应"志于仁"。"苟志于仁矣，无恶也"。（《论语·里仁》）这就是曾参所谓的"士不可以不弘毅，任重而道远。仁以为己任，不亦重乎？死而后已，不亦远乎"？（《论语·泰伯》）因此，共同体成员应当以"仁"作为自己的内心原则和实践目标。

其次，要在公共交往中落实"仁"的原则。与他人交往是公共生活中一项重要的内容，而交往的对象有君主、同僚、朋友、老师、弟子、乡党、陌生人等。仁者爱人主要体现为对他人的关爱，关爱的表现形式随着对象的不同而改变，有忠、敬、信、宽、恕、惠等表现形式。仲弓问仁。孔子回答说："出门如见大宾，使民如承大祭。己所不欲，勿施于人。在邦无怨，在家无怨。"（《论语·颜渊》）个体由私人空间进入公共空间，或者从事治民等公共事务时，需与家庭成员之外的人进行交往，个体的精神状态随之发生改变。朱熹说："敬以持己，恕以及物，则私意无所容而心德全矣。"[1]在这里，"仁"具体表现为"敬"和"恕"的精神状态。在朱熹看来，个体在参与公共交往时，只要秉持"己所不欲，勿施于人"的心态，就能取得"在邦无怨，在家无怨"的效果。孔子亦曰："躬自厚而薄责于人，则远怨矣。"（《论语·卫灵公》）可见，仁爱原则在公共生活中主要体现为以公共性为优先原则，约束自己，尊重他人、理解他人、关爱他人。此外，仁爱原则在公共生活中还表现为对他人施加有益的影响。孔子曰："举直错诸枉，则民服；举枉错诸直，则民不服。"（《论语·为政》）又曰："举直错诸枉，能使枉者直。"（《论语·颜渊》）在公共

---

① ［宋］朱熹：《四书章句集注》，中华书局，1983，第133页。

生活中，推选任用贤明正直的人，并将其置于品行作风不正的人之上，不仅会让民众信服，还能使品行作风不正的人变得正直。子夏进一步发挥了孔子的思想："富哉言乎！舜有天下，选于众，举皋陶，不仁者远矣。汤有天下，选于众，举伊尹，不仁者远矣。"（《论语·颜渊》）换言之，在公共生活中高扬仁爱原则的动机之一，就是正直能够校正曲和枉，仁爱能够驱除不仁。在孔子看来，公共交往中的仁爱原则具有普遍性意义，既体现在乡居小环境中，如"里仁为美。择不处仁，焉得知"？（《论语·里仁》）；更体现在国家大环境中，如"樊迟问仁。子曰：'居处恭，执事敬，与人忠。虽之夷狄，不可弃也。'"（《论语·子路》）独处时的谨慎、乡居时的互爱、对国家的忠诚等，既是仁爱原则在公共生活中的具体体现，也是人们参与公共生活时理应具备的道德意识。

最后，要在政治生活中体现"仁"的原则。政治生活既是公共生活的主要场域，也是体现孔子仁爱原则的重要场所。《论语》中两次称赞管仲具有仁德。子路曰："桓公杀公子纠，召忽死之，管仲不死。曰：'未仁乎？'"子曰："桓公九合诸侯，不以兵车，管仲之力也。如其仁！如其仁！"（《论语·宪问》）子贡曰："管仲非仁者与？桓公杀公子纠，不能死，又相之。"子曰："管仲相桓公，霸诸侯，一匡天下，民到于今受其赐。微管仲，吾其被发左衽矣。岂若匹夫匹妇之为谅也，自经于沟渎，而莫之知也。"（《论语·宪问》）子路和子贡都认为，管仲在公子纠被杀后没有殉主，反而去辅佐齐桓公，于"私德"有亏，但孔子认为，管仲辅佐齐桓公成就霸业，内修法度，外攘夷狄，使百姓安居乐业，即使其私德有亏，也不影响其在公共生活方面的大德。可见，对政治家而言，公共生活的大德要优先于个体的私德。此外，孔子还详细阐述了仁爱原则在公共生活中的具体表现。子张问仁于孔子。孔子曰："能行五者于天下，为仁矣。"请问之。曰："恭、宽、信、敏、惠。恭则不侮，宽则得众，信则人任焉，敏则有功，惠则足以使人。"（《论语·阳货》）在孔子的语境里，"天下"既是为政者展现德性的重要场域，也是其为政的公共空间，故应具备公共性的品质。"恭、宽、信、敏、惠"是指在公共生活中恭敬他人、宽容他人、诚信于人、敏捷任事、施惠于人。五者既是仁爱原则在公共生活中的具体表现，更是为政者所必须承担的公共责任。对于君主来说，仁爱原则主要体现为公共担当。公共担当就是君主在政治生活中体现出来的德性。《论语·尧曰》载："汤曰：'予小子履，敢用玄牡，敢昭告于皇皇后帝：有罪不敢赦。帝臣不蔽，简在帝心。朕躬有罪，无以万方；万方有罪，罪在朕躬。'周有大赉，善人是富。'虽有周亲，不如仁人。百姓有过，在予一人。'谨权量，审法度，修废官，四方之政行焉。兴灭国，继绝世，举逸民，天下之民归心焉。所重：民、食、丧、祭。宽则得众，信则民任焉，敏则有功，公则说。"君主唯有切实落实在公共生活中的责任担当，才会得到民众的信任和拥护，政权才能稳固长久。由此可见，在孔子的语境里，为政者的仁爱原则主要体现在公共性优先、恭宽信敏惠之品质以及公共职责担当等方面。

如何过一种理想的公共生活是孔子哲学的核心问题，为了回应这一问题，孔子确立了"仁"的普遍性原则。首先，要求人们将仁爱原则作为自己的道德信念，并将其落实到公共生活中；其次，要求人们在公共交往中践行仁爱原则，营造和谐的人际氛围；最后，要求为政者将公共善作为最高行为准则，以高度的公共责任感治国理政。质言之，孔子为理想的公共生活确立了"仁"的普遍性原则。

二、公共权力的运用

权力是公共生活中的主导性力量。早期儒家认为，公共权力是天命赐予的，其合法性是毋庸置疑的。陈来先生指出："古代儒家强调政治德行对于政治过程的重要性，认为政治的本质就是道德教化，坚持以美德为政治的基础，以善为政治的目的，以仁贯通于政治的实践。"[1] 美国学者狄百瑞提出，"君子阶层立志通过培养个人的美德和智慧为公众服务"。[2] 换句话说，为政者运用公共权力来推广仁爱原则，进而为公众创造更好的生活，是儒家讨论公共权力问题的核心所在。

在孔子的语境里，"为政"大致相当于今天的"公共权力使用"。《论语·为政》曰："为政以德，譬如北辰，居其所而众星共之。"孔子认为，在为政的诸多要素中，最重要的是依据"德性"来运用公共权力以及为政者自身发挥道德表率作用。先秦时期，诸家就公共权力的运用提出了不同的策略，道家主张顺应自然、无为而治，法家主张运用"法、术、势"，孔子则重视"德"和"礼"。《论语·为政》曰："道之以政，齐之以刑，民免而无耻；道之以德，齐之以礼，有耻且格。"在公共权力领域，政与刑因具有较强的强制力和威慑力，可较快地实现权力意志，但其效果是暂时的，会使民众因恐惧而产生对权力意志的无知与盲从，最终导致公共权力的失

---

① 陈来：《儒家的政治思想与美德政治观》，《中国哲学史》2020年第1期。
② [美]狄百瑞：《儒家的困境》，黄水婴译，北京大学出版社，2009。

效。德与礼的见效周期较长，威慑力也不及政与刑，但会使民众主动接受权力意志并将其转化为自身的内在信念。当德与礼变成人们自觉的行动和习惯后，公共权力自然就能长期运行了。

在以"德"为核心的公共权力运用过程中，为政者作为公共权力的行使者，其自身的德性直接关系到社会能否有序运行、百姓是否受益、国家政权能否延续并壮大。因此，孔子曰："其身正，不令而行；其身不正，虽令不从。"（《论语·子路》）孔子又曰："政者，正也。子帅以正，孰敢不正？"（《论语·颜渊》）在孔子看来，为政者自身的道德品质与权力的运用效果之间呈现出正相关的联动关系。如果为政者品行端正、道德高尚，其治下的民众就会拥戴他，其权力意志自然会得到贯彻执行；如果为政者品行恶劣、道德败坏，其治下的民众就会反对他，甚至会质疑其政令、政权的合法性，其权力意志就不会得到贯彻执行。孔子由此提出，用自身的道德品质赢得民众的信任，从而达到改善民德的效果，也是为政的一种方式。孔子曰："泰伯，其可谓至德也已矣。三以天下让，民无得而称焉。"（《论语·泰伯》）有人问孔子为什么不参政？孔子回答道："《书》云：'孝乎！惟孝，友于兄弟，施于有政。'是亦为政，奚其为为政？"（《论语·为政》）因此，君子无论是否从政，都应该不断提升自己的德性，遵守礼仪规范。孔子曰："上好礼，则民易使也。"（《论语·宪问》）子路问什么是君子。孔子曰："修己以敬。"子路曰："如斯而已乎？"孔子曰："修己以安人。"子路曰："如斯而已乎？"孔子曰："修己以安百姓。修己以安百姓，尧舜其犹病诸？"（《论语·宪问》）可见，无论君子是否有位，使民以礼、修己安人都是普遍适用的。在公共生活中，德性是公共权力有效运用的前提和关键，尤其是在没有优良制度的情况下，为政者优良的品德甚至可以在一定程度上弥补制度上的缺陷。

除了为政者的品德外，还需考虑运用公共权力的手段是否合乎德与礼。在私人生活中，人们主要依靠血缘宗法、亲情以及在长期共同生活中形成的情感进行人际交往，父慈子孝、兄友弟恭等无不依赖于人们对于血缘宗法的尊崇以及个人情感的维系。在公共权力的运用过程中，也需使用一些工具理性意义上的手段，而这些手段都要符合德与礼的要求。《论语·八佾》载："定公问：'君使臣，臣事君，如之何？'孔子对曰：'君使臣以礼，臣事君以忠。'"孔子认为，君和臣作为公共权力的掌握者，都要承担各自的公共责任。孟子进一步发挥了孔子的君臣之道："君之视臣如手足，则臣视君如腹心；君之视臣如犬马，则臣视君如国人；君之视臣如土芥，则臣视君如寇仇。"(《孟子·离娄下》)孔子在阐述治国方略时，再次强调了公共权力的运用要合乎一定的德与礼。孔子曰："道千乘之国，敬事而信，节用而爱人，使民以时。"(《论语·学而》)在这里，孔子提出了"敬事而信，节用爱人，使民以时"的政治伦理。此外，孔子在《尧曰》篇中详细阐述了公共治理中的政治伦理问题。其文曰：

> 子张问于孔子曰："何如斯可以从政矣？"子曰："尊五美，屏四恶，斯可以从政矣。"子张曰："何谓五美？"子曰："君子惠而不费，劳而不怨，欲而不贪，泰而不骄，威而不猛。"子张曰："何谓惠而不费？"子曰："因民之所利而利之，斯不亦惠而不费乎？择可劳而劳之，又谁怨？欲仁而得仁，又焉贪？君子无众寡，无小大，无敢慢，斯不亦泰而不骄乎？君子正其衣冠，尊其瞻视，俨然人望而畏之，斯不亦威而不猛乎？"子张曰："何谓四恶？"子曰："不教而杀谓之虐；不戒视成谓之暴；慢令致期谓之贼；犹之与人也，出纳之吝谓之有司。"(《论语·尧曰》)

在这里，"从政"具体指公共权力的运用；"尊五美""屏四恶"，是说为政者在公共权力的运用过程中，为了达到隐恶扬善的目的，要有所为有所不为。"所为者"包括予民以利、劳民以义、求之以仁、居之以泰、显之以威；"所不为者"包括不虐、不暴、不贼、不吝。因此，儒家主张，为政者行使公共权力时要遵守一定的伦理规则，要予民以惠，而非与民争利；要使民以义，而非横征暴敛。

在孔子的语境里，为政者行使公共权力时除了要遵循一定的政治伦理外，还需注意两个方面的问题。一是要有差等意识。《论语·季氏》曰："天下有道，则礼乐征伐自天子出；天下无道，则礼乐征伐自诸侯出……天下有道，则政不在大夫。天下有道，则庶人不议。"《论语·颜渊》载："齐景公问政于孔子。孔子对曰：'君君，臣臣，父父，子子。'公曰：'善哉！信如君不君，臣不臣，父不父，子不子，虽有粟，吾得而食诸？'"在这里，孔子明确提出，为政者若不按照差等意识治国理民，就会导致社会的无序、政权的崩溃。二是要注重民众的需求。《论语·颜渊》载："子贡问政。子曰：'足食，足兵，民信之矣。'子贡曰：'必不得已而去，于斯三者何先？'曰：'去兵。'子贡曰：'必不得已而去，于斯二者何先？'曰：'去食。自古皆有死，民无信不立。'"(《论语·颜渊》)孔子强调的是，为政者行使公共权力时要考虑百姓的温饱、安全和精神品质。三者之中，民众的精神品质对公共权力的落实效果影响最大。

概言之，孔子强化了儒家美德政治伦理，一方面将仁爱原则贯穿于政治权力运用的整个过程，另一方面将为政者的个人品德及其为政过程中的德性伦理，视为公共权力运用过程中最核心的因素。这是一种典型的贤能型公共权力运用方式。对此，萨孟武先生指出："中国之所以不能由内阁而达到民主之域者，盖先哲尤其孔子乃主张贤人政治，而既主张贤人政治了，就不免反对多数决政治。"[①] 笔者认为，萨孟武先生的观点过于绝对，贤人政治与民主政治并非截然对立。如果民主政治的参与者皆为"贤人"，民主政治也能维护国家的长治久安。如果为政过程过度伦理化，就会导致人们对于制度的忽视以及将私德与公德、私事与公事混淆起来。在孔子生活的时代，为政者是公共生活的主导者，所以对其个人以及为政过程的伦理要求，有利于引导公共权力朝着公共利益的方向运行。

三、公共交往的准则

公共生活既涉及权力运用，也涉及人际交往。儒家向来重视人际交往伦理，致力于追求和谐的人际关系。在孔子的思想体系里，公共交往的准则占据着重要的位置。"礼"不仅充满人际交往的各个环节，而且是其他公共交往活动的规范和准则。

孔子将"礼"视为公共交往活动的统领性原则，提出"不学礼，无以立"（《论语·季氏》）的主张。在孔子看来，学"礼"、守"礼"是人自立于社会的前提，人要想参与公共生活，就得首先熟悉并学会适应公共生活的规则。在公共生活中，不守礼就寸步难行。因此，孔子才会说："恭而无礼则劳，慎而无礼则葸，勇而无礼则乱，直而无礼则绞。"（《论语·泰伯》）恭、慎、勇、直四者，都是儒家所推崇的美德，若是没有"礼"作为约束，这些美德反而会对公共生活起到破坏作用。美国学者芬格莱特提出："依礼而行就是完全向他人开放，因为礼仪是公共的、共享的和透明的。"[②] 在孔子看来，礼仪是人的本质性的存在方式，维系着公共生活的秩序。《论语·颜渊》曰："君子博学于文，约之以礼，亦可以弗畔矣夫！"需要指出的是，"礼"的原则在不同的场景下具有不同的表现形式。

---

① 萨孟武：《中国政治思想史》，东方出版社，2008，第6页。
② ［美］赫伯特·芬格莱特：《孔子：即凡而圣》，彭国翔译，江苏人民出版社，2002，第15页。

与朋友交往的原则，是孔子公共伦理的一个重要场域。孔子曰："道不同，不相为谋。"（《论语·卫灵公》）又曰："士志于道，而耻恶衣恶食者，未足与议也。"（《论语·里仁》）在这里，"道"指的是具有公共性的原则和真理性的认知，唯有志同道合者，才能成为真正的朋友。因此，"君子和而不同，小人同而不和"。（《论语·子路》）何晏疏曰："君子心和，然其所见各异，故曰不同；小人所嗜好者同，然各争利，故曰不和。"在孔子看来，因为"可与共学，未可与适道；可与适道，未可与立；可与立，未可与权"（《论语·子罕》），所以择友务必慎重。有鉴于此，孔子提出"择友取益"的主张。如"三人行，必有我师焉；择其善者而从之，其不善者而改之"。（《论语·述而》）"主忠信，毋友不如己者，过则勿惮改"。（《论语·子罕》）"益者三友，损者三友。友直，友谅，友多闻，益矣。友便辟，友善柔，友便佞，损矣"。（《论语·季氏》）由此可见，孔子将志同道合与高尚品德奉为择友的最高准则。

从公共生活的维度而言，人的公共交往对象除朋友外，还包括乡人、乡党等。据《论语》载："孔子于乡党，恂恂如也，似不能言者。其在宗庙朝廷，便便言，唯谨尔。"（《论语·乡党》）可见，孔子在生活共同体与政治共同体中采取了不同的公共交往准则，在朝堂上能言善辩，与乡人交谈时却谦恭寡言。孔子入乡随俗，尊重乡人乡俗，"乡人饮酒，杖者出，斯出矣。乡人傩，朝服而立于阼阶"。（《论语·乡党》）此外，孔子还重视个体在乡人心目中的公共形象，希望个体成为"宗族称孝焉，乡党称弟焉"（《论语·子路》）的"士"。孔子通过和子贡的对话，阐述了如何与乡人交往的问题：

> 子贡问曰："乡人皆好之，何如？"子曰："未可也。""乡人皆恶之，何如？"子曰："未可也。不如乡人之善者好之，其不善者恶之。"（《论语·子路》）

孔子认为，在居住生活空间里，理想人格形象是善者喜、不善者惧，因此称乡中那些貌似谨厚而实与流俗合污的"乡愿"为"德之贼"（《论语·阳货》）。对于"乡愿"的伪善本质，孟子进一步揭示道："非之无举也，刺之无刺也。同乎流俗，合乎污世，居之似忠信，行之似廉洁，众皆悦之，自以为是，而不可与入尧舜之道，故曰德之贼也。"（《孟子·尽心下》）在孟子看来，乡愿"同乎流俗，合乎污世""阉然媚于世"，与尧舜之道格格不入，是破坏道德的小人。由此可见，孔子主张在与乡人交往时，既要谦恭尊重又要善恶分明，绝不做媚俗阿世的乡愿。

朝堂是公共政治生活的主要场域，朝堂交往的对象包括君主和同僚。《论语·乡党》细致描述了孔子在朝堂上的言行，集中反映了孔子在朝堂交往方面的公共性思想。

> 朝，与下大夫言，侃侃如也；与上大夫言，訚訚如也。君在，踧踖如也，与与如也。
>
> 君召使摈，色勃如也，足躩如也。揖所与立，左右手，衣前后，襜如也。趋进，翼如也。宾退，必复命曰："宾不顾矣。"
>
> 入公门，鞠躬如也，如不容。立不中门，行不履阈。过位，色勃如也，足躩如也，其言似不足者。摄齐升堂，鞠躬如也，屏气似不息者。出，降一等，逞颜色，怡怡如也。没阶，趋进，翼如也。复其位，踧踖如也。
>
> 执圭，鞠躬如也，如不胜。上如揖，下如授。勃如战色，足蹜蹜如有循。享礼，有容色。私觌，愉愉如也。

由《乡党》的描述可知，当孔子以公职人员的身份，与不同身份地位的人进行政治交往时，其态度和言行并不相同。具体而言，同下级或同级交往，和悦而从容；与上级交往，正直而公正；面对君主，恭敬而威仪中适；对待外宾，外达礼而内恭敬；出使他国，恭敬而谨慎。当孔子与本国君臣或是外国君臣举行非公事的私下会见时，和颜悦色、轻松愉快。可见，孔子在公共政治交往方面奉行恪守礼仪、态度谦恭、威仪中适、举止谨慎的准则。

综上所述，孔子将"礼""德"原则贯穿于公共交往的各个场域。具体而言，择友谨慎，将志同道合与高尚品德奉为择友的最高准则；与乡党交往，谦恭尊重且善恶分明；与为政者交往，恭敬而威仪中适。孔子为公共生活制定的行为准则既具有普遍性，又具有现实意义上的公共性，直到今天仍然具有较强的现实意义。

四、公共生活的理想

三代之治是儒家对于良好公共治理的最好历史记忆与想象。在孔子看来，三代之治也是理想公共生活的范型。孔子曰："周监于二代，郁郁乎文哉！吾从周。"（《论语·八佾》）又曰："三代之所以直道而行也。"（《论语·卫灵公》）孔子之所以将三代之治奉为理想公共生活的范型，是因为三代之治集中体现了儒家之道、儒家之礼。换言之，在有德有位的圣贤主导下，仁、礼原则落实到公共生活的各个方面，"天下为公"的道德理想得以实现。

三代之治是孔子对于理想公共生活总体上的历史想象和政治信念。此外，孔子还结合自己和弟子的志向，对理想公共生活进行了具体阐述。《论语》中有两处记载最能体现孔子与其弟子对于理想生活的设想。

其一为：

> 颜渊、季路侍。子曰："盍各言尔志？"子路曰："愿车马衣轻裘，与朋友共，敝之而无憾。"颜渊曰："愿无伐善，无施劳。"子路曰："愿闻子之志。"子曰："老者安之，朋友信之，少者怀之。"（《论语·公冶长》）

在这里，孔子和颜回、子路分别阐述了各自的生活志向。子路的志向是与朋友共享自己的财物，表现出轻利重义的生活取向；颜回的志向是不炫耀自己的优点、不夸耀自己的功劳，表达了以谦虚谨慎的姿态参与公共生活的取向；孔子的志向是让老年人过上安逸的生活，让朋友之间充满信任，让年轻人在关爱中成长。此即《礼记·礼运》所谓的"使老有所终，壮有所用，幼有所长，矜寡孤独废疾者皆有所养，男有分，女有归"。在孔子的生活理想中，不同年龄、不同性别、不同处境的人都应得到恰当的对待，人人各安其性、各遂其生，人与人和谐相处，公共生活井然有序。由此可见，子路、颜回、孔子的生活理想都具有公共性优先的倾向，都将公共利益置于个人利益之上，都主张个体应为公共福祉做贡献。

其二为：

> 子路、曾皙、冉有、公西华侍坐。子曰："以吾一日长乎尔，毋吾以也。居则曰：'不吾知也！'如或知尔，则何以哉？"子路率尔而对曰："千乘之国，摄乎大国之间，加之以师旅，因之以饥馑；由也为之，比及三年，可使有勇，且知方也。"夫子哂之。"求！尔何如？"对曰："方六七十，如五六十，求也为之，比及三年，可使足民。如其礼乐，以俟君子。""赤！尔何如？"对曰：

"非曰能之，愿学焉。宗庙之事，如会同，端章甫，愿为小相焉。""点！尔何如？"鼓瑟希，铿尔，舍瑟而作，对曰："异乎三子者之撰。"子曰："何伤乎？亦各言其志也。"曰："莫春者，春服既成，冠者五六人，童子六七人，浴乎沂，风乎舞雩，咏而归。"夫子喟然叹曰："吾与点也！"（《论语·先进》）

孔子和子路、曾皙、冉有、公西华谈论自己的志向。子路的志向是安邦定国，冉有的志向是富国强民，公西华的志向是兴教化民，三人的理想都具有鲜明的"舍己为人"公共性指向。与子路、冉有、公西华的志向不同，曾点的志向是岁月静好、世人各适其性。孔子对曾点的志向予以赞同，表明其也是孔子本人的生活理想。从儒家的立场来看，子路、冉有、公西华的志向具有治国平天下的公共性情怀，孔子却不以为然，反而赞同曾点的志向。朱熹认为，曾点"乐其日用之常，初无舍己为人之志。而其胸次悠然，直与天地万物上下同流，各得其所之妙，隐然自见于言外"。[①] 在朱熹看来，曾点的志向表面看似无"舍己为人"之公共性，实际上蕴含着对于礼制秩序的向往。"天地万物上下同流"，万物各得其所，万民各适其性，是更为高远的公共理想，不仅具有世俗政治意义，还具有天地秩序意义。在理想的共同体里，子路所追求的国强、冉有所追求的富裕、公西华所追求的文明，都是不可或缺的内容，唯有以国强、富裕、文明为前提，曾点所追求的万物各得其所、万民各适其性才能实现。因此，孔子在肯定曾点之志的同时，也肯定了子路、冉有的志向。换言之，没有富强、文明的生活共同体，个人是无法实现"沂水春风"之乐的。因此，孔子的理想公共生活既包括社会的大同，又包括个体的自适其性，是兼顾集体与个体的良好公共生活。质言之，孔子的理想公共生活不仅关注共同体的整体利益，还将个体的生活感受纳入公共生活旨趣之中。

由此可见，孔子的理想公共生活将个体的德性才智、生活感受与共同体的整体利益关联在一起，个体要发挥自身的德性才智为共同体的公共利益做出奉献，共同体则为个体的自由发展、美好生活提供保障。子路、冉有、公西华的志向，均意味着个体积极参与公共生活，努力创建富强、团结、文明、和谐的生活共同体，从而为曾点所设想的岁月静好、世人各适其性创造前提和条件。

当然，孔门对于理想的公共生活和个人生活的种种规划，在孔子生活的时代是

---

① [宋]朱熹：《四书章句集注》，中华书局，2012，第130页。

难以实现的。就孔子本人而言，面对当时无道和混乱的公共生活，他选择了隐退。孔子曰："笃信好学，守死善道。危邦不入，乱邦不居。天下有道则见，无道则隐。邦有道，贫且贱焉，耻也。邦无道，富且贵焉，耻也。"（《论语·泰伯》）又曰："道不行，乘桴浮于海。"（《论语·公冶长》）可见，孔子不仅拒斥无道之邦和不义之富贵，还以遁世的方式来拒绝同流合污。孔子所向往的社会大同和个体自适其性，虽然在其生活的时代难以实现，但在思想史上仍具有一定的典范意义。

孔子的理想公共生活既具有制度性，又具有生活性。就其制度性而言，是恢复周礼；就其生活性而言，是个体发挥德性才智为共同体做出贡献，共同体则为个体的自由发展、美好生活提供保障。子路、颜回、冉有、公西华、曾点等孔门高弟，都是实现理想公共生活的个体，这就意味着孔子把理想公共生活的实现寄托在了圣贤君子身上，公共生活的理想又和"志士仁人"的人格理想联系在一起。如此一来，在孔子的公共性思想中，仁爱原则既体现在个体人格理想中，也体现在公共生活理想中。

五、结语

孔子将仁礼作为儒家思想的基本宏旨，并将其贯穿于儒家公共性思想领域。孔子公共性思想的立足点是"仁"，"仁"既是参与公共生活之个体的最基本的道德规范，也是个体在公共生活中需要贯彻到底的最高行为准则。儒家对于公共生活的最高要求，就是要落实个体之间的"仁爱"原则，要求为政者以"仁""礼"之德性与德行运用公共权力，以此来建构贤能型的公共政治。孔子的理想公共生活既重视共同体的整体利益，也重视个人在公共生活中的自适其性并享受优良的公共生活，并希望德才兼备的圣贤君子发挥自身的才能品德，为共同体成员创造富强、文明、舒适的理想生活。

孔子的公共性思想涵括了公共生活的价值原则、公共权力的运用、公共交往的准则以及理想公共生活的样式及其实现途径等，因此，其在儒家公共思想史上具有开创性的意义，后世儒家无论是在思想上还是在政治实践上，都将其奉为圭臬。与现代意义上的公共性思想相比，孔子的公共性思想虽然缺乏明确具体的程序和措施，将私德与公德混淆起来，过于依赖为政者的自我约束，较少关注制度性的约束与监督，但不可否认的是，进入现代社会以来，继续弘扬孔子所倡导的仁爱原则，强调行政官员谨慎运用公共权力并将其纳入制度轨道，提升共同体成员的德道水准、文明素养，建构兼顾集体利益与个体利益、社会大同与个体自由发展的理想共同体等，都具有跨越时空的普遍性意义，是现代意义上的公共性思想的理论源泉。从这一意义上来说，孔子的公共性思想不仅具有一定的思想史意义，而且还具有很强的现实意义。

儒家的困境与君子的责任

——以狄百瑞论君子为线索 *

曾筱琪　荆　雨 **

摘　要： 儒学的真正价值和道德实践都离不开教化，教化的目的是培养既有高尚道德又能够服务社会的人。君子作为儒家完美人格的代表和群体领袖，肩负着以德为政、教化大众的责任。狄百瑞教授认为，儒家君子在某些特点上可以被称为"儒家先知"，但他们缺乏世俗上和宗教上的合理性来源与正当性根基，总是处在现实与理想的困境之中。君子并非看不到现实政治的问题，但他们的道德感要求他们在社会政治中完成自我的实现和道德的实践。

关键词： 君子；狄百瑞；先知；道德；政治

《孟子·万章下》曰："天之生斯民也，使先知觉后知，使先觉觉后觉也。予，天民之先觉者也，予将以斯道觉斯民也。"孟子曾借用圣贤伊尹的话来表达儒家所应承担的责任，而道为何道，觉又如何觉，是整个儒家力图回应的问题。周王朝迁都之后，周朝君主对诸侯国的掌控逐渐削弱，各诸侯国扩张称霸，宗法制被破坏殆尽，政治秩序的变化引发思想的交锋。在这样一个百家争鸣的时代，儒家以达济天下为己任，孔子提出的方式是教化，并认为统治阶层应当承担起教化的责任。教化的根本目的，在于培养有能力的人：既有高尚的道德，又能辅助君王治理国家，二

---

　　* 本文是国家社会科学基金项目"荀子'礼乐之治'的政治哲学及当代意义研究"（18BZX075）的阶段性成果。

　　** 曾筱琪，东北师范大学马克思主义学部哲学院博士后。荆雨，东北师范大学马克思主义学部哲学院教授、博士生导师。主要从事儒家哲学、中国古代政治哲学研究。

者之间相互关联，因为事君如事父。孔子之后的儒家继承了他重视教育的思想，不仅站在君子的立场上期望"得天下英才而教育之"（《孟子·尽心上》），而且认为政治上应当善教民。在古代中国的文化土壤中，政治与教化是辅车相依、并行共生的。此即所谓"中国没有政教分离"的观点。事实上，以"政教合一"或"政教分离"这种来源于西方宗教背景下的概念来表述古代中国的政治教化状态，只是勉强为之；对儒学所面对的政治、教化和宗教性问题的探讨，亦是在西方精神文化挑战下的挖掘与新释。当代新儒家之所以热衷于发掘儒学资源中的宗教精神价值，固然有文化环境和时代背景的原因，也是因为其关系到儒学的真正价值和道德实践。

对儒学的探讨，固然可从多种角度入手，但以"君子"破题似乎是值得尝试的途径。美国学者狄百瑞[①]在讨论儒家君子时，将其与《旧约》中的先知进行比较研究，突出君子的道德感、政治批判性和宗教价值。他进一步提出，只要不排斥在中西之间探索相似点，就应该欢迎对中西双方的历史经验中存在的相异之处作尽可能完整的讨论和分析。在他看来，儒家的君子与《旧约》的先知，就是既有相似又有相异的概念。狄百瑞的研究为我们探讨儒家的困境与君子的责任，提供了一种不同的视角与线索。

一、狄百瑞论君子与儒家的困境

狄百瑞看到，君子作为儒家完美人格的代表和群体的领袖，是道德上的贵族。追求真理、好学不倦、克己修身等品质，是支撑君子立足于政治社会生活的根基。而君子人格魅力和能力的外溢，实际上完成了"儒家先知"特有的身份角色，即学者和教师的角色。由于君子既没有有效地得到百姓的托付，也没有从上天那里获得宗教性的支撑，故缺乏世俗上和宗教上的合理性来源与正当性根基。再加上君子在精神上和道德上的责任极为沉重，但能得到的现实支持却十分单薄。因此，在进行政治批判的时候，他们总是陷入黎民苍生和专制皇权的裂缝之中。这即是狄百瑞所说的"儒家的困境"。

狄百瑞将君子称为"儒家先知"，认为其与《旧约》先知在角色特点上有几分相似之处。例如："君子作为个体可以直接感悟'道'是最高的价值；君子富有灵

---

① 狄百瑞（William Theodore de Bary，1919—2017），美国哥伦比亚大学东亚语言与文化系教授，海外研究中国思想的著名学者。

感的言说见证了并不言说的上天；君子的使命感——实际上就是受到上天的委托；君子对统治者提出警告，以免他们因为违背天命而遭受灭顶之灾。"① 儒家君子所重视的道和天命，使他们无法忽视百姓的疾苦，无法成为"辟世之人"，只能尽力去改变帝王观点、改造现实政治。他们作为上天的代言人，敢于直言不讳地揭露出统治者违背仁义道德的行为，并以此作为自己应承担的责任。他们主张"行一不义，杀一不辜，而得天下，皆不为也"（《孟子·公孙丑上》），时刻告诫统治者要行仁政、关爱百姓。

需要明确的是，狄百瑞认为："《论语》中大部分所谓的君子只能被理解为文人……只有在少数情况下（我认为那些少数的情况其实意义重大），孔子所指的君子才被塑造成崇高而富于自我牺牲精神的角色，也就是君子作为他人的领袖时应当具备的角色。"② 在狄百瑞看来，只有那些以圣人为楷模，并将对外在地位的追求放在对内在道德的追寻之下的人，才是能与"先知"并论的君子。"君子无终食之间违仁，造次必于是，颠沛必于是"。（《论语·里仁》）换言之，君子在复杂困顿的社会政治环境中，仍然坚持道德理想和批判精神，仍然注意行动的政治影响和社会后果。因此，他温和地批评了韦伯在《中国的宗教：儒教与道教》中所刻画的为了顺应现实而妥协的儒家文人形象。

狄百瑞认为，"先知"是以个人启示和超凡魅力建立起权威性，而君子作为儒家先知的权威性是建立在一种被众人所普遍接受和尊崇的学术传统上面的。儒家君子通过"所受的教育和自身的美德"③ 来感染其弟子，进而影响整个社会的氛围。这种影响他人的方式（与百姓发生教化关系的方式），是儒家最为重要的存在方式。尽管儒家君子与"先知"在角色特点上具有相似性，但从"宣诏真理"这一特点来看，狄百瑞承认"把儒家君子称为先知可能带有误导性"。④ 究其原因，在于君子所维护的"上天"并不是以具体行动干扰人类社会的人格神。正如孔子所言："天何言哉？"（《论语·阳货》）君子只是感受到"天命"，并出于个体的责任感和使命感去维护"天命"，维护与上天同一秩序的人间的道德。尽管君子和先知所"宣诏真理"的具体内涵不同，但是当儒家君子痛斥统治者以暴政压迫百姓的不义之举时，其所发出的呼声和《旧约》"先知"所呼吁的"正义和公正"却具有相似之处。

① ［美］狄百瑞：《儒家的困境》，黄水婴译，北京大学出版社，2009，第 14 页。
② ［美］狄百瑞：《儒家的困境》，黄水婴译，北京大学出版社，2009，第 34 页。
③ ［加］秦家懿：《儒教与基督教》，中国社会科学出版社，2012，第 102 页。
④ ［美］狄百瑞：《儒家的困境》，黄水婴译，北京大学出版社，2009，第 14 页。

这些相似之处，就是狄百瑞将君子比作先知的原因所在。狄百瑞认为，"儒家思想把以色列先知放在整个民族身上的所有重担都抛给了君子一人"，[①] 导致了君子群体始终会面临激烈的思想冲突和严峻的现实问题。

二、君子的责任：以德为政

如果"为政以德"的主语只能是君王，那么，君子用"以德为政"来表述似乎更为恰当和符合现实。对于君子来说，道德修养是首要的内容规定。君子期望能够通过道德的教化来处理政治问题，改变政治环境。"内圣外王"既是君子最完美的理想，也是整个儒家的追求。陈来先生提出："价值建立的方式主要通过政治领域来表现，是早期中国文化的一个特点。"[②] 君子作为儒家理想人格的代表，其价值总是建立在"兼济天下"的社会政治责任感的基础之上的。

周初，"君子"本是贵族的称呼，是地位的象征。孔子通过"君子"与"小人"的对比，将"君子"的内涵普遍化为一种德性的指向。"君子"与"小人"不再只是"君子所履，小人所视"（《诗经·小雅·大东》）所体现的地位不等，而是转变为"君子怀德，小人怀土"（《论语·里仁》）、"君子坦荡荡，小人长戚戚"（《论语·述而》）等个体德性修养上的差别。经过这种德性内涵的转化后，"君子"才成为儒家最重视的人格典范。

君子德位内涵的转化预设了一个前提，即"德"已经有了德性、道德的意义。按照李泽厚先生的观点，上古的巫史传统通过周公旦的"制礼作乐"完成了理性化过程，"德"与"礼"成为最重要的价值观念，"'德'是由巫的神奇魔力和循行'巫术礼仪'规范等含义，逐渐转化成君王行为、品格的含义，最终才变为个体心性道德的含义"。[③] 从字义演变的角度来看，"德"从"得到""获得"义发展为"道德"义后，对"德"的理解应兼顾心性品格、政治道德、宗教性价值等多个方面。

狄百瑞在探讨儒家君子的时候，专门阐释了"道之以德，齐之以礼，有耻且格"（《论语·为政》）一句中"德"的含义。他说："'德'是一个传统的概念，指的是反映在利他性当中的那些品质。"[④] 这种"利他性"，在孔子那里是以"仁"的

---

① [美] 狄百瑞：《儒家的困境》，黄水婴译，北京大学出版社，2009，第 27 页。
② 陈来：《古代宗教与伦理——儒家思想的根源》，生活·读书·新知三联书店，2009，第 318 页。
③ 李泽厚：《历史本体论·己卯五说》，生活·读书·新知三联书店，2003，第 173 页。
④ [美] 狄百瑞：《儒家的困境》，黄水婴译，北京大学出版社，2009，第 30 页。

方式展现出来的。"仁"是整部《论语》中最重要的主题，也是"君子"作为社会的领袖必须具备的基本品质。狄百瑞认为，"仁"是一个"开放（open-ended）从而无法定义的概念"，①孔子不肯把这个概念局限在某一点上，而是通过实际的言语和行动来不断丰富这一概念的内涵。在西方学者眼中，中国传统思想总是倾向于对行为的直接描述，对概念和定义却不感兴趣，孔子尤其如此。君子之仁并无逻辑严整的定义，而是直接体现在"爱人"的情感表达、推己及人的同情之心、正心与克己的自身超越、向内的追问与省察和向外的学习与观察等方面。"君子去仁，恶乎成名"？（《论语·里仁》）仁与君子的关系，最能说明孔子是如何赋予"君子"以道德内涵的。

孔子通过对"君子"概念德位内涵的转化树立的理想人格，实际上成为一种精神上的倡导，它引导人们关注君子的内心价值，而非外在的地位。"君子"并未完全失却其"位"的内涵，而是将"德"置于首位。不但对具有一定政治地位的人着重从道德方面进行考察，甚至提出只有具有高尚德性的君王，才能够"居其所而众星共之"（《论语·为政》）。有位者一旦失却德性，在理论上就会不配其位。孔子在理论层面建构了一个与位分离的、纯粹道德意义上的"君子"。换句话说，只有具备道德意义的君子，才是真正的君子。否则，身处高位者如果失却德性，亦不能称之为"君子"。因此，"德"才是君子的充要条件。狄百瑞在阐释"人不知而不愠，不亦君子乎"（《论语·学而》）一句时，没有像大部分学者那样，将焦点置于君子的人格特征方面，而是聚焦于君子的政治地位问题。孔子对"君子"概念进行德位内涵的转化，有意将君子的外在地位放到君子高贵平和的心境之下。尽管君子"在政治上无足轻重，然而一个昔日的贵族仍然可以通过成为一个真君子来成就自己的一生"。②

"君子"概念的德性转化，并非只是出于理论建构的目的，而是希望能对社会现实产生积极的影响。孔子一再警醒在位者，要按照君子的要求修养自身德性，最终达到德与位的统一。萧公权指出："孔子之理想君子，德成位高，非宗子之徒资贵荫，更非权臣之仅凭实力。前者合法而未必合理，后者则兼备理法。孔子所言之君子，取位虽不必合于宗法，而其德性则为一合理之标准。"③君子是一个道德高尚

① ［美］狄百瑞：《儒家的困境》，黄水婴译，北京大学出版社，2009，第33页。
② ［美］狄百瑞：《儒家的困境》，黄水婴译，北京大学出版社，2009，第8页。
③ 萧公权：《中国政治思想史》，台湾联经出版事业公司,1982，第69页。

的人，但孔子并没有用道德意义上的"君子"来代替原来的政治地位意义上的"君子"，而是强调有政治地位的人应该培养自己的德行，没有政治地位的人也可以通过德行的培养成为"君子"。君子之德不仅关系到个体修养，还关系到社会的教化。君子施教于民、化民成俗已经具有实际上的政治意义，在儒家那里，政治与教化是无法分割的。

君子之德不仅包括心性品格，还包括政治责任。用余英时先生的话来说，即所谓"内圣外王连续体"。彭国翔先生指出："道德修养一定要同'政治主体'和'社会主体'的 身份关联起来，才构成儒家君子较为完整的内涵。"① 杜维明先生指出："君子之道是以不断地同他人打交道为基础的，为了精神上的纯洁或清白而执意撤离社会，对君子来说是不可设想的。"② 我们之所以既能从"君子"身上看到其特有的个人价值，又能感受到其身上强烈的集团认同感，就是因为君子所追求者，不仅在于个人的道德修养，更在于他身处社会中心所能为社会和公众提供的价值。毋庸置疑，君子有着强烈的参与政治的诉求，但由于中国古代社会特殊的伦理和政治关系，君子对参与政治的理解并不是单一的，因此，当有人问孔子"奚不为政"时，孔子回答道："《书》云：'孝乎惟孝，友于兄弟，施于有政'。是亦为政，奚其为为政？"（《论语·为政》）君子孝于父母，友于兄弟，积极完善家庭的秩序，"服务于社会—政治秩序中最基本的层次——家庭"，③ 也是其承担社会责任的重要途径。儒家希望具有高尚道德但尚未执政的君子能够拥有一定的政治地位，然而古代中国"家天下"的政治结构，决定了儒家君子"天下为公"的理想是无法实现的。一旦君子提出在位的要求，就会因身陷政治的旋涡而遭到权力的打击。这就是狄百瑞所谓的"儒家的困境"。

然而，狄百瑞似乎忽视了一个问题，即君子的窘境其实是他们自主的选择。孔子曰："君子之仕也，行其义也。道之不行，已知之矣。"（《论语·微子》）君子并非没有意识到自身的窘境，但是出于自身的使命感和责任心，他们仍然选择出仕行义。君子以义作为自己行事的准则，将仁根植于内心，对非道德政治进行批判，君子的形象由此变得更加立体起来。

---

① 彭国翔：《君子的意义与儒家的困境》，《读书》2009 年第 6 期。
② ［美］杜维明：《中庸：论儒学的宗教性》，生活·读书·新知三联书店，2013，第 36 页。
③ ［美］郝大维、［美］安乐哲：《孔子哲学思微》，江苏人民出版社，2012，第 136 页。

三、天命与人的实现

儒学虽然未能与政治权力充分结合，但自汉代以来，其确实作为官方政治意识形态影响着几千年的中国政治。儒学在政治方面的正当性诉求虽然转向了仁政、善性、民心等方面，但"天命"对于儒家仍然有着重要的意义。狄百瑞认为："天命强调了上天诰命的权威性，从而保证个体有权以上天的名义发言。因此，君子会出于一种个体的使命感，立志维护与上天秩序同一的道德秩序，维护以天命形式体现出来的上天的创造权、指挥权、统治权以及惩戒权。"① 天命所代表的良知和理想标准所发出的声音，是评定现实的尺度与标准。儒家若想一方面在现实中生存，另一方面希望影响和改变现实，那么，人心中的天命就是关键因素。

而对天命的感受到底是来自纯粹道德的感召呢，还是承续了某种古代宗教的传统呢？梁漱溟先生指出："人类文化都是以宗教开端，且每依宗教为中心。"② 但在中国文化的发展进程中，宗教却未能作为一种系统而完整的社会形态延续下来，而是由道德和伦理取代了其地位。中国的原始宗教大多是有关人事的神祇崇拜和巫术，古代中国人更为关注的是此岸世界，而非彼岸世界。周孔教化兴盛之后，神祇巫术崇拜更是脱离了原始的宗教意味，转变为一种带有强烈的道德意味的文化。

需要明确的是，没有宗教并不代表没有宗教性。唐君毅、牟宗三等新儒家学者认为："中国民族之宗教性的超越感情及宗教精神，与它所重视的伦理道德乃至政治，是合一而不可分的。"③ 唐君毅先生认为，宗教的根本并不在于是否有神的概念，而是在于在追求价值的过程中是否有超越性。儒家的信仰中包含着对道德主体自身的信仰，儒家的教化就是教导君子要自觉地实现自己、超越自己。杜维明认为，儒学"主要的关怀是研究人的独特性，从而去理解他的道德性、社会性和宗教性……儒教的主要任务是在探究怎样成为最真实的人或成为圣人的问题。"④ 一个人成为君子，必须有足够的力量作为支撑。这种力量并非仅指非凡的天赋或突出的能力，更为注重在普通性中蕴含的内在力量。因此，君子之道也是常人之道。而问题在于：

---

① [美] 狄百瑞：《儒家的困境》，黄水婴译，北京大学出版社，2009，第 15 页。
② 梁漱溟：《中国文化要义》，上海世纪出版集团，2005，第 86 页。
③ 郭齐勇：《当代新儒家对儒学宗教性问题的反思》，《中国哲学史》1999 年第 1 期。
④ 郭齐勇：《当代新儒家对儒学宗教性问题的反思》，《中国哲学史》1999 年第 1 期。

"只有少数人才有内在力量把他们身上所固有的人性充分地展现出来。"[①] 用孔子的话来说就是："不知命，无以为君子也。"（《论语·尧曰》）儒家君子敬畏天命，其实就是敬畏人性和道德。在儒家君子看来，天命固然是值得敬畏的，但是人本身所展现的价值和意义更值得敬畏。毕竟唯有深刻地认识自己，才能够知天命。

此外，君子不可能孤立地存在，唯有在社会群体中，才能充分地成为君子。用杜维明先生的话来说就是，人的终极自我转化，只有在群体中才能完成。儒学的特殊性还在于，尽管人人相殊，但是"把结构性的局限转化成自我实现的工具的机会"[②]，对于每个人来说都是平等的。虽然人人都应当承担起建立和扩展自身的人性，从而使作为一个整体的人性得到不断充实丰富的责任，但只有君子付出了自我提升和教化大众的努力。

狄百瑞认为，儒家君子承担着整个民族的重担，却总是身陷现实政治的泥淖。究其原因，就在于君子不仅是社会的成员，还是政治的领袖和大众的榜样。君子之德不仅是个人之德，还是政治之德；不仅是俗世之德，还是超越之德。因此，儒学不仅要求人性道德的充分展现，还要求社会的和谐以及"与天地万物一体"的包容。

---

① ［美］杜维明：《中庸：论儒学的宗教性》，生活·读书·新知三联书店，2013，第 32 页。
② ［美］杜维明：《中庸：论儒学的宗教性》，生活·读书·新知三联书店，2013，第 125 页。

论君子在共同体中的角色定位

任天然 [*]

摘　要： 先秦儒家所设计的君子人格诞生于"礼崩乐坏"的时代，因此，君子人格不仅具有修身意义，还具有社会政治意义。作为个体的"君子"与作为共同体的"社会"是密不可分的，君子在共同体中扮演着政治治理的主导者、成员互动的协调者以及文化创造的开拓者等重要角色。

关键词： 君子；共同体；角色定位

党的十九届四中全会审议通过的《中共中央关于坚持和完善中国特色社会主义制度、推进国家治理体系和治理能力现代化若干重大问题的决定》明确提出："建设人人有责、人人尽责、人人享有的社会治理共同体。"在"人人有责"的社会治理共同体中，"人"既指每一位公民，也指公民组成的各种群体。儒家认为，修己就是成为"君子"，治人则必须先成为"君子"。数千年来，君子文化始终是中华传统文化的重要组成部分和精华所在。钱念孙先生认为："对君子文化的研究就绝不仅仅是一种历史考察和纯学术的审视，而更是一种重新认识自己、树立文化自信、张扬国格人格的理性洞悉和时代确证。"[①] 中国古代的社会治理与个人道德修养是密切相关的，先秦儒家所设计的君子人格就诞生于"礼崩乐坏"的时代。圣人、君子等理想人格不仅在道德层次上高于普通民众，而且以个人的社会价值作为评判的主要标准。与圣人相比，君子在共同体中更具普遍性和现实性。"君子"一词在《论语》中出现了 107 次，可见孔子对这种理想人格的重视。君子之学是孔子教化民众

---

[*]　任天然，上海大学哲学系硕士研究生。研究方向为先秦哲学。
[①]　钱念孙：《君子文化与社会主义核心价值观》，《光明日报》2014 年 6 月 13 日。

的重要手段，孔子理想的政治是君子政治，理想的社会是礼义约束下更注重内心道德的君子社会。在孔子看来，作为个体的"君子"与作为共同体的"社会"是密不可分的，君子在共同体中扮演着政治治理的主导者、成员互动的协调者以及文化创造的开拓者等重要角色。

一、君子是共同体政治治理的主导者

《礼记》最早设想出人类社会的最高状态——大同之世。《礼记·礼运》曰："大道之行也，天下为公，选贤与能，讲信修睦。"可见，大同社会的主要特征是：天下为天下人所共有，选举德才兼备的人治理天下，人与人之间讲究信用、和睦相处。大同社会虽然是一种乌托邦式的社会构想，但为君子社会打造了终极蓝本。君子社会与柏拉图的"共同体主义"类似。柏拉图在《理想国》中阐述"哲学王"的命题时，提出"金银铜铁"三种人各司其职，追求城邦的善德和善业；一个秩序良好的共同体是一个正义的共同体，是符合德性的共同体。评判一个社会的好坏，首先取决于组成这个社会的共同体成员的好坏，而君子作为共同体成员中的"精英"，承担着主动参与社会治理的重要责任。陈嘉映先生在《何为良好生活》一书中指出："孔子关于君子的刻画，可引来作良好生活的图画。"[①]孔子认为，君子的思想和行为对于一个国家的社会风气和政治生活起着重要的作用，无论是仕途官场还是黎民百姓，都呼唤君子人格。

孔子处于礼崩乐坏的乱世，试图从恢复周王朝的礼仪制度入手，希望重现"礼乐征伐自天子出"的盛世。因此，孔子在政治上主张"礼"与"仁"，其所设计的君子便是实践"礼"和"仁"的群体。"修己以安人"（《论语·宪问》），是孔子对其理想人格的基本规定，要求君子在关注自身道德修养的同时，主动进行道德实践和政治实践，最终达到"仁"的要求。因此，在孔子看来，君子是"修己"与"安人"的统一体。君子参与政治实践的路径大致有两种。第一种路径是仕途。春秋战国时期，由于社会动荡，礼崩乐坏，不同阶级之间的传统界限被打破，原本属于贵族最底层的士阶层从沉重的宗法制羁绊中解放出来，在社会身份上取得了独立的地位。其中，以君子为代表的一批才德兼备、立志改革政治的士人进入统治阶层，成为共同体意志的代表。第二种路径是改良社会风俗。孔子提出："君子去仁，恶乎

---

① 陈嘉映：《何为良好生活》，上海文艺出版社，2015，第211页。

成名？君子无终食之间违仁，造次必于是，颠沛必于是。"(《论语·里仁》)在孔子看来，"为仁由己"是儒家道德哲学的一个基本原则，"仁"是君子之所以为君子的一个必然条件。君子不出仕时，通过在家庭实践和社会实践中践行仁爱忠孝，引导社会形成忠君孝亲奉公守礼的良俗。

君子在主动参与社会生活的同时，也通过自身的榜样作用，引导他人勇于承担社会责任。儒家认为，一个知识渊博、体魄健壮、相貌堂堂的人，若在共同体中"独善其身"，仍不可称为君子。其原因正如陈来先生所言："完全脱离社会生活的个人修身在儒家是少有的。"①换句话说，只注重个人修身而不涉及他人的德性，并不符合儒家的一贯传统。通观《论语》一书，孔子以古圣贤为例阐释君子之道，就是希望世人通过具象化的榜样更好地理解"仁"。

孔子认为，君子除了以"仁"为本外，还要知人。"知者不惑"之"知"，主要是指人与人之间的相知。侯外庐先生提出："孔子的知识论，在以人弘道，故知识又为君子知命、知礼、知言、知道的'人事'手段。"②儒家对治人高度重视。据《礼记·中庸》载："知所以修身，则知所以治人；知所以治人，则知所以治天下国家矣。"那么，君子应如何治人呢？孟子提出："仁言不如仁声之入人深也，善政不如善教之得民也。"(《孟子·尽心上》)荀子提出："儒者在本朝则美政，在下位则美俗。"(《荀子·儒效》)在儒家看来，君子因德行高尚成为共同体的中心，在朝执政时使政治美善，在民间社会时使风俗淳美。此外，荀子进一步将学习过程具体化为闻、见、知、行四个环节，并把道德实践视为学习的最终目标。荀子曰："君子之学也，入乎耳，著乎心，布乎四体，形乎动静。端而言，蠕而动，一可以为法则。"(《荀子·劝学》)知行问题既是中国哲学史上的重要议题，更是儒学的核心话题。儒家的传统观点是知易行难，如《尚书·说命》曰"非知之艰，行之惟艰"；《左传·昭公十年》亦曰"非知之实难，将在行之"。因此，儒家君子人格的一个突出特征就是以天下苍生为己任。

二、君子是共同体成员互动的协调者

君子作为共同体的中心，"在本朝则美政，在下位则美俗"。(《荀子·儒效》)

---

① 陈来：《中国近代以来重公德轻私德的偏向与流弊》，《文史哲》2020 年第 1 期。
② 侯外庐：《中国古代思想学说史》，沈阳教育出版社，1998，第 81 页。

随着共同体辐射范围的逐渐扩大，君子治理的对象也日益多元化，包含普通民众、小人甚至敌人等。孔子曰："君子和而不同，小人同而不和。"（《论语·子路》）这里的"同"就是指人云亦云，人是己是，人非己非，没有自己的立场和准则。换句话说，就是小人缺乏独立的思考和判断能力，而君子在保持自身独立思考的同时，尊重共同体中的其他成员，不将自己的思想强加于人。因此，这里的"和"就是指君子在共同体中通过求同存异，建立良好的共同体秩序。因此，孔子用"周而不比""群而不党""成人之美，不成人之恶"来描述君子在与他人互动的过程中展现的优良品格。君子对于他人的主张，好的会真诚赞同，不好的不会盲从附和。乡愿则刚好相反，"非之无举也，刺之无刺也；同乎流俗，合乎污世。居之似忠信，行之似廉洁，众皆悦之"，故被孔子称作"德之贼"。（《论语·阳货》）可见，乡愿对上曲意逢迎，对下党同伐异；君子对上不盲目附和，对下能采纳不同的意见，与异己者和睦相处。宰予因善于言辞而跻身"孔门十哲"之列，但他与孔子也曾数次因观点不同而出现分歧甚至争执。如宰予提出改"三年之丧"为"一年之丧"，孔子痛心指责道："予之不仁也。"宰予昼寝，孔子指责道："朽木不可雕也，粪土之墙不可圬也，于予与何诛！"（《论语·公冶长》）孔子曾曰："志士仁人，无求生以害仁，有杀身以成仁。"宰予提出一个两难假设："仁者虽告之曰井有仁焉，其从之也？"孔子答曰："何为其然也？君子可逝也，不可陷也；可欺也，不可罔也。"宰予虽然多次挑战孔子的底线，但是仍被孔子许为"言语"科之首。宰予亦称赞孔子曰："以予观于夫子，贤于尧、舜远矣。"儒家学说正是在对社会政治问题进行批判和改良的基础上，才得以不断演化发展的。当代学者对孔子以及儒家学说的研究，皆以批判性之眼光和现实之思考为根本出发点和落脚点。

杨国荣先生提出："个体之域的观念、意识、品格，无疑体现了对公共之域的社会生活的实质作用，而个体的正义感与公平社会的互动，则在更深的层面展示了以上关联。"[①] 在现实生活中，个体总是需要与他人相处，君子在参与社会治理的过程中，一方面将社会群体有序地连接起来；另一方面君子的一切道德行为，都起到调节个人与他人、个人与社会关系的作用。因此，君子应把自己的道德行为和共同体连接起来，在追求自我实现的同时兼顾共同体中的其他成员，通过将"小我"与"大我"统一起来，为共同体注入持久活力。儒家强调"仁者爱人"，"爱人"就

---

① 杨国荣：《成己与成物：意义世界的生成》，北京师范大学出版社，2018，第 266 页。

是要求君子在参与治理的过程中，克服自身不正当的思想或行为。在这一问题上，孔子提出了"见贤思齐焉，见不贤而内自省也"（《论语·里仁》）的原则。在这里，孔子强调的是，君子在与他人相处的过程中，经常反思自身的言行是否符合社会道德标准。孟子在性善论中提出的恻隐之心、辞让之心，就是从人的社会性出发，要求君子在与他人相处时应注意自己的言行。此外，孟子还提出了"反求诸己"的道德准则和处世原则。孟子曰："爱人不亲，反其仁；治人不治，反其智；礼人不答，反其敬；行有不得者，皆反求诸己，其身正而天下归之。"（《孟子·离娄上》）荀子亦曰："涂之百姓，积善而全尽，谓之圣人。"（《荀子·儒效》）与"积善而全尽"的圣人相比，君子是低一层次的理想人格，君子唯有通过不断"积善"，才能达到"全尽"的圣人境界。在此过程中，君子要始终结合道德实践进行自我反省。

需要注意的是，君子虽然是儒家设计的理想人格，但从人性这个层面来看，君子与普通人并无本质的差异。因此，孟子提出"尧舜与人同耳，人皆可以为尧舜"。（《孟子·离娄下》）连尧舜等上古圣人都与普通人无异，何况君子呢？在共同体中，君子需与普通人、小人、隐士等不同人格的群体相处。尤其是小人、隐士，他们在生活态度和政治思想方面均与君子截然不同。那么，君子应如何与这些人相处呢？庄子为我们提供了一条路径："且德厚信矼，未达人气；名闻不争，未达人心。而强以仁义绳墨之言术暴人之前者，是以人恶育其美也，命之曰灾人。灾人者，人必反灾之。若殆为人灾夫！"（《庄子·人间世》）在这里，庄子借孔子之口，对颜回"强以仁义绳墨之言术暴人之前"的做法进行了批评，并将试图以自己的道德修养感化他人与教化社会的儒家君子称为"灾人"。

君子作为共同体中的"精英"，其所获得的知识或技术都源于其所处的社会，他人对于君子修身具有不可忽视的意义。因此，孟子提出："取诸人以为善，是与人为善者也。故君子莫大乎与人为善。"（《孟子·公孙丑》）君子一方面通过与他人和社会的交互作用成就其德性，另一方面以自身德性引导共同体中的其他成员崇德向善，并由此成为共同体秩序的协调者。可见，君子人格并不是自封的，而是个体在共同体实践中形成的。儒家认为，君子人格养成不仅关乎个体的道德素养，更与个体所在的共同体及其成员的道德素养息息相关。

三、君子是共同体文化创造的开拓者

1914 年，梁启超先生应邀在清华学堂做了题为《君子》的演讲，并在演讲中提出："所谓君子人者，非清华学子，行将焉属？"在梁先生看来，君子具有"吸收新文明，改良我社会，促进我政治"的重要功能，其一举一动皆起到文明开化之作用。[①]"华夷之辨"的衡量标准之一，就是其社会成员的言行是否合礼。孔子由此提出："危邦不入，乱邦不居，天下有道则见，无道则隐。邦有道，贫且贱焉，耻也。邦无道，富且贵焉，耻也。"（《论语·泰伯》）在有"道"之邦，人人依"礼"而行。胡发贵先生对"道"的解释是："在孔子的思想里，相较于个人有限的生命，'道'有着更为普遍和永恒的价值，为追求和弘扬这一价值，哪怕是朝闻夕死也是值得的。"[②]

除共同体政治的主导者、共同体成员的协调者外，君子还是共同体文化的开拓者。儒家君子以修身齐家治国平天下为进身步骤和人生追求，从而将个人、家庭与国家有机联系在一起。其中，礼仪是修身的核心内容，决定着共同体成员的道德水平。人们常说："近朱者赤，近墨者黑。"那么，"近君子者"会如何呢？《礼记·曲礼》曰："是故圣人作，为礼以教人，使人以有礼，知自别于禽兽。"孔子提出，即使是九夷那样的偏僻闭塞之地，若是有君子前去改变其陋风旧俗，开化民众的心智，也会逐步变成文明礼仪之地。质言之，君子是社会风气的引领者、社会文化的开拓者。孟子在此基础上进一步提出："古之人，得志，泽加于民；不得志，修身见于世。穷则独善其身，达则兼济天下。"（《孟子·尽心上》）因此，早期儒家提出，君子无论得志与否，都始终以"仁"为己任。孔门师生对于管仲的评价，充分反映了儒家对"仁"的诠释。子路、子贡均认为，管仲不但没有为公子纠赴死，反而辅佐齐桓公成为春秋五霸之首，是为不仁。孔子基于文明的立场，提出"管仲相桓公，霸诸侯，一匡天下，民到于今受其赐。微管仲，吾其被发左衽矣"。（《论语·宪问》）司马迁对管仲作出了相似的评价："及小白立为桓公，公子纠死，管仲囚焉。鲍叔遂进管仲。管仲既用，任政于齐，齐桓公以霸，九合诸侯，一匡天下，管仲之谋也。"（《史记·管晏列传》）由此可见，孔子和司马迁都高度赞扬了管仲辅佐齐桓

---

① 《梁任公先生演说辞》，《清华周刊》1914 年第 20 期。
② 胡发贵：《试论孔子君子人格的要义》，《江苏大学学报（社会科学版）》2016 年第 1 期。

公一匡天下的丰功伟绩，赋予"仁"以更丰富的内涵。

荀子进一步强化了君子的"精英"形象。荀子出生于公元前313年，比孟子晚了六十年。当时，"诸侯异政，百家异说"。(《荀子·解蔽》)荀子在继承孔孟的君子思想的基础上，提出"义"最能体现人的生存价值。他说："人有气，有生，有知，亦且有义，故最为天下贵也。"(《荀子·王制》)而君子之所以为君子，就在于其"能以公义胜私欲也"。(《荀子·修身》)朱承教授在《义利之辨与儒家公共性思想的展开》一文中指出："相对于'利'的属己性，'义'具有公共性的意味，义利之辨强调人的价值选择要符合更为公共、更为广泛、更为永恒、更为普遍的原则，而不仅仅是从'小我''我所在的团体'利益诉求角度出发。"①在朱承教授看来，一个道德高尚的君子无论做出何种抉择，始终唯"义"是从。

东方朔教授认为："荀子的'无君子，则天地不理'之言说，一方面将安顿社会秩序之政治主体作了明白无误的表述，另一方面也强化了君子在整顿世道方面所必具的能力和承担的责任。"②现存的《荀子》三十二篇中，多篇述及君子对于社会文明进程的推进作用。例如，"有君子而乱者，自古及今，未尝闻也"。(《荀子·致士》)"无君子，则天地不理，礼义无统，上无君师，下无父子，夫是之谓至乱"。(《荀子·王制》)"国无礼则不正。礼之所以正国也，譬之，犹衡之于轻重也，犹绳墨之于曲直也，犹规矩之于方圆也，既错之而人莫之能诬也"。(《荀子·王霸》)因此，在荀子构想的"群居合一"的理想社会中，德才兼备的君子作为安顿社会秩序之政治主体，理应承担起"正国"的功能。关于礼治和法治的关系，孔孟坚决维护礼治，反对法治；荀子则主张将礼治与法治结合起来，以"法治"充实"礼治"。荀子曰："法者，治之端也，君子者，法之原也。故有君子，则法虽省，足以遍矣；无君子，则法虽具，失先后之施，不能应事之变，足以乱矣。"(《荀子·君道》)法家思想的代表人物——韩非子、李斯都是荀子的得意门生，二人在继承荀子以"法治"充实"礼治"思想的基础上，造就了法家独特的思想体系。可见，在荀子看来，君子不仅是德才兼备的精英，也是良好道德风尚的建设者和社会文明进步的推动者。

---

① 朱承：《义利之辨与儒家公共性思想的展开》，《哲学动态》2019年第5期。
② 东方朔：《差等秩序与公道世界：荀子思想研究》，上海人民出版社，2016，第141页。

四、小结

君子人格作为一种理想人格，在儒学思想体系中兼具代表性和现实性，因此，君子的道德实践也是政治实践。在儒家的思想体系中，君子作为社会共同体中的精英，理应承担起引领共同体走向统一和秩序的重任。而君子之所以为君子，就在于其对社会发展的观察和思考。现代社会，由于丧失了"圣人""君子"等道德标杆，我们更应从古代君子身上汲取道德养分。从这个意义上来说，君子文化研究至今仍具有十分重要的理论意义和现实意义。

编后记

《中华君子文化（第四辑）》是第六届君子文化论坛的论文精选集。2020 年 11 月 28 日至 29 日，在安徽省铜陵市成功举办了第六届君子文化论坛。本次论坛由光明日报社、安徽省社会科学联合会、中共铜陵市委联合主办，中华君子文化基金资助；铜陵市铜官区政府、铜官区教育局，安徽省君子文化研究会承办。论坛主题为"立德树人与君子文化"。来自全国各地的两百多名专家学者和教育工作者齐聚一堂，围绕"立德树人与君子文化"这一主题进行了深入探讨和交流。

第六届君子文化论坛的论文征集开始于 2019 年 11 月，于 2020 年 11 月截止，共收到参会论文 147 篇。经过严格审核，共有 79 篇文章入选第六届君子文化论坛，又从 79 篇入选论文中精选出 23 篇具有代表性的文章，编成《中华君子文化》（第四辑）。在编选本书的过程中，安徽省社科院文学研究所研究员、安徽省君子文化研究会会长钱念孙先生给予了悉心指导。安徽省社科院哲学与文化研究所张盈盈、文学研究所史哲文做了许多整理、校对的工作。

君子文化最能代表中华民族深层精神追求和独特精神标识，是培育和践行社会主义核心价值观能够直接嫁接并开花结果的老树新枝。激活和倡行君子文化有助于对社会各阶层人士进行思想文化上的因势利导，从而在全社会形成广泛价值共识。君子文化作为中华传统文化的重要组成部分和精华所在，其中的许多内容都是与社会主义核心价值观一脉相承、相得益彰的。

因篇幅所限，许多优秀的参会论文未能入选本书，难免有沧海遗珠之憾。希望本书的出版，能为君子文化研究者、爱好者、践行者提供一点有价值的资料与素材。